# 走出事故

## 中国式现代化下的安全生产治理

梁玉柱 著

·北京·
国家行政学院出版社
NATIONAL ACADEMY OF GOVERNANCE PRESS

# 图书在版编目（CIP）数据

走出事故：中国式现代化下的安全生产治理／梁玉柱著．—北京：国家行政学院出版社，2023.8（2024.10重印）

ISBN 978-7-5150-2809-5

Ⅰ.①走… Ⅱ.①梁… Ⅲ.①安全生产-安全管理-研究-中国 Ⅳ.①X93

中国国家版本馆CIP数据核字（2023）第126947号

| | |
|---|---|
| 书　名 | 走出事故：中国式现代化下的安全生产治理<br>ZOUCHU SHIGU: ZHONGGUOSHI XIANDAIHUA XIA DE ANQUAN SHENGCHAN ZHILI |
| 作　者 | 梁玉柱　著 |
| 责任编辑 | 孔令慧　马文涛 |
| 出版发行 | 国家行政学院出版社<br>（北京市海淀区长春桥路6号　100089） |
| 综 合 办 | （010）68928887 |
| 发 行 部 | （010）68928866 |
| 经　销 | 新华书店 |
| 印　刷 | 北京九州迅驰传媒文化有限公司 |
| 版　次 | 2023年8月北京第1版 |
| 印　次 | 2024年10月北京第2次印刷 |
| 开　本 | 170毫米×240毫米　16开 |
| 印　张 | 16 |
| 字　数 | 266千字 |
| 定　价 | 68.00元 |

本书如有印装问题，可联系调换。联系电话：（010）68929022

# 目 录

导　论 ………………………………………………………………… 001

## 第一章　现代化、生产事故与安全治理 ………………………… 008

第一节　作为经济现代化产物的安全生产问题 ………………… 009
第二节　从整体上理解安全生产治理体制 ……………………… 014
第三节　安全生产治理体制的多种模式 ………………………… 018
第四节　比较视野下当代中国安全生产治理特征 ……………… 027
第五节　如何理解中国安全生产治理 …………………………… 030

## 第二章　安全生产治理体制的理论逻辑与分析框架 …………… 032

第一节　监管型国家理论解释及其不足 ………………………… 032
第二节　监管转型的中观机制解释及其不足 …………………… 043
第三节　微观机制解释及其不足 ………………………………… 049
第四节　控制权视角下安全生产治理体制：结构-制度框架 …… 052
第五节　研究方法 ………………………………………………… 061

## 第三章　生产性体制下的劳动保护：指令经济与单位国家 …… 064

第一节　赶超型现代化下的生产性体制的建立 ………………… 065
第二节　弱制标能力下的安全标准及其运作成效 ……………… 074
第三节　弱行政检查权与群众性安全生产大检查 ……………… 089
第四节　以单位为中心的弱事故责罚模式 ……………………… 096

## 目录

第五节　生产性体制下的安全治理绩效与单位国家 …………… 102

**第四章　发展性体制下的安全生产：市场社会与发展型政府** …………… **108**

第一节　改革开放下的中国现代化建设新形势 …………… 108

第二节　政府安全治理能力：基于组织和人员的分析 …………… 113

第三节　安全生产标准的内容开始多元化并规范化 …………… 122

第四节　行政性与企业专业性安全生产检查的兴起与规范化 …………… 133

第五节　政治权力推动事故责罚精准化与压力型问责的兴起 …………… 136

第六节　发展性体制下的安全治理绩效与发展型政府 …………… 142

**第五章　安全性体制下的生命至上：行政国家与多元共治** …………… **148**

第一节　安全发展理念下的新型现代化之路 …………… 148

第二节　政府安全生产治理能力：组织与专业的提升 …………… 158

第三节　政治主导的安全标准及其法制化、规范化和市场化走向 …………… 168

第四节　安全生产检查走向多元化与规范化 …………… 192

第五节　安全事故责罚：党政责任与市场力量 …………… 208

第六节　安全性体制下的安全治理绩效与新型国家治理 …………… 218

**第六章　经验与反思：中国式现代化下的安全治理** …………… **222**

第一节　中国式现代化下安全治理的实践样态 …………… 222

第二节　中国式现代化下安全治理的政治基础 …………… 229

第三节　中国式现代化下安全治理的提升之路 …………… 234

第四节　后发国家"走出事故"的经验参考 …………… 244

**后　记** …………… **246**

# 导 论

理解不同时空下的安全生产治理体制，进而分析不同体制的发展道路、功过得失，是研究现代化道路的重要视角。可以发现，在安全生产治理体制上，美国、德国、英国等资本主义国家内部及与历史上的苏联等社会主义国家之间，存在明显的体制差异。资本主义国家形成了美国式司法裁判为中心、德国式同业协会检查为中心、英国式劳资协商为中心的不同模式。当代中国安全生产治理体制则具有明显的行政集权型体制特点。

从中西方现代化之路比较来看，西方发达国家经过漫长的工业化、城市化后，逐步建立起系统的生产体系、成熟的生产模式、高质量的生产力，在长期发展中积累了治理能力强大的市场力量和社会力量。"西方发达国家是一个'串联式'的发展过程，工业化、城镇化、农业现代化、信息化顺序发展，发展到目前水平用了二百多年时间。我们要后来居上，把'失去的二百年'找回来，决定了我国发展必然是一个'并联式'的过程，工业化、信息化、城镇化、农业现代化是叠加发展的。"[①] 中国式现代化呈现一种时空压缩型现代化的样态，中国赶超型现代化的起点是在生产的基础、工艺、标准、劳动力素质、应急能力等诸多方面较弱，生产安全事故数量大、伤害重、风险高的情况下展开的。如何从中国式现代化进程的视角理解中国安全生产治理体制的本质特征和运行逻辑，进而从中国"走出事故"的发展叙事中，理解中国式现代化的意义，是本书的核心关切。

安全生产治理体制是由监督者、管理者、生产者、服务者围绕生产过程形成的稳定的权力分配状态。安全生产问题深受工业化、城市化、全球化的影响，同时还受到国家政治体制、监管模式等因素的制约。安全生产治理体制的

---

[①] 中共中央文献研究室编《习近平关于社会主义经济建设论述摘编》，中央文献出版社 2017 年版，第 159 页。

科学性、民主化和法治化是影响安全生产治理绩效的深刻变量。因此，安全生产治理不单是社会化生产的问题，也涉及政治建设、发展理念等议题。从整体上理解安全生产治理，必须回到现代化进程之中。

安全生产治理体制的核心在于安全生产过程的关键性控制权，包括安全标准制定权、安全状态检查权和安全事故责罚权，三种权力的不同配置模式形成了差异化的安全生产治理体制。在对监管型国家理论、中观机制解释和微观机制解释评述的基础上，本书提出从控制权视角对安全生产治理体制进行结构-制度分析的框架。结构-制度分析将静态的结构功能分析和动态的制度变迁分析连接起来。在新的分析框架下，本书采用历史分析、比较研究、制度文本分析、参与式观察等研究方法，系统考察了新中国成立以来的安全生产治理体制变迁。

新中国成立以来，中国一直奉行一种经济赶超型现代化，但由于不同阶段的发展理念、权力结构、生产者结构存在明显差异，形成了安全生产治理的生产性体制、发展性体制、安全性体制等不同模式，安全生产治理成效也差异悬殊。直到2003年以后，中国安全生产形势才摆脱之前上下波动的状态，实现了连续20年事故死亡人数持续下降的"世纪转折"。

在生产性体制阶段（1949年到1978年），在计划经济体制下，新中国所具有的制定安全标准的能力非常有限，政府在制标组织、专业人员、权力配置等方面存在不足，管理性安全标准和经济性安全标准难以有效干预企业在生产过程中的安全治理。就安全检查来说，因为有限的监管人员和监管权的原因，行政检查虚弱，企业自组织起群众性安全生产大检查。从检查效果来说，这两种检查机制的效果都很有限，甚至检查的合法性都不稳定，易受到政治运动的冲击。对于这一时期的事故问责来说，由于奉行以企业及其主管部门为核心的责任追究程序、缺乏约束力的领导责任制，造成责任追究时行政权力弱而企业单位自主权高，责任追究的制度化、法治化水平低，责任追究不规范问题突出。从安全标准制定、安全状态检查、安全事故责罚的结构-制度分析可以看出，这一时期国家权力在追求快速赶超的现代化思维下，建立起以生产为核心、为生产服务的上层建筑，而安全生产治理体制则是上层建筑的一个部分，或者说是直观表现，因此我们将这一时期的安全生产治理体制称为生产性体制。在这种生产性体制下，安全治理能力弱、安全治理体系紊乱，导致安全生产形势极不稳定，时常受到各种运动的影响，事故频发，事故死亡人数波动大。从国家建设的角度回顾,生产性体制下的国家组织建设滞后,国家基础性权力薄弱,呈现出"单位国家"的特点。"单位国家"下国家分殊性不足,国家治理内部结构不完善,尤其是司法权薄弱。这一阶段的历史经验揭示:赶超型经济现代化不能以激进的意识形态为指引,而要建立在符合市场发展规律的发展理念之上,并且要以政治现代化为基础。

与生产性安全生产治理体制不同,1978年以后的安全生产治理体制呈现强化行政权力和行政责任的特点。国家为实现改革开放后确立的现代化新目标,需要建立与经济发展相匹配、相契合的行政治理能力。在这一阶段的安全生产治理体制下,国家首先通过增加行政组织的覆盖网络和人员配备,提升了行政组织所具有的制标能力和检查能力。在安全标准制定上,开始建立起规范行政权力的法律性标准、强化属地领导责任的行政性标准、干预企业经营的管理性标准、干预企业安全投入的经济性标准。但这些安全标准也面临安全治理不足问题。在经济性标准上,国家为给企业生产创造更低的门槛,减少、忽视了对企业安全生产投入的要求,也降低了企业和国家财政对职工劳动保险的投入。在社会性标准上,未培育出特定的为安全生产服务的社会组织,也未能挖掘行业协会等组织在安全生产上的功能。但法律手段相对有所提高。这一系列安全标准的确立使得安全生产治理体制发生了与计划经济时期以企业单位为中心的体制完全不同的转变,政府、企业的安全责任得到明确。这时安全标准的制定权仍然由政府牢牢掌握。在安全状态检查上,安全生产大检查由群众性转为行政性,安全生产监管责任的属地化要求也更加突出。随着相关行政部门的建立和人员的配置,在安全生产检查上,开始常规性的安全生产行政检查,并随着运动式安全生产行政检查,以解决不同阶段安全生产面临的尖锐问题或亟待改进的问题。随着生产单位的扩大化,企业建立起内部的常规化的安全检查机构,企业自身安全治理能力也有所提升,但从整体上企业规模极大、发展层次参差不齐的情况来看,事故安全隐患仍很多,企业自检查能力仍存在明显短板。在事故责罚上,安全事故责罚模式发生转变,首先体现在建立起多部门参与的事故调查新模式,尤其是监察、检察等部门的参与并发挥自身作用。这一时期事故责罚的突出特点在于强调对属地领导干部的党纪政纪处分,推动司法机关追究责任人的刑事责任,以此引发政治权力和企业权力对安全治理的重视,发挥监管者、管理者的积极性和能动性。尽管安全生产治理体制出现结构性、制度性变化,但结构不均衡问题依然突出,以及由此带来的制度空转或制度虚脱的问题仍不同程度存在。行政安全治理能力仍然与治理需求不匹配，面临促发展还是保安全之间的张力，尤其是地方政府在"政治锦标赛"、经济收益等激励机制下，存在明显的发展型政府特点，导致安全标准难以落地、安全检查质量不高、事故责罚约束性弱。由于这一时期安全生产治理体制的核心目标是促进经济高速发展，政府也体现出典型的发展型政府特点，我们将这一时期的安全生产治理体制称为发展性体制。

在事故高压监管下，21世纪初期，中国开始建立新型安全生产治理体制。通过加强独立的监管型组织建设，提升行政力量，提高政府安全治理能力。在安全标准制定上，政府主导建立起系统的法律性标准、生产性标准、管理性标准、行政性标准及市场性标准，推动政府主导的安全标准走向法制化、规范化和市场化，以此规范政府官员、生产主体、社会中介及劳动者的安全治理职责。安全状态检查走向多元化和规范化。一方面，进一步规范常规的行政性安全检查，重塑运动式行政性安全检查，提高行政检查能力、绩效和廉洁意识；另一方面，推动企业建立制度化的安全检查，推动专业资质组织参与安全治理，推动行业协会参与、群众安全风险举报等机制建立健全。另外，发挥检察机关的权威和独立优势，参与到安全生产公益诉讼之中，化解危及公共利益的重大安全生产隐患和风险。在安全事故责罚上，增强对失责事故的惩罚，包括以市场机制、行政处罚机制、刑事惩罚机制来提高企业失责的责罚成本，强化对政治权力使用者的党纪政纪处分，甚至刑事惩罚，以此压实政治权力的安全治理责任。因此，2003年以来中国才开始摆脱事故数量起伏不定的局面，生产事故形势也实现了20年的持续好转。这一时期的安全生产治理体制改变了之前"发展优先"的导向，开始探索安全发展之路，可称之为安全性体制。安全性体制的建立带来了中国安全生产的"世纪转折"，这一"世纪转折"既是对21世纪初期安全生产形势深刻变化的说明，也是对新旧体制转型这场深刻变革的解释。

对中国如何"走出事故"进行历史考察可以发现，这是政治经济互动的结果，是一种全新的政治经济治理模式的结果。传统监管型国家理论的分析仅仅局限于政府监管模式，忽视了企业、商业自身的进步，以及背后的现代化飞速发展的时代背景。而中观机制、微观机制分析缺少对根植于事故治理之上的政治基础、经济体制等的差异分析。在控制权视角的结构-制度分析框架下，新中国成立以来的安全标准制定权、安全状态检查权、安全事故责罚权在不同责任主体之间的分配和运行状态,塑造了不同时期差异化的安全生产治理体制。从生产性体制到发展性体制,再到安全性体制的变化过程,反映出中国安全治理之道的变迁,背后是国家权力结构的调整,即行政权、立法权和司法权的成长及权力关系的变化,也展现出国家与市场主体、社会主体之间关系的变化。

可以说,安全生产治理体制的变迁是中国现代国家建设的一个缩影。从新中国成立以来的安全生产治理体制发展历程来看,中国始终处于一种国家权力强力主导安全生产的治理体制,在此过程中通过技术性、程序性方式提高行政治理能力,通过民主监督、权力制约等方式规范行政治理过程,通过政治压力、法治压力等方式激发行政主动性和创造性。与此同时,市场力量、社会力量在安全生产治理过程中的权力有限,体现在标准制定、安全检查、事故责罚三个方面。这种行政集权式安全生产治理体制是安全生产治理要求和发展理念统筹的结果。中国始终处于赶超型现代化之中,尤其追求经济现代化,这就要求为经济生产提供契合的制度环境。而市场和社会力量也是在赶超型现代化的推进中成长起来,逐步进入安全生产治理体制之中,进而发挥其专业等方面优势。

"中国式现代化,是中国共产党领导的社会主义现代化。"① 中国作为社会主义国家,政治体制最大的优势是始终保持中国共产党的领导地位,始终坚持为人民服务的执政宗旨。这种政治体制和执政理念,使得中国可以利用政治优势,探索如何"走出事故"。在始终坚持中国共产党的领导下,党和政府对治理能力有着强烈追求和高度要求。面对落后、分散、风险高的生产形势,党和国家通过较高行政成本的治理,带来了安全生产机构、制度、机制的建立,为增强市场治理能力、行业治理能力和社会治理能力换取时间和空间。

回顾历史可以发现,这条探索之路并不轻松,而且多有曲折。中国式现代化道路展现出,现代化是一个发展综合体,为了实现持久性发展,必然需要经济现代化与政治现代化、社会现代化的统一。在体制变迁过程中,成功的安全生产治理不只是单方面经济现代化的结果,而需要多维度现代化之间的统一协调,包括经济现代化、政治现代化、社会现代化和理念现代化,这样才能真正实现经济增长、政治建设、社会进步、科学理念的四个统一。

---

① 习近平:《高举中国特色社会主义伟大旗帜 为全面建设社会主义现代化国家而团结奋斗——在中国共产党第二十次全国代表大会上的报告》,人民出版社2022年版,第22页。

中国式现代化道路就体现在如何实现这种统一上。中国道路显示：一个共产党长期执政的社会主义发展中国家，在推动经济体制改革、发展经济的同时，要发挥自身政治优势，以政治权力推动安全标准的升级、推动有效的安全检查、推动有力的失责责罚，培育并发挥市场和社会力量。中国安全生产治理体制的变迁展现了后发国家如何在经济赶超中实现安全发展的历史经验。当今世界，广大发展中国家仍然面临生产事故的伤害，也深刻卷入经济现代化的洪流之中。中国实践以其独特的政道、治道作用于中国安全生产治理过程，探索出了一条后发国家如何实现安全治理的经验道路。

中国探索"走出事故"的历史提供了三条可资参考的发展经验。从本体论上看，对广大发展中国家，尤其是生产事故仍高发的后发国家来说，"走出事故"的首要前提是以发展为中心，走出贫穷和落后的生产力水平，为生产关系调整、发展理念变革提供坚实的物质保证。从认识论上看，中国式现代化下的安全生产治理证明了发展中国家以较短周期"走出事故"是可欲的、可行的，不是"望梅止渴"，更不是"海市蜃楼"。中国"走出事故"的经验历程表明，安全生产治理体制没有万能模板，是国家在克服自身资源不足，发挥自身体制优势的背景下理性选择的结果。从方法论上看，中国式现代化下的安全生产治理为广大发展中国家"走出事故"提供了一些方法遵循。发展理念是影响安全生产治理形势的首要因素，各国应结合包括产业结构、生产阶段在内的经济基础，确立与之适应的发展理念。同时，安全生产治理体制是深刻影响经济基础的上层建筑，安全生产治理不仅是经济现代化的问题，同样也离不开民主化、法治化等政治现代化范畴。各国推进安全生产治理，要以推进国家治理体系现代化和国家治理能力现代化为根本遵循，全方位提升国家治理水平。"世界上既不存在定于一尊的现代化模式，也不存在放之四海而皆准的现代化标准。"[①]中国经验对后发国家来说，更多是在本体论、认识论和方法论上的启示，仍需后发国家结合本国历史方位、发展取向形成符合本国实际的安全生产治理体制。

从社会主义体制与资本主义体制比较视角来看，中国经验显示了在实现统筹发展和安全上的进步性。没有发展的安全如一潭死水，不是中华民族伟大复兴。没有安全的发展似惊涛骇浪，暗流涌动，不是中国特色社会主义。发展中

---

[①] 《习近平谈治国理政》（第4卷），外文出版社2022年版，第123页。

蕴含着的风险，要在发展中解决，其中关键之处是在新发展理念下不断提高治理能力，优化发展方式，提升治理体系。统筹发展和安全，才能实现高水平安全和高质量发展的良性互动。中国式现代化下的安全治理助推了中国经济腾飞，使中国成为世界上举足轻重的经济体，也奠定了国家维护自身安全的经济基础。同时，中国式现代化下的安全治理在较短周期内实现了安全治理能力和治理绩效的显著提升，实现了以人民为中心的发展理念，真正做到了人民至上、生命至上，显示出社会主义体制在统筹发展和安全上的制度优势。

# 第一章　现代化、生产事故与安全治理

现代世界的诞生、进化是一个一经产生便萦绕于研究者心头的时代问题。对于西方世界来说，现代化的过程是"走出中世纪"的过程，起源于地理大发现、宗教改革、文艺复兴、资本主义市场扩展等一系列重大事件。正如汪民安在《现代性》中所提到的，现代性"像一艘巨轮一样，从 16 世纪开始慢慢驶离了完全由上帝宰制的那个中世纪码头"[①]。

在西方引领的现代化进程中，世界各国也被卷入这场运动中，殖民与革命风起云涌，奴役与反抗此起彼伏，整个世界被日渐联为一个资本主义世界。与西方发达国家的现代化漫长历程不同，中国现代化过程的一个显著特点是时空压缩。习近平总书记对此有经典论述，指出"新中国成立特别是改革开放以来，我们用几十年时间走完西方发达国家几百年走过的工业化历程，创造了经济快速发展和社会长期稳定的奇迹，为中华民族伟大复兴开辟了广阔前景。实践证明，中国式现代化走得通、行得稳，是强国建设、民族复兴的唯一正确道路"[②]。中国式现代化历程与西方发达国家差异悬殊，也显著区别于广大发展中国家。

在党的二十大报告中，习近平总书记对中国式现代化作出高度概括，"中国式现代化，是中国共产党领导的社会主义现代化，既有各国现代化的共同特征，更有基于自己国情的中国特色"。报告进而指出，"中国式现代化的本质要求是：坚持中国共产党领导，坚持中国特色社会主义，实现高质量发展，发展全过程人民民主，丰富人民精神世界，实现全体人民共同富裕，促进人与自然

---

① 汪民安：《现代性》，南京大学出版社 2012 年版，第 10 页。
② 《习近平在学习贯彻党的二十大精神研讨班开班式上发表重要讲话》，中华人民共和国中央人民政府网，http://www.gov.cn/xinwen/2023-02/07/content_5740520.htm。

和谐共生,推动构建人类命运共同体,创造人类文明新形态"①。这是从现代化角度对中国共产党人带领全国人民百年奋斗历程的总结。

如何理解现代化是历代学者孜孜以求的问题,本书试图抓住现代化过程中的安全问题,具体来说是安全生产问题,来阐释在现代化过程中如何走出现代化带来的风险,并试图理解作为全球现代化的一部分,中国经验在全球走向现代社会中的道路特征。之所以选择安全治理主题,在于进入风险社会后,全球现代化面临的核心问题之一即安全和风险。②

本章将从现代化的角度理解安全生产。首先,将安全生产看作经济现代化的产物,分析工业化、城市化与全球化对安全生产的影响,并指出安全生产问题在今天仍是一个重要的时代问题。其次,安全生产虽然跟大工业生产、城镇化建设直接相关,但安全生产问题不仅是经济现代化的产物,而且与政治国家、公民社会等也有着深刻联系。因此提出从整体理解安全生产治理体制,将安全生产治理体制视为生产系统内,由监督者、管理者、生产者、服务者所共同组成的围绕生产过程形成的稳定的权力分配状态。可以看到,自安全生产问题产生以来,各国形成了不同的安全生产治理体制,包括德国、美国、英国、苏联等的差异化经验。从比较视野下可以看出,当代中国安全生产治理在安全标准制定权、安全检查权、安全责罚权等关键维度有着独特性质。因此,本书提出的根本问题是,如何认识中国安全生产治理体制,包括如何概括、如何解释、如何进一步改进三个方面。

## 第一节 作为经济现代化产物的安全生产问题

现代化是世界各国孜孜以求的目标。现代化不仅是经济现代化,还包括人的现代化、政治现代化、社会现代化、观念的现代化,但安全生产问题首先是经济现代化的产物。安全生产是指通过人-机-环境的和谐运作,使社会生产活动中危及劳动者生命健康和财产的各种事故风险和伤害因素处于被有效控制的

---

① 习近平:《高举中国特色社会主义伟大旗帜 为全面建设社会主义现代化国家而团结奋斗——在中国共产党第二十次全国代表大会上的报告》,人民出版社2022年版,第22—24页。

② [德]乌尔里希·贝克:《风险社会:新的现代性之路》,张文杰、何博闻译,译林出版社2018年版。

状态。在英文中，安全生产是 workplace safety，也被称为职业安全，即 occupational safety。安全生产与工业化、城市化、全球化的进程息息相关，可以说，正是"三化"带来了安全生产问题。

### （一）工业化与安全生产

人类历史演进过程也是一部生产力变革史。从部落时代的狩猎，到农业时代的畜耕，再到工业革命的机器大生产，科技革命、信息革命时代的智能机器，生产力大幅提升。随着生产力的革命、生产关系的不断调整，政治形势、人类文明形态发生变化。可以说，正是在应对生产力转型的过程中，文明形态发生了变化，政治体制发生了转型。例如，中国在从游牧社会向农耕社会转型后，逐步建立起大一统的封建君主体制。西欧在工业革命后，从封建专制国家，逐步建立起自由放任的资本主义体制。从大历史观理解社会、政治、文明的变化，务必要回归到生产力的世界中。

安全生产问题正是如此。安全生产问题是农业文明转到工业文明之后出现的新问题。在农业时代，威胁人类生命安全的因素是洪涝干旱地震、大型传染病、对内对外战争等天灾人祸，而到了工业时代，文明的"发动机"是蒸汽机、火车头和生产车间，其在提高生产力、驯化大自然的同时，也成为新的安全风险制造者。可以说，工业化正是安全生产问题的导火索。在工业化开始后，生产力迅猛发展，社会面貌发生翻天覆地的变化。如马克思在《共产党宣言》中所说，资产阶级在它的不到一百年的阶级统治中所创造的生产力，比过去一切时代创造的全部生产力还要多，还要大。自然力的征服，机器的采用，化学在工业和农业中的应用，轮船的行驶，铁路的通行，电报的使用，整个大陆的开垦，河川的通航，仿佛用法术从地下呼唤出来的大量人口。正是工业的大发展，带来了生产事故的增多，威胁到人，尤其是体力劳动者的生命健康安全。如吉登斯所说，在一个抛弃了旧有的、传统的行事方式的社会，以及在一个完全面临充满不确定因素的未来社会，风险便成为有着重大意义的核心概念。① 工业化带来的工业文明在高歌猛进的同时，也鲜血淋漓。钢铁、煤矿、石油化工更是其中最为显著的生产安全事故风险点。有证据显示，大多数西方

---

① ［英］安东尼·吉登斯：《现代性与自我认同》，夏璐译，中国人民大学出版社2016年版，第104页。

国家的事故率在 19 世纪中期均出现急速增长。早在 1865 年法国统计部长就得出结论：事故死亡数量在整个西方世界都在增长，其比率已经超过了人口增长的比率。①

## （二）城市化与安全生产

现代化转型之一即从农村社会为主转向城市社会为主，城市化与工业化相伴而行，带来了人的生产生活方式的剧烈变革。一方面，城市化促进了生产，提升了消费水平和生活水准，真正做到了"城市让生活更美好"。这是因为"城市让观察、倾听和学习变得更加方便。人类的基本特征是我们互相学习的能力，因此，城市让我们更加成其为人"②。

另一方面，城市化的高歌猛进也带来了交通拥堵、环境污染、贫困、社会冲突等一系列涉及民生的问题，其中也包括安全生产问题。在全球推进城市化中，城市建设、交通运输、商业活动等日益发达，带来了极大的安全生产隐患和问题，最终造成大量的生产事故，威胁城市劳动者的生命健康安全。以全球道路安全为例，根据世界卫生组织发布的《2015 年道路安全全球现状报告》，道路交通死亡人数在 2001 年到 2013 年趋于缓慢、稳定增长态势，稳定在 120 万人上下，其中 2013 年为 125 万人。道路交通事故对年轻人的安全威胁更大，2012 年 15～29 岁人群的十大死亡原因中居第一位的是道路交通事故伤害，约为 33 万人次，高于排在其后的自杀、艾滋病、他杀等。道路交通事故是自道路交通发展以来就存在的安全问题，广大发展中国家面临的道路交通事故问题更为突出。作为世界人口大国，印度 2016 年交通事故死亡人数超过 15 万人。交通领域生产事故也在中国生产事故中长期占据最大的比例，高达 90％左右。对于广大发展中国家而言，未来城市化仍是重要方向，而如何预防城市化带来的安全生产问题仍然是需持续探索的课题。

## （三）全球化与安全生产

现代化带来了全球资本主义的发展，全球化成为一支重要助推力量，将整

---

① ［美］约翰·法比安·维特：《事故共和国：残疾的工人、贫穷的寡妇与美国法的重构》，田雷译，中国政法大学出版社 2016 年版，第 27 页。
② ［美］爱德华·格莱泽：《城市的胜利》，刘润泉译，上海社会科学院出版社 2012 年版，第 228 页。

个世界纳入工业化生产体系、城市化商业体系之中，推动着人员、物资、企业，以及管理制度的跨国流动。全球化带来推动安全生产的有利条件，包括发达国家成熟的管理经验、先进设备、高素质劳动者等。但全球化也带来了风险的全球分配问题，尤其是发达国家通过产业转移、海外设厂、危险转移等方式，给发展中国家带来就业机会的同时，也带来了更为严峻的安全风险。

其中一个典型的例子是在 1984 年 12 月 3 日，美国联合碳化物公司下属的联合碳化物（印度）有限公司氰化物泄漏事故。造成大约 2.5 万人直接死亡，55 万余人间接死亡，更有 20 多万人永久残疾，可谓人间悲剧。这次氰化物泄漏事故被称为人类历史上最为严重的危化品事故之一，造成的伤亡更是远远超过一场现代战争的伤亡。这就是发达资本主义国家向发展中国家转移风险的例证。在发展中国家与发达国家的生产事故死亡人数上，我们今天看到的是数据上的低水平安全或高水平安全之分，这不只是因为发达国家生产工艺更为发达，而是全球化发展阶段风险转移的产物。

当然，全球化下风险也具有传染性、蔓延性。贝克指出，风险的急剧增长使世界社会收缩成危险共同体。富国试图借产业转移来摆脱风险，同时再进口更为廉价的食品。经由这一途径，回旋镖效应也向富国发起了反击。[①] 但在生产安全、食品安全上，这种蔓延是脆弱的，只要富国提高质量标准、检验标准，这种风险传播即可被轻易斩断。

由上可见，安全生产问题是工业化的产物，但又不只是工业化的结果，还受到城市化、全球化等能推动生产扩大、生产流转等因素的影响。站在马克思主义立场，安全生产问题具有其最基本的社会属性，不可能脱离经济社会发展，更不可能超越经济社会发展水平，其最本质属性建立在其运行的经济形态之上。[②] 工业化、城市化和全球化正是人类迈入现代社会之后的基本特征，是现代化的产物。因此，理解安全生产问题必须站在现代化的视角。不论是英国、美国、日本、德国等资本主义发达国家，还是中国、印度、巴西等发展中国家，面临的安全生产的问题，都是国家所处现代化阶段的产物。因此，理解不同国家的安全生产模式，需要从国家自身所处的现代化阶段进行思考。

---

① ［德］乌尔里希·贝克：《风险社会：新的现代性之路》，张文杰、何博闻译，译林出版社 2018 年版，第 40 页。

② 刘铁民：《中国安全生产若干科学问题》，科学出版社 2009 年版。

## (四）安全生产的时代性

安全生产问题在今天仍是重要议题。安全生产是现代化的产物，并随着现代化的推进得到提升。目前，在一些发达的资本主义国家，安全生产问题已经得到了有效解决，这是其长期现代化的结果，也包括全球化风险转移。例如，英国 2022 年度生产事故死亡人数仅为 123 人，非致命的工伤人数为 51 211 人次。当然，并不是发达国家就不存在明显的安全生产问题，美国每年因生产事故死亡的人数为 5 000 人左右。这在发达国家中也是一个特例，显示美国安全治理体制在维护公共安全上存在明显不足，也说明经济现代化并不是高水平安全生产的决定性条件。

从国际安全生产形势看，国际劳工组织（ILO）提供了世界各国 2016 年安全生产水平的比较数据，但这份数据不包括中国。根据中国国民经济和社会发展统计公报数据可以测算，中国 2016 年全年各类生产事故共死亡 43 062 人，年末全国就业人数 77 603 万人，十万就业人口事故死亡人数为 5.55 人。根据国际劳工组织的数据，2016 年度发达国家十万就业人口事故死亡人数荷兰为 0.5 人、英国为 0.8 人、德国为 1.0 人、丹麦为 1.0 人、瑞典为 1.0 人、新加坡为 1.1 人、希腊为 1.3 人、瑞士为 1.3 人、西班牙为 1.8 人、波兰为 1.9 人。这些发达国家的十万就业人口事故死亡人数均低于 2 人，甚至一些国家低于 1 人，安全生产水平领先全球。与中国十万就业人口事故死亡人数相近的是俄罗斯（5.0 人）、美国（5.3 人）、乌克兰（5.5 人）等，安全生产水平有待提升。可见我国安全生产领域依然面临事故多发、重特大事故时有发生的问题，损害了人民群众对安全生产和生活的信心。还有很多发展中国家安全生产水平落后，十万就业人口事故死亡人数古巴为 25 人、亚美尼亚为 13.6 人、埃及为 10.7 人等[1]。可见，处于现代化落后阶段的发展中国家仍然面临严重的安全生产问题。生产事故仍然是发展中国家现代化进程中迫切需要解决的重大问题。

在道路交通安全上，低收入国家更易受到风险伤害。根据《2015 年道路安全全球现状报告》，有 68 个国家自 2010 年以来道路交通死亡人数增加，其

---

[1] *Statistics on Safety and Health at Work*, International Labour Organization site, https://ilostat.ilo.org/topics/safety-and-health-at-work/.

中84%是低收入和中等收入国家。而且，低收入国家的道路交通死亡率是高收入国家的2倍多，相对于这些国家的机动车数量，它们的死亡人数不成比例：道路交通死亡90%发生在低收入和中等收入国家，而这些国家只拥有世界上54%的机动车辆。

从当代安全生产形势来看，安全生产问题仍然是一个具有时代性的议题，尤其对于发展中国家来说，其工业化、城市化仍处于落后状态，劳动者饱受生产事故的威胁，加之全球化背景下的产业转移及所伴随的高危劳动风险转移。如此看来，研究安全生产问题具有重要的价值，中国如何"走出事故"的经验具有现实意义，也对理解中国式现代化有着理论意义。

## 第二节　从整体上理解安全生产治理体制

### （一）作为公共物品的安全生产

如果单纯地从一起事故来看，事故看似是偶然和孤立的，或因劳动者自身素质，或因同伴伤害，或因管理者失误。但我们也发现，生产事故并不是孤立的事件，而是现代化社会大生产背景下的系统事件。正如海因里希法则所显示的，在机械生产过程中，每发生330起意外事件，有300起未造成人员伤亡，29起造成人员轻伤，1起导致重伤或死亡。重伤或死亡事故的发生虽有偶然性，但是不安全因素或动作在事故发生之前已暴露过许多次，如果在事故发生之前抓住时机，及时消除不安全因素，许多重大伤亡事故是完全可以避免的。因此，安全生产治理问题成为一项公共事务。

从宏观来说，安全生产随着现代化进程而成为一个重要议题，生产事故是工业化、城市化和全球化的产物，是社会化大生产的消极结果。从微观来看，引起生产事故的原因在于"人、机、管"，即人员素质、机械设备、生产管理。安全生产治理离不开对安全生产属性的认识。在经济学中，根据两个特征对物品分类，即是否具有排他性和是否具有竞争使用性。按照这两个维度，物品可以分为四类：私人物品、公共物品、公共资源、俱乐部产品。其中，私人物品是既排他又竞争使用，不付钱就得不到，一旦得到，获得者就成为唯一受益人；公共物品是既不排他也不竞争使用，个人不能阻止其他人使用公共物品，且个人使用不会减少其他人使用的能力；公共资源是竞争使用的但不是排他的，如俱乐部物品是排他的但不是竞争使用的。长期以来，当我们谈到公共物品时，总是说到国防军事安全、外交安全等重要的例子。对此，每一个民族国家都建立起自己的军队、警察、司法等机关，以暴力机关维持社会秩序和国家安全。然而，安全生产是否属于公共物品，这是面临的第一个问题。安全生产的特点在于，因为生产的普遍性及生产事故造成损害的广泛性，并没有谁能完全避免事故伤害。例如，在各类生产事故中，并非只有操作人员可能受到事故伤害，周遭居民、救援力量等都可能是事故的受害者，而重大事故造成的经济损失更是国民经济发展的重要阻碍。前述的印度氰化物泄漏事故，以及切尔诺贝利核电站泄漏事故、日本福岛核电站核泄漏事故等重特大生产事故都是典型的例子。今天可能随机遭受的燃气爆炸事故、游轮沉没事故等对公民安全构成不确定性风险。事故构成公共安全已成为共识，尤其是在发展中国家。

国际劳工组织统计，全球每年大约发生3.37亿次工伤事故，而患有与工作相关疾病人数达到200万人，每年因工伤和与工作相关的疾病死亡的人数有230万人，其中65万人死于有害物质。① 对中国而言，时任国家安全生产监督管理总局政策法规司司长黄毅提出，每年因事故造成的经济损失为2 500亿元人民币，相当于国内生产总值（GDP）的2%。② 可以说，生产事故造成的伤害是隐匿于繁华生产下的一场现代战争，倒下的不是士兵，而是工人、普通群众。奥尔森在其集团理论中提示，因为存在"搭便车"的问题，越大的集团所提供的集体物品的数量会越低于最优的数量。③ 像产业工人、社会群众这种无组织的广大群体，很难通过自发组织形成稳定的维护公共安全的利益共同体。企业以追逐尽可能大的利益为目的，短期内容易忽视安全生产甚至刻意减少安全生产的投入。因此，安全生产必然需要国家权力的介入，而安全发展水平也体现在国家推动的制度建设及执行上。每一个公民都能享受到国家在安全生产上的制度设计，也不用竞争性使用这一制度安排。因此，安全生产是一种公共物品，实现安全发展是安全生产的目标和归宿。安全生产正如法律制度、

---

① Sameera Al-Tuwaijri：《促进安全和健康的工作：国际劳工组织的安全、健康和环境（安全工作）全球计划》，《劳工世界》2008年第12期。

② 黄毅：《安全发展的基本内涵及其实现途径》，搜狐网http://business.sohu.com/20060111/n241381164.shtml。

③ [美]曼瑟尔·奥尔森：《集体行动的逻辑》，陈郁等译，格致出版社、上海三联书店、上海人民出版社2011年，第29页。

国防、健康的空气、净水一样，属于国家必须提供的公共物品。

### （二）何为安全生产治理体制

安全生产事故不只是工业化的问题。生产工艺落后、工人素质不高等是工业化的问题，还有很大一部分是商业化、城市化的问题，如商业楼倒塌事故、娱乐场所消防事故、小作坊生产事故、自建房倒塌事故、燃气爆炸事故等。对于如何理解安全生产，不仅要看到事故与工业化、城市化的关系，还要看到事故与国家监管的关系，事故是一个政治经济学研究议题。在事故预防中，积极国家、消极国家处于完全不同的行动状态。因此，从整体上理解安全生产议题，就要超越作为经济现代化产物的安全生产问题，而从政治现代化、社会现代化等角度理解安全生产治理体制。

理解安全生产治理体制首先要理解体制。词义学对体制（system）这一词语进行解析，发现体制指的是由组织内各部分之间互动的规范性、程序性要求构成的组织的整体性特征。体制是对英文 system 的意译，根据韦氏词典的解释，system 具有如下含义。第一层含义指的是一种常规的相互作用或相互依存的项目群体构成的统一体。这个统一体可以表示一种社会的、经济的、政治的组织或实践形态。例如，资本主义体制（the capitalist system）、中央集权体制（centralized system）。可以看到，在第一层含义上 system 是一种组织整体观，其重点是整体之中各部分的交互关系或依存状态。第二层含义是在整体观上强调 system 是一套有条理的通常用于解释一个系统性整体的安排或运作的原则、观念或者准则，即系统运作的规范性内容。这些规范性内容旨在维护系统整体性，调节系统内各部分间的互动过程和互动关系。第三层含义是组织程序，是与规范性理念相对应的程序，是维护系统整体性的必要保障，与规范性理念相辅相成。第四层含义是和谐有序的制度安排或模式，从结果意义上显示系统的整体性样态。由上述解析可以看到，体制是对一种稳定的组织整体性形态的描述，其关键是由内部运作规范及运作程序形成的互动关系。对体制的考察既要呈现体制内的结构特征和影响结构的观念，也要从整体上对结构特征进行总结。

安全生产作为一种公共物品是从其作为结果和其状态的角度理解的。不同于国防、外交，甚至不同于医疗、教育、养老等领域，安全生产不可能也做不到完全由国家供给，也不能够任由国家坐视不管。安全生产必然是由政府组织、企业组织、公民大众及社会组织合作供给的结果，只是不同主体在不同体制下承担着不同的治理角色，也蕴藏着不同的治理理念。

就政府来说，政府在实现安全生产治理中存在相反角色的可能性。政府一方面可能作为安全生产的护卫者，另一方面也有可能成为安全生产问题的引发者。政府行为深刻影响安全生产治理水平。从积极方面看，政府作为重要的监管力量，通过强化和提高监管能力，保护公民安全与健康。如对化学危险品、烟花爆竹等产业的管控即是这一体现。政府作为一个重要变量深刻影响着安全生产。从消极方面看，"失败国家""资本捕获"使得资本力量位高权重责任小，剥削劳动者横行，甚至形成官商沆瀣一气的局面。由于政府部门及其官员掌握大量审批权、检查权、认证权、责罚权，官员腐败和失责行为能够引发诸多公共安全危机。例如，疫苗、制药监管如若产生问题，可能威胁数以万计人的生命健康安全。政府监管是在生产中政府提供公共物品的一种形式。

对于安全生产而言，由于生产主体数量巨大，类型多样化，不论是对国有企业，还是对私营企业、外资企业等，政府都负有监管的职责。政府履行安全生产监管是政府在安全生产公共物品供给上的直观体现。然而，除了政府的监管责任，安全生产还依赖于企业在维护安全生产上的主体责任，其他组织和个人的服务责任。

企业，不论是大型生产企业，还是小型生产作坊，始终是实现安全生产的主体。企业安全管理的水平是影响安全生产的微观机制，这种安全管理涵盖广泛，包括员工安全教育与培训、生产规章制度制定、安全设备供给、危险品管理、生产流程监督、职业病预防、企业安全救护、企业应急救援预案、风险预防等。正是这些广泛的内容深刻影响着劳动者的安全与健康保护，也正因如此，从现代化生产一开始，企业就承担起安全生产的重任。企业以逐利为目的，在促进发展的同时，也存在危害社会利益的风险。企业发展理念影响着自身的发展模式。对安全生产治理体制的分析离不开分析企业及其生产者在安全治理中的地位和作用。

劳动者自身更是安全生产的关键，毕竟劳动者素质是安全生产的微观作用机制的重中之重。不论是大型企业中作为生产管理的一环，还是小型生产组织中作为生产管理的全能手，劳动者本身在实现安全生产中起到关键性作用。其影响因素包括劳动者技能水平、劳动纪律意识、自我保护意识、危机处理能力等。安全生产治理体制离不开劳动者在其中的参与、行动，甚至是抗争。在一些情况下，劳动者组织起来，建立起维护自身权益的工会组织、俱乐部组织等，增强自己在安全生产中的话语权和影响力。工会是实现安全生产的关键性组织，是工人群体合法权利的代言人。

除政府监管、生产企业管理、劳动者自我保护外，还有一些服务性组织参与到安全生产治理过程中，包括服务性中介组织、监督性社会组织等。这些组织因其承担的独特职责，而构成安全生产治理必不可少的一环。以安全评价机构为例，因其专业性、权威性，在安全生产治理中备受重视，但也存在安全评价机构与监管企业沆瀣一气，导致生产事故的恶性案例。

政府监管、企业管理、劳动者自我保护及服务性组织是一个息息相关的生产系统。安全生产治理体制正是政府监管、企业管理、劳动者自我保护、服务性组织共同形成的生产形态所展现出的结构性权力关系。从组织结构来看，安全生产治理体制可以是松散关联的，也可以是高度集中的。从发展理念来看，安全生产治理体制可以是以发展为中心的，也可以是以安全为中心的。不同的组织结构和发展理念，形成不同类型的安全生产治理体制。基于上述分析，我们将安全生产治理体制定义为在生产系统内，由监督者、管理者、生产者、服务者共同围绕生产形成的稳定的权力分配状态。这些生产权力包括生产标准制定、生产过程管理、生产活动、生产服务、生产事故责罚等。

## 第三节　安全生产治理体制的多种模式

人类文明的发展展示了一个从简单到复杂的社会样态。在历史进程中，一个显著的政治变化是国家权力的扩张，尤其是进入工业时代以后，国家间的竞争提高了国家对于汲取、动员、强制等方面的要求。工业化带来复杂化的生产生活、频繁的阶级斗争和社会冲突等现象，也提高了国家对社会规制的要求。在此背景下，我们看到工业文明以来世界政治发生的相似进程：民族国家的建立和延伸；国家通过法律法规制度等方式对市场、社会干预的程度不断加深。国家扩权既有从社会汲取、强制的一面，也有保护的一面。尤其是市场经济的扩张冲击着原有的社会秩序、结构、观念，导致严重的贫富差距、环境污染、弱势群体利益受损甚至被剥夺等情形。波兰尼对市场社会的扩张提出：一个包含劳动力、土地、货币市场的自发调节的市场体系的运行有毁灭社会的危险。

共同体的自我保存措施要么是有意阻止这些要素市场的建立，要么是干扰它们的自由运行。① 这一情形也为国家权力介入社会事务提供了必要性和合法性。国家权力介入社会事务的范围在扩张，方式也在变化，国家形态发生了深刻的变化。

与现代化同频共振的是资本主义的兴起、兴盛及挫折，西方发展也经历了从自由资本主义国家到福利国家，再到新自由主义国家的转变。安全生产治理是与西方资本主义同步的，既是因也是果，安全生产构成考察资本主义发展的重要尺度。而在资本主义国家内部，如何"走出事故"也有明显的差异。举个简单的例子，有学者从劳动技能培训的角度，指出不同经济治理制度类型协调劳动安全的手段存在差异。在自由市场经济制度中，雇主和劳工寻求最大限度减少相互依赖，导致外部技能养成方式。协调性市场经济制度与之不同，在协调性市场经济制度下，雇主和劳工之间容易达成跨阶级联合，形成内部技能养成方式。② 这种差异进而导致相关利益政治行为的不同发展方向，安全生产监管体制也存在差异。

安全生产治理体制是政府监管、企业管理、劳动者自我保护、服务性组织服务围绕生产过程所展现出的结构性权力关系。随着工业事故激增，如何应对工业事故成为摆在人类面前的关键问题，尤其是摆在不同国家面前的关键议题，伴随而来的是行政史上国家形态的变化，背后则是国家结构的差异。在应对生产事故的转型中，我们能看到政治史的变化。正是不同国家现代化进程的差异，尤其是民族国家力量对比、阶级和阶层发展等方面的差异，导致不同国家在安全生产治理体制上形成鲜明的差异。

不论是历史分析，还是比较分析，我们都能看到企业存在截然不同的安全生产治理体制。例如，在一个高度集权的生产企业内，企业主制定生产标准，管理生产过程，并负责对生产事故调查和惩罚。这种企业集权型体制存在于一些国家的一些时期。而在今天我们更多看到的是政府，包括行政机关、立法机关、司法机关、监察机关等，生产企业，劳动者各负其责的安全生产治理体

---

① 参见［英］卡尔·波兰尼《大转型：我们时代的政治与经济起源》，冯钢、刘阳译，浙江人民出版社2007年版，第171页。
② 参见王星《劳动安全与技能养成：一种政治经济学的分析》，《江苏社会科学》2009年第5期。

制。其中，政府更多承担国家监管的职能，生产企业负责生产过程安全，劳动者负有遵章守纪的劳动责任。各国的安全生产治理体制存在多种模式。下文仅对以美国、英国、德国为代表的资本主义国家和以苏联为代表的社会主义国家的安全生产治理体制进行描摹，以展示安全生产治理体制的多种模式。

### （一）美国"企业自治＋司法裁判"的安全生产治理体制

约翰·法比安·维特在对美国事故处理的历史梳理中发现，美国自19世纪60年代内战结束后，面对激增的工业生产事故，产生了工人内部发起工人互助保险、雇主和科学管理者发起雇主赔偿项目、精算师和立法者推动了工人赔偿法的赔偿模式，而在这些探索中，一直面临着企业雇主、律师对赔偿中"财产再分配"的质疑。美国事故法的确立过程展现出工业事故发展中的利益博弈、国家形态的变化，以及美国法律的重构，展现出美国从政党-法院国家转型到行政国家的国家形态变化。[①]

尽管美国在进步主义时代建立起工人事故赔偿的安全生产治理模式，但其后也在不断调适。艾斯纳在对美国监管体制的历史转型考察中指出，1880年以来的美国监管体制都是"由于经济变化所引起的政治需求而出现的。经济变化产生不确定性，挑战着已建立的惯例、财产权利和财富与经济力量的分配。生产者、社会团体和精英们为保护或推动因经济变化而危及的某些价值或利益，为有序管理经济活动而建立的程序，进而要求重新定义国家在经济中的角色，以处理该不确定性"[②]。在艾斯纳的监管体制分析框架中，利益是体制诞生或调整的根本驱动，每个体制均是因回应影响各团体利益的经济变化而产生的。

在美国体制中，利益集团具有更明显的大规模、分散和多元化的特点。利益集团的层次化、不均衡等特点推动着监管体制的利益调整，在此利益调整过程中制度是影响体制发展的关键。这里的制度是指在政策制定过程中决定公共组织内部运作、公共组织与私人组织间关系的一套角色、规则和决策程序，包含两个层面：第一个层面是美国政治体制最高层面的总统、法院、国会之间的制

---

① 参见[美]约翰·法比安·维特《事故共和国：残疾的工人、贫穷的寡妇与美国法的重构》，田雷译，中国政法大学出版社2016年版。

② [美]马克·艾伦·艾斯纳：《规制政治的转轨》，尹灿译，中国人民大学出版社2015年版，第2页。

度安排；第二个层面是监管机构自身的制度安排，重点在于监管机构的专业知识、受利益集团影响程度、免受其他政府机构影响的自治程度。除利益、制度外，艾斯纳提出影响监管体制的第三个重要因素，即观念，既包括形成国家在经济中预期角色的主流政治经济观念，也包括界定适当行政模式的行政原则，前者如市场的自由主义、干预主义等，后者如合作式行政的社团主义理论、公共管理理论、监管审查理论等。综上，艾斯纳提供了一条理解监管体制的"利益-制度-观念"的三维框架，并将1880年以来美国的监管体制总结为"市场体制""社团体制""社会体制""效率体制"的转型。这一框架是对美国监管体制的展现，尤其契合了美国利益高度分散化、组织化的利益结构特点，以及美国政治体制运作的斗争。

回到当今美国的安全生产治理体制，我们看到在自由市场经济的观念下，美国企业掌握着高度的安全管理自主权，表现在安全标准的认定、安全过程的监管上，这也是为何美国监管学界盛行自我监管理论、回应性监管理论等。在事故责罚上，美国建立起以司法诉讼为核心的责罚机制，正因如此，在对美国生产事故的观察中，我们看到的行动主体是受害者借助法院诉讼，达到维护权益的目的，同时，法院判决中也附带着企业的赔偿方案和修改方案。正是因为这种权力、责任的分配状态，美国安全生产治理体制呈现行政权弱、责罚也少的现象，这是与当今中国截然相反的局面。

## （二）英国三方参与式的合作型安全生产治理体制

英国作为工业化起步最早的国家，在资本发展、劳工保护、政府监管上得到了长期发展。1974年，英国成立健康和安全执行局（Health and Safety Executive，HSE），其中虽有体制调整，但形成了比较稳定的三方参与式的合作型安全生产治理体制，其最显著特点即"健康和安全监管必须以三方参与并一致同意为基础"[1]。在这套治理体系中，监管与自我监管没有被看成两个独立的领域，自我监管或合作监管中的根本要素已经纳入法律体系的设计，使健康和安全执行局拥有比其他监管机构更为先进的参与和协商程序。

英国政府的安全生产监管部门是通过1974年的《职业健康和安全法》确

---

[1] ［英］托尼·普罗瑟：《政府监管的新视野：英国监管机构十大样本考察》，马英娟、张浩译，译林出版社2020年版，第121页。

立起来的,由健康和安全委员会、健康和安全执行局两个组织予以落实政府职责。其中健康和安全委员会由三方构成,包括国务大臣任命的一名主席、咨询产业联合会任命的三名雇主代表、咨询职工大会任命的三名雇员代表和咨询地方当局任命的两名成员。健康和安全委员会的作用是在健康和安全执行局建议下及咨询相关意见后向部长提议制定规章,同时也对健康和安全执行局进行总体监督,而健康和安全执行局则是监管系统中的检查和执法部门。这一监管机构设置模式到2008年4月发生了重大机构改革,其中健康和安全委员会与健康和安全执行局合并为一个机构,监管机构和体制更为精简。

  三方参与式的合作型体制需要建立透明机制、合作机制、咨询机制。在透明机制上,健康和安全执行局承诺发布的内容包括重大决定所依据的事实和分析,对健康和安全执行局之外的人员产生影响的内部指导文件的复本,会议议程、文件和纪要的复本,以及服务标准、成本指标和结果的信息。除信息公开以促进利益相关者的参与外,健康和安全执行局的透明性还体现在外界的独立审计,即委托(伦敦大学)宪法组(constitution unit)对执行局的公开程序和实践进行独立审计。[1] 在合作机制上,英国健康和安全委员会与健康和安全执行局在2004年签署的《保障工人参与集体宣言》指出,雇主应就健康和安全事务与雇员协商,通过改变工作模式达到显著减少危险的效果,同时举例说明劳动者参与的新形式,并确立了一种增进雇员和雇主间合作关系的工作方案。同时宣言还建议通过加强指导、鼓励和立法来完善协商中的交流、咨询和参与。在咨询机制上,健康和安全执行局大量地运用咨询委员会,在2009年有不少于38个不同的咨询委员会参与工作。委员会平衡雇主和雇员代表的参与情况,以及技术专家和专业人士的参与比例,而且三方参与机制并不限于理事会的组成。这些委员会的作用是就政策问题提议标准,提供指导及评论,或针对一个特殊的新问题提议一种方法。健康和安全执行局除向自己内部的咨询委员会咨询外,也向外进行一般咨询。健康和安全执行局建立了企业、工会和其他利益相关者代表组成的强有力的咨询委员会网络。在这种咨询决策模式下,英国产生了大量的具有行业主导性的规章。

  从英国健康和安全保护的结构和机制分析发现,英国安全生产治理体制建

---

[1] [英]托尼·普罗瑟:《政府监管的新视野:英国监管机构十大样本考察》,马英娟、张浩译,译林出版社2020年版,第142—143页。

立起与利益团体协商的结构,透明机制、合作机制及咨询机制共同发挥作用。通过三方参与机制将主要的利益相关者纳入系统中心,同时在委托监管任务的法定监管框架内将公共监管与自我监管、合作监管相互结合,并由监管机构监督。健康和安全执行局在三方参与体制中起到公正调解者的作用。

## (三)德国"政府监管+公会自治"的安全生产治理体制

同是资本主义发达国家,德国安全生产治理体制显著区别于英国、美国,呈现"双轨制"的特征,显著体现在同业公会与政府共享监管的公共权力。德国是资本主义世界最早开展劳动保护的国家。早在1839年,德国就颁布了历史上第一部有关劳动保护或者安全生产的法律。1853年,为了保障法律实施,普鲁士王国建立了政府劳动保护监察员职位,确保国家监督法律的实施。1871年德意志帝国统一后,德国颁布了《帝国工商管理条例》,规定了当劳动者遭受工伤事故或者职业病时,有权利直接向企业索赔。但在那个工业化狂飙的时代,工伤事故频发,将事故成本完全转移到企业身上也带来了企业的抵制和对资本主义经济发展的阻碍。为此,1884年,俾斯麦执政时期德国颁布了《企业事故保险法》,引入保险机制分散工伤事故造成的企业资金负担。事故保险机构以行业为单位建立,成立同业工伤事故保险联合会,将保险机制引入事故预防、救治和赔偿体系之中。雇主不再直接承担事故的赔偿责任,而是以保险形式解决工伤事故的治疗、康复、赔偿等费用。虽然在1870年后这套体制不断改进,但德国政府劳动监察和同业工伤联合保险的"双轨制"劳动保护格局没有改变,且得到不断强化。政府监管、行业自治、市场手段同频发力,互为补充,形成了稳定的安全生产治理格局,一百多年来未有大的改变,足见其稳定性及背后的合理性。

同业公会是一种由雇主和雇员共同组成的、非营利性质的自治机构。同业公会内部设立三大机构,即代表大会、董事会和执行委员会。其中,代表大会由劳动者和企业代表各占一半比例,体现了雇主和雇员平等参与、自我管理。董事会的构成同样如此。同业公会在安全生产治理中拥有广泛权力。第一,在法律、规程制定上,国家颁布具体的法律和条例,同业公会根据国家授权制定规程,与此同时,国家监察部门负责审批同业公会通过的相关规程,并对同业公会进行监督。这样,不同的行业公会可以依据国家制定的劳动保护法规进行细节规范,针对不同行业、不同工种、不同劳动过程、不同工具等的特殊性制定事故规程，以发挥同业公会的专业优势，同时节省国家行政成本。可以看到，德国体制下标准制定权的制度化分权及分权基础上的监督和制约。第二，在劳动监察上，国家劳动安全监察机构根据国家法律对企业进行监察，与此同时，同业公会依照法律规定进行监督，还可以采取适当手段推动企业预防工伤事故和职业疾病。在国家与同业公会分权的同时，两者之间也相互制约和相互监督。同业公会作为劳资双方自治机构，为了避免政府的不当干预，政府对同业公会的监督限于其是否违法。与此同时，同业公会在职业安全方面作出的规定须经政府部门批准才能生效，避免同业公会滥用权力，从而保障劳工和雇主的合法权利。[①] 不同于自由主义的美国资本主义，德国资本主义具有明显的法团主义色彩，同业公会等社会性组织具有强大的公权力管理特性。

由同业公会管理的工伤保险协会是德国预防事故、强化劳动保护的重要机构。根据德国法律，企业有义务参加工伤保险，并且有义务将相关事故上报给其所属的工伤保险联合会。工伤事故保险职员是德国劳动保护的重要力量，参与监察、隐患检查、隐患指正、安全教育培训等工作。根据一项数据，德国有 2 900 多名专职工伤事故保险机构的职员。在 2014 年，工伤事故保险职员共到企业检查了 22.6 万次劳动保护工作，指正了 96 万多处隐患，组织了 33.3 万多人次进行安全培训。[②] 德国工伤保险机构是国家劳动保护监察力量的重要伙伴。

在德国劳动保护经验中还有一条很关键，即企业内实行由劳动者、企业主、劳动安全专家、企业医师四方协调的劳动保护机制。通过企业内部在安全生产上的权力分工与制约，工会能够代表工人利益，医师和安全专家代表专业医疗知识和专业科学管理知识，而企业主代表资本方的利益，这样企业内部形成良性的管理体制。

从对资本主义国家的代表性模式分析可以看到，虽然它们都奉行市场经济、小政府，却有显著差异的安全生产治理体制。

### （四）苏联"行政主导+工会主持"的安全生产治理体制

自近代文明以来，人类历史越来越变成资本主义和社会主义两种文明之间

---

① 参见孙树菡、余飞跃《民主管理与公权保障——德国工伤预防的两大基石》，《德国研究》2009 年第 2 期。

② 参见杨华《双轨制背后的辩证思维——德国劳动保护管理体制观察》，《吉林劳动保护》2018 年第 9 期。

的竞争和较量，各自也因意识形态、生产力发展水平等方面的差异，形成迥然不同的治理形态。我们看到，就是在资本主义国家内部，应对生产安全事故也产生了不同的模式。社会主义国家应对生产安全事故，更受到其生产力发展阶段、社会主义意识形态、政治领导人发展理念的深刻影响，形成了不同于西方资本主义的安全治理模式。马克思曾预言，社会主义将会在资本主义发达国家首先出现。但事实上正如列宁所提出的，社会主义可能在资本主义链条最薄弱的环节产生。① 列宁领导的苏维埃革命建立了世界上第一个社会主义国家，也探索出了一条社会主义国家安全生产治理之路。

苏联在社会主义建设时期，有着明显的赶超型工业化的特点，在较短时间内实现了工业产值位居世界前列。在此过程中，企业之间展开社会主义竞赛成为常态。为了保障生产竞赛时的劳动保护工作，苏联也通过制定法律、设立机构、赋予职权等方式提高安全生产的水平。苏联生产事故的预防、管理、调查、处理等制度安排与欧美国家明显不同，对新中国成立后的实践也产生了直接的影响。理解中国安全生产治理经验的起点和转型离不开对苏联经验的分析和反思，但囿于资料收集不足，这里仅能对苏联安全生产治理体制进行基本的描述性介绍。

在事故预防上，苏联法律规定，每一个工厂、企业的领导人，在建设新企业工厂时，必须遵守技术安全和工厂卫生条例。审批开工建设草案，新工厂、新企业建设前，要劳动人民委员部批准建设草案后才能开工，而劳动人民委员部在批准草案时，要严格检查草案是否符合技术安全规程。这些草案在未批准之前，企业行政没有权力开工。如果是建设一个新车间的话，由该厂厂长下令成立车间的验收委员会。验收委员会的成员构成要符合要求，即一定要有工会的代表——劳动保护检查主任或劳动保护工作委员会的委员参加，此外还有工程师、产业工会中央委员会的代表参加。验收委员会被赋予了检验、评价的权力。如果发现不合乎技术安全规程，他们有权力制止这个工厂开工建设。国家通过安全费用拨款的方式支持企业劳动保护工作。按照规定，国家每年拨付相当大一笔款项，用在劳动保护、技术安全和工厂卫生等方面。这些款项由国家相关部门负责拨发，国家部门和相关产业工会中央委员会一起分配，分配的依据则来自企业、工厂每年向工业部门提出的精密

---

① 《列宁选集》（第2卷），人民出版社2012年版。

修建计划。

在安全生产检查上，苏联确立了以工会为中心的检查体制。首先，事故报告。一个工人死亡或重伤，厂长马上要向工业部长报告并通知产业工会中央委员会。为了研究和调查事故原因，要组织专门的调查委员会，由专家、职工代表、本产业部门技术检查员参加，详细研究伤亡的原因，并制定具体的预防办法。调查委员会还要调查谁是直接负责人，应受刑事处分还是行政处分，以及提出自己的意见，并提交到司法部。可见，司法部门已经参与到事故惩罚之中。其次，工会进行广泛的、群众性的劳动保护检查。工会在实行劳动保护公共检查时，有100多万名劳动保护公共检查员。每个工会小组都设有劳动保护公共检查员，每个车间都有劳动保护公共检查意见簿。车间委员会下设劳动保护工作委员会，由工厂委员会领导。在车间劳动保护工作委员会的会议上，可请车间主任、领班来作关于技术安全、工厂卫生方面的报告。劳动保护工作委员会要定期开会，讨论劳动保护不足之处，提出整改意见。劳动保护工作委员会的权力很大，对于企业行政未按需要整改的行为，可以向工厂委员会提出对这一行政负责人的处理意见，甚至可以提出撤职意见。这一权力得到劳动法典的保护。①

在事故调查处理上，由劳动保护管理部门及企业行政负责。其一，劳动保护组织工作的主要环节包括计划体系，劳动安全标准，安全技术培训，机构与人员分工细则，事故、职业病和灾害的统计与分析，作业地点劳动保护状况检查一览表。其二，企业行政中的劳动保护处（科）具体负责企业日常的劳动保护工作，其职责包括监督劳动保护用品用具使用，参加工伤事故调查、统计与分析事故原因，提出消除事故的建议等。② 除此之外，苏联在劳动保护上也建立起严格的统计报告制度、公共检查员考试教育制度、劳动保护技术研究室、广泛的宣传教育制度等。

新中国成立以后的工业化发展深受苏联影响，其劳动保护制度对新中国也有直接影响。但囿于笔者对苏联资料掌握得不足，对苏联时期安全生产治理体制的研究仍停留在制度文本分析上，缺乏深度分析，这也提醒读者要审慎对待苏联时期的安全生产治理体制的实际运作和成效。

---

① ［苏］库兹涅佐夫、傅也俗：《苏联的劳动保护工作》，《劳动》1954年第2期。
② 王智新：《苏联劳动保护组织管理》，《劳动保护》1987年第10期。

## 第四节　比较视野下当代中国安全生产治理特征

国家因应对安全风险而生，为了防止社会失序，国家也成为唯一合法垄断暴力的机关。安全塑造着国家形态，国家也深刻影响着安全。1949年新中国成立后提出了社会主义如何治理生产事故的问题，这背后则是中国对社会主义制度实现安全生产、进行劳动保护的经验。作为施行社会主义制度的一员，当代中国安全生产治理体制有着区别于欧美国家的典型体制安排，亦与历史上的苏联安全生产治理体制不同。因此，从大的视角来看，国家维护安全生产的"中国经验"背后是社会主义制度与资本主义制度的比较。

从生产事故数据的历史分析看，新中国成立以来的生产事故经历了多次波动，包括1958—1960年"大跃进"时期的事故高峰、1966年之后"文化大革命"期间的事故高峰、1992年市场经济体制改革后的事故高峰、2002年左右的事故高峰，以及在波峰间的稳定期，[①] 生产事故形势变化突出表现为高发和波动的特点，显示出政治运动与工业化对生产安全的深刻影响。自2003年起生产事故死亡人数转为降后，保持了连续19年的下降纪录，安全生产治理取得显著成效。但单纯从事故数据的分析无法展现中西方之间及中苏之间的体制差异，难以透过数字看到背后的体制问题。简单从体制比较的视角来看，当代中国安全生产治理在安全标准、安全检查、事故责罚等维度上与域外经验也有着显著差异，显示出中国安全生产治理体制的独特之处。这里简要分析以初步展示比较视野下当代中国安全生产治理体制的差异性。

### （一）安全标准：国家安全标准的广泛存在和深度介入

从1978年改革开放后算起，中国经济快速发展至今也就40余年。如果从1992年中国提出建立社会主义市场经济体制算起的话，市场经济在中国也就30多年。从2001年中国加入世界贸易组织算起的话，中国经济深度融入国际市场也就20多年。这说明中国的工业化、市场化、城市化、全球化其实是一个并不长的历史。在一个赶超型现代化的发展背景下，安全生产工作并未经历一个长期磨合、趋于稳定的过程，相反是一个不断改进、革新的体制发展过

---

[①] 王显政编《安全生产与经济社会发展报告》，煤炭工业出版社2006年版，第674页。

程。也正因如此，中国安全生产治理体制中行政色彩极为浓厚。

从安全生产标准来说，国家建立了行政权力广泛存在、深度介入的安全标准体系，以确保生产、管理符合安全标准，减少生产事故，维护人民群众生命财产安全。这些标准包括法律性安全标准、管理性安全标准、生产性安全标准、经济性安全标准等。与此同时，国家也通过机构改革、队伍建设、机制优化等方式提高自己的立标能力。这些与英美德国家的企业或行业主导安全生产标准的做法差异很大。

### （二）安全检查：常规与运动、督企与督政、监督与服务并存

当代中国安全检查是以行政执法检查为核心，配合企业自我安全检查。行政执法检查方式和检查目的存在非常明显的中国特点，总结来说，至少存在三组并存现象。

第一，常规监管与运动式监管并重。随着现代行政国家的建立和发展，国家建立起一整套监管机构和常规程序，将企业安全生产检查纳入日常工作中。尽管如此，在当代中国经常见到各类运动式监督检查，例如，2022年长沙"4·29"自建房倒塌事故造成54人遇难，事故教训惨重。2022年5月7日，国务院安全生产委员会召开电视电话会议，开展全国范围内的自建房安全整治，随后全国各地，尤其是湖南省掀起了自建房安全整治的高潮。对运动式监管的重视，原因在于危机事件带来的知识信息，弥补了赶超型现代化中信息来源不足的问题，通过运动式监督检查，调动全国监管力量，推动解决某一类长期存在却未受到重视的问题。运动式监管并不能脱离常规监管；相反，经过一段时间，运动或监管项目会被纳入常规监管，达到弥补常规监管漏洞，更新监管体制的效果。

第二，监督企业与监督下级政府并重。在对环境污染监管问题研究上，黄冬娅、杨大力指出，西方发达国家监管体系构建主要围绕的是监管规则制定的问题，而中国建立了一个分权式的监管体系。依靠国家内部的考核体系来实现监管目标是中国监管体系发展的重要特征，如何确保监管执法到位、推动政策的执行构成了我国监管体系建设的重大挑战。[1] 这一研究提出"考核式监管"的分析概念，指出了在环境污染监管问题上监管方式的重心之一。然而，通过

---

[1] 黄冬娅、杨大力：《考核式监管的运行与困境：基于主要污染物总量减排考核的分析》，《政治学研究》2016年第4期。

对监管内容的分析来看,这一概念的偏颇之处也是显而易见的。在中国社会监管中,政府对企业的干预不断加深,监管内容和监管方式也在不断变化。中国社会监管呈现监督下级政府和监管企业的"双管齐下"的特征。正如周黎安在对中西方环境污染治理的比较中指出,与西方发达国家主要依靠司法和政府监管,结合市场力量不同,中国采取独具特色的行政激励和问责制,核心做法是对地方政府负责人和企业负责人层层施压。① 周黎安及黄冬娅和杨大力的研究,明确指出了中国社会监管中权力系统内自上而下的制度设计的重要意义,该制度设计是中国社会监管的重要方面和独特之处。

第三,监督与服务并重。在当代中国安全检查中,应看重两个方面:一方面看重监督过程中的隐患排除、错误纠正、违规惩罚,以此推动企业的安全生产;另一方面看重检查过程中对生产企业的服务功能。正因如此,不论是常规检查还是运动式检查,安全生产执法检查部门都会通过购买专家服务的方式为企业"做检查",以推动提升企业本质安全的水平。监督与服务并重也是上述监督企业与监督下级政府并重的产物,是下级政府在责任考核压力下注意力分配的结果。

### (三) 事故责罚:对公职人员失责惩罚力度大

事故责罚既是国家机关对失职失责行为的回应,也是对相关人员的一种警醒。因此,责罚既有着回应功能,也有着能动功能。在不同体制下,可以看到责罚的重点不同,表现在责罚的对象、责罚的强度、责罚的方式上。在当代中国生产安全事故责罚上,对公职人员失责惩罚力度极大,而美国、德国极少出现这种情况。

以中美对生产安全事故的处理为例。2013 年 4 月,美国得克萨斯州韦科市一家化肥厂发生危险化学品爆炸事故,导致 12 名消防员和 3 名平民丧生,160 多人受伤,造成相关损失约 2.3 亿美元。2016 年 1 月公布的事故调查报告指出,韦科市志愿消防部存在没有对化肥厂进行事前预案或者响应训练、没有意识到化肥厂氨基硝酸盐爆炸的可能性、没有在火灾现场采用建议的事故响应行动等致命错误。联邦、州和市政府多个部门在监管和标准上也存在明显缺

---

① 周黎安:《转型中的地方政府:官员激励与治理》,格致出版社、上海人民出版社 2008 年版,第 213 页。

陷。尽管联邦、州及市政府的诸多部门存在这些失责问题,事故处理结果却集中于受害者对涉事企业的诉讼和索赔,并未对涉事部门及官员提出惩罚或问责。与美国情形不同,中国生产安全事故处置中官员责任受到高度关注。2015年8月,天津港发生特别重大危险化学品爆炸事故,事故调查组和法院分别从党纪、政纪、刑事角度对事故中失职、渎职的党政官员问责。国家安监总局发布的事故调查报告中建议对74名责任人员给予党纪政纪处分,包括省部级5人、厅局级22人,以及县处级、乡科级若干人员。2016年11月,法院一审判决天津交通、港口、海关、安监、规划、海事等单位的相关工作部门及工作人员,违法违规进行行政许可和项目审查,日常监管严重缺失;存在玩忽职守、滥用职权等失职渎职和受贿问题,最终导致特大火灾爆炸事故重大人员伤亡及财产损失。25名国家机关工作人员分别被以玩忽职守罪或滥用职权罪,判处三年到七年不等的有期徒刑,其中8人犯有受贿罪,执行数罪并罚。中国安全生产监管中,官员负有极大的监管责任,对失职、渎职官员给予党纪政纪处分及追究法律责任成为常规操作。为何在工会势力强硬、政党竞争激烈、媒体监督尖锐的美国,鲜见对失职官员提出监管问责指控,而在中国工人抗争能力有限,体制内外对官员批评力量不足的背景下,官员却在事故责罚中首当其冲?

灾害中的责任认定既包含客观事实分析,也包含主观上责任建构的成分。施克莱提出,一场灾害属于不幸还是不正义,取决于人们的意愿和能力。[①]但意愿和能力的黑箱却尚未打开。中国安全责罚上存在对公职人员失责惩罚力度大的特点,是由在中国安全生产治理体制中,公职人员承担着重要的责任,其他主体无力承担责任造成的。通过强惩罚的趋向以期调动各级官员的安全生产治理能力和积极性。当然,对公职人员的事故责罚并不是一成不变的,相反一系列显著的调整反映出国家对责任政府建设的探索。

## 第五节 如何理解中国安全生产治理

基于世界范围内差异化的安全生产治理体制分析,以及中国安全生产治理体制的差异性制度安排,中国安全生产治理走出了一条显著不同于欧美国家及

---

① 朱迪丝·N.施克莱:《不正义的多重面孔》,钱一栋译,上海人民出版社2020年,第4页。

苏联的道路。如何科学、客观描述中国安全生产治理道路，又如何解释中国安全生产治理道路的复杂性，是本书力图解决的两大问题。

在社会主义国家生产安全事故治理中，"中国经验"有何特色？这需要将"中国经验"放到现代化过程中去思考，尤其是在近代以来资本主义和社会主义大发展的历史背景中，以此理解在世界视野范围内，"中国经验"因何区别于资本主义国家事故治理。最为关键的是，从中国式现代化道路解释新中国成立以来的中国安全生产治理体制的演变，又反过来加深对中国式现代化理论的理解。

# 第二章 安全生产治理体制的理论逻辑与分析框架

安全生产是一种由政府监管，企业、社会共同参与治理的一项公共产品。安全生产治理体制正是生产中政府监管、企业管理、劳动者自我保护、服务性组织服务所共同形成的生产形态所展现出的结构性权力关系。安全生产治理体制的核心是监管，实践区别在于监管权的分布差异。由此，在世界范围内兴起了由监管型国家理论解释这一政治经济现象的理论潮流。

何为监管型国家？以监管型国家理论解释中国安全生产治理体制的历史转型是否具有说服力？如何建立起更为全面、客观的解释框架和分析范式？这是本章欲从理论上进行的阐释和探讨。本章首先分析了监管型国家理论的内涵及其解释力问题，然后从宏观机制转到中观机制分析权责关系，在分析中观机制解释的优势和不足基础上，继续论述了几种微观机制解释逻辑。在上述文献综述基础上，本书对安全生产治理体制建立起新的控制权视角下的结构-制度的分析框架，并对分析框架的核心概念、理论逻辑、分析重点进行了解释。最后指出了此分析框架下的研究方法。

## 第一节 监管型国家理论解释及其不足

### （一）监管型国家的兴起及其解释

监管现象由来已久，在传统社会就存在政府监管。例如，在我国各封建朝代，国家对漕运、食盐、海运等方面就存在监管，这个意义上的监管其实只是监督、管理，并非今天意义上的监管。监管型国家有着特定的内涵，监管型国家的兴起也是很晚的事情，需要在国家理论脉络里为监管型国家定位。

一些比较经济学家提出，传统的比较经济学研究资本主义和社会主义之间的体系（institution）差异，随着东欧剧变、苏联解体，资本主义经济体系赢得胜利，传统比较经济学应该转向研究资本主义制度内部巨大的、系统的差异。[①] 这些研究带有明显的"历史终结论"的倾向，忽视了作为社会主义制度国家的中国的政治经济治理模式。尽管如此，这些比较经济学家提出的政治经济治理模式分析框架值得借鉴。这个分析框架的逻辑前提是国家治理寻求控制无序和控制国家滥权之间的平衡，使社会损失最小化。其中，无序涉及个体和他们财产被私人侵占的风险，以盗窃、谋杀、偷窃、暴力违约、侵权或者垄断价格的形式发生，以及个人通过贿赂、欺骗等方式使个人能够颠覆诸如法院的公共体制。专制涉及个体和他们的财产被国家及其代理人征用，以谋杀、征税或者暴力侵占的方式。专制也体现在国家征用的其他方式里，包括国家监管者帮助企业限制竞争者入场。在无序和专制中间还有其他的政治经济治理模式。从类型上包括私人秩序、独立审批、监管国家、国家所有。[②] 如图 2-1 所示，这一框架横坐标为因国家侵占导致的社会损失，即专制（dictatorship），纵坐标为因私人侵占导致的社会损失，即无序（disorder）。

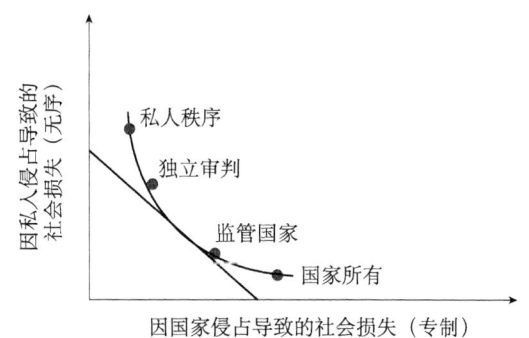

**图 2-1　比较经济学的政治经济治理模式分类框架**

在西方政治思想家中，现代政治思想家霍布斯在论述国家的产生时，指出国家就是为了维护和平、人身安全、财产权而产生的。从人性论出发，霍布斯指出自然状态下人人自我保全的人性，使得在没有一个共同权力慑服大家时，

---

[①] Djankov, S., et al., "The New Comparative Economics," *Journal of Comparative Economics* 31 (2003).

[②] Djankov, S., et al., "The New Comparative Economics," *Journal of Comparative Economics* 31 (2003).

人们便处于战争状态，而且是每一个人对每一个人的战争。因此，为了免于陷入暴力、战争、恐惧之中，需要有一个共同的且具有强制履行契约力量的主权者。"如果要建立这样一种能抵御外来侵略和制止互相侵害的共同权力，以便保障大家能通过自己的辛劳和土地的丰产为生并生活得很满意，那就只有一条道路——把大家所有的权力和力量托付给某一个人或某一个能通过多数的意见把大家的意志化为一个意志的多人组成的集体。"① 承当这一人格的人被称为主权者，统一在一个人格之中的一群人被称为国家。可以看出，霍布斯的国家理论是为了避免私人秩序下的"人与人之间的战争"而走向了另一个极端，即君主专制。这一思想与其所处的王权与教权剧烈冲突背景有关。西方契约论思想并不只有霍布斯这一种思路，还有多种竞争性的社会契约假说，也带来了与之相符的国家形态。

　　洛克在分析自然法和自然状态时提出，自然状态是一种和平、善意、互助和不受危害的状态。在自然状态下，每个人都必须尽其所能去保护自己的利益，但是他对自己利益所享有的权利及尊重他人利益或权利的义务却只有在它们都处于政府之下的时候才能完全得到实现。② 洛克理论下的政府和霍布斯的主权国家截然不同，政府权力掌握在立法机构和行政机构手上，立法权是政府中的最高权力，但立法权决不能专断，立法权也不得以即时性律令进行治理，还不得将立法权委托给其他人。行政机构要受到更多的制约，一方面在一般情况下必须依附于立法机构，另一方面则是因为它的特权还必须受到法律的约束。③

　　受洛克、孟德斯鸠等思想家影响，联邦党人所推崇的政治体制，目的在于防止国家绝对权力，试图建立美国式的政党-法院国家。在这种政治经济模式下，"最弱意义上的国家"备受推崇，自由放任型市场经济大行其道，为自由资本主义的高速发展提供了制度环境。但自由资本主义发展到一定阶段，也产生了诸多问题，尤其是到了垄断资本主义的阶段，贫富差距、社会不公、公共安全等方面存在很多问题和冲突。对此出现了两种出路：一是资本主义内的修

---

① ［英］霍布斯：《利维坦》，黎思复、黎廷弼译，商务印书馆2019年版，第131页。
② ［美］乔治·萨拜因、［美］托马斯·索尔森（修订）：《政治学说史》（下卷），邓正来译，上海人民出版社2010年版，第212页。
③ ［美］乔治·萨拜因、［美］托马斯·索尔森（修订）：《政治学说史》（下卷），邓正来译，上海人民出版社2010年版，第220页。

补和混乱，类似美国式的进步主义运动和第一次世界大战；二是社会主义的诞生，出现一种国家所有（state ownership）的模式。

监管型国家是具有私人秩序和国家所有之间的一种政治经济治理模式。作为一种国家形态，监管型国家最早兴起于20世纪初期的美国，尤其是美国进步主义时代。在这一时期，美国进入垄断资本主义阶段。① 这一时期出现诸多问题，在进步主义运动下，资本主义国家对垄断、食品药品安全等展开监管，一系列监管型机构建立起来。20世纪70年代之前，全球只有美国可以称得上具有监管型国家形态。20世纪70年代末，监管型国家在西欧、东亚等国家和地区如雨后春笋般兴起，监管型国家成为全球国家发展的一个基本趋势。从历史进程看，资本主义经历了从最初的自由放任资本主义到战后的福利资本主义，再到监管型资本主义的治理转型（见表2-1）。② 这一路径以西欧为主，美国一直未建立欧洲式的福利资本主义，转型路径自然不同（见表2-1）。

表2-1 治理转型和监管资本主义的本质

| 角色 | 自由放任资本主义<br>19世纪初至20世纪30年代 | 福利资本主义<br>20世纪40年代至70年代 | 监管型资本主义<br>20世纪80年代至今 |
| --- | --- | --- | --- |
| 掌舵 | 商业 | 国家 | 国家 |
| 划桨 | 商业 | 国家 | 商业 |

监管型国家的兴起和全球扩张是20世纪70年代以后的整体趋势。按监管内容分类，监管可以分为经济性监管和社会性监管。经济性监管的政策指向是公司企业行为，以纠正市场失灵为理论基础，政策目标在于确保竞争性的市场条件。社会性监管的政策指向是个人、公司企业及基层地方政府行为，以克服传统法治过于机械的缺陷，政策目标在于限制可能危害公共健康、公共安全或社会福利的行为。③ 社会性监管的目的不是保护企业，而是对企业活动施以限制以保护大众；社会性监管不寻求保证竞争条件或保护竞争者，但是可能涉及限制小型企业活力的合规成本。社会性监管使用的工具包括建立制度、确定标

---

① 《列宁选集》（第二卷），人民出版社2012年版，第575页。

② Levi-Faur, D., "The Global Diffusion of Regulatory Capitalism," *The ANNALS of the American Academy of Political and Social Science* 598（2005）.

③ ［美］莱斯特·M. 萨拉蒙：《政府工具：新治理指南》，肖娜译，北京大学出版社2016年版。

准、明确奖惩机制、信用系统。社会性监管的内容主要涉及食品药品安全、环境安全、生产安全、交通安全等公共安全领域。

监管体制的形成和演变有三种主流的理论解释逻辑：公共利益理论、利益集团理论和监管治理理论。

1. 公共利益理论

在公共利益理论视角下，监管是政府对纠正市场无效或不平等的公众需求的回应。监管的公共利益理论也经历了不断更新、调整。[①] 在最初的公共利益理论视角下，存在对经济政策的两个假定：一是经济市场极端脆弱，并且如果不加管理的话，经济市场易无效率或者不公平；二是政府监管事实上是不花钱的。政府监管被看作对公众对无效率和不公平纠正需求的简单回应。这种最初版本的公共利益理论忽视了显而易见的政府失灵这一现象。

经验证据提出的挑战，促使公共利益理论产生更新版。人事和程序上的特定缺点导致监管过程令人失望的绩效，且这些缺点能够随着公共行政机制经验的积累而修正。公共利益理论认为，监管机构是为了好的公共目的产生的，但是存在管理不善，导致这些目的不总是能实现好的结果。这种更新版的公共利益理论仍然强调目的上的公益性，但指出过程中的管理原因，导致结果上的非公益性。但这一解释仍然存在两个令人不满的问题：第一，它没能解释存在大量有偏的管理不善的事实。所谓有偏的管理不善，即社会大众所不想要的监管结果常常是在监管方案立法中有影响力群体想要的。更新版的公共利益理论并未指出有影响力群体的存在，也并未对其分析。第二，那些证明监管机构管理不善的证据容易被击败。强调监管机构有意地取得所谓管理不善目标，因为无效率的或者不公平的目标是创立监管机构本身的立法机关所设定的目标，也就是说监管机构是为了实现立法机构意志才形成一种看似不公平或无效率的偏向（proclivity）。

2. 利益集团理论

利益集团理论的逻辑起点是"理性人"假设，质疑公共利益理论中政府代表公共利益的假设，视政府和经济体是追求自身利益的理性人，强调政府监管是政府和利益集团之间的利益交换过程。在此过程中存在着"监管捕获"的

---

[①] Posner, R., "Theories of Economic Regulation," *The Bell Journal of Economics and Management Science* 5 (1974).

问题。

斯蒂格勒的经济监管理论是监管研究的经典之作，是利益集团理论的典范。他提出，经济监管的中心任务是解释谁会收到监管的利益和承受监管成本，会采取什么样的监管方式，且监管对资源分配产生何种影响。作为一种规则，监管是工业企业自己获得的，并且主要是为了工业企业自己的利益而设计和运作的。① 这里着重对斯蒂格勒的利益集团理论进行介绍和分析。

斯蒂格勒提出两种替代性的工业企业监管的观点。第一种观点认为，监管主要是为了保护公众中的大部分并且让公众受益而制定的。第二种观点本质上认为，政治过程无法用理性解释，政治是不可估量的，是一个连续的不断变化的多种自然力量的混合物，是可理解的强烈的道德上的美德行动，是一种最粗俗的见利忘义。第二种观点是认识论上的不可知论，主张人性暗黑，无法展开有效的学术对话。第一种是常见的公共利益理论。斯蒂格勒首先反对的就是所谓为了公共利益的监管的理论。

斯蒂格勒提出，政治系统是被理性设计的，并且理性地雇佣人员。也就是说，政治系统是实现社会成员需求的合适工具。事实上，监管的本质问题是发现什么时候，以及为什么工业企业或者其他群体为了他们的目的能够使用国家，或者说什么时候或者为什么因盟友目的被国家挑选出来。当一个工业团体获得一种国家权力授权，这个工业团体收到的利益会达不到社会其他部分遭受的损失。为了解释为什么很多工业团体为了自身谋利能够雇佣政治机器，斯蒂格勒主要回到民主政治之中，考察政治过程的本质。政治决策带有的强迫普遍性特征使得民主的政治决策过程与市场过程有两个区别：第一，决策必须由很大一群人或者他们的代表同时作出，政治过程需要同时决策。第二，民主决策过程必须涉及共同体中的所有人，而不是只限于那些与决策直接相关的人。政治过程的这种特点可以通过多层次的政府和选择性使用直接决定的方式修正。处理这种特点的主要方法就是去雇佣或多或少的由公司组织并受公司训练的全职代表，也叫作政党或政治机器。寻求监管政策的工业团体必须准备好付给政党需要的两样东西：选票和资源。如果一个政党对政府机器有垄断式控制，就可以预期它会为了自身利益搜刮大多数的监管利益。如果这个政党的要求变得过分的话，

---

① Stigler, G. J., "The Theory of Economic Regulation," *The Bell Journal of Economics and Management Science* 2 (1971).

工业团体可能会以一个更加接近政党成本的份额选择其他的同样提供政府服务的政党。如果进入一个由单一政党主导的政治里，工业企业为实现立法会付出一个更高的"价格"。① 从上述介绍看，斯蒂格勒的论述更多是一种政治经济学的监管政策解释，工业团体正是一种利益集团，背后是集团理论、"搭便车"问题②。

利益集团理论有助于理解现实中大量的政府监管失灵现象，但也存在很大的问题。正如布雷耶所评论的，利益集团理论明智地将其注意力指向规制过程的政治维度。但规制不仅仅是政治性的。人们也无法仅根据当事人的相关政治权力，就轻易地解释一个规制方案的起源或运作。布雷耶进一步解释道，如果仅仅将利益集团理论适用于生产者，这常常是不准确的，它无法全面地解释环境、健康和安全规制，甚至也无法全面地解释传统的公用事业和运输规制。同时，如果将该理论扩展适用于生产者之外的群体，则它就要冒失去预测性和解释力的危险。所有的规制规则和制度都施惠于一些集团。人们可以将任何偏离"最佳"规制的现象解释成受相关集团政治权力影响的结果。最后，尽管利益集团理论明智地将注意力指向规制者或立法者职责的政治维度，但它倾向于忽视非政治因素在何种程度上影响了规制的内容。例如，很多规制者并不是政治家，他们不是经选举产生的，因此他们并不费尽心机地最大化其选票。③ 布雷耶对以斯蒂格勒为代表的利益集团理论的批评直指理性行为体决策模式的缺陷。艾莉森等人在其经典著作中提出，理性行为体决策模式隐藏着一个巨大的危险，分析人员只依赖逻辑进行推理，而完全缺乏有关行为体的目标、方案与其所作的判断等事实上是如何的证据。这使他们很容易滑入阴谋论的幻觉和谬误中。④ 理性行为体决策模式的假定和逻辑，即行为体是具有特定目标的单一行为体，其追求价值最大化，确实具有很强的解释力。但这种理性行为体视角的分析应置于个体所处的组织环境、政府政治中讨论。

---

① Stigler, G. J., "The Theory of Economic Regulation," *The Bell Journal of Economics and Management Science* 2 (1971).

② [美]曼瑟尔·奥尔森：《集体行动的逻辑》，陈郁等译，格致出版社、上海人民出版社2011年。

③ [美]史蒂芬·布雷耶：《规制及其改革》，李洪雷等译，北京大学出版社2008年版，第11页。

④ [美]格雷厄姆·艾莉森、菲利普·泽利科：《决策的本质》，王伟光、王云萍译，商务印书馆2015年版，第89页。

3. 监管治理理论

不论是公共利益理论，还是利益集团理论，都是在国家与社会的两元框架内讨论监管起源和监管运作。20世纪80年代后，在福利国家危机、新自由主义理论影响下，各国专业的监管机构大量兴起，司法机关越来越深地介入监管过程，第三方机构、社会舆论力量等也参与到监管过程中，监管过程变得更加生动。西方国家兴起对传统的二元对立监管理论反思的浪潮，提出从二元对立到多元治理的监管治理理论，研究的侧重点也从对监管起源的解释转向对监管模式的分析。

监管治理理论打破政府（尤指行政机关）与企业之间二元对立的分析框架，提出监管应引入新的治理主体，形成新的监管机制，包括监管多元主义和后设监管理论下的双层监管机制、基于管理的监管等理论。

对监管治理的讨论大致围绕两个方面：其一，行政监管与司法裁判相结合。一些法学家、经济学家注意到私人司法诉讼相对于公共行政控制的管理成本优势，提出以司法控制路径代替行政监管路径。但司法诉讼虽然有信息丰富、管理成本低等优势，也面临着自身难题。20世纪80年代后，学术界出现了以行政监管和司法控制互补的分析框架，以发挥行政与司法的优势，推动合作监管，这一互补性模式也被中国学者运用到中国监管经验分析中。① 其二，国家权力与社会权力相结合。例如，回应型监管下的三方主义，将管理权交给企业，而政府保留监督检查权的后设监管或元监管。中国学者也对西方各式监管理论进行了引介，并探讨了安全生产企业主体责任、网约车平台信用监管、社区基金会监管等反映后设监管理念的中国本土实践。总结来说，监管治理是对传统监管模式的补充，其理论基础在于发挥多元主体在分散信息，相互监督，强制实施合约、合作等方面的优势。从二元对立到多元治理的监管格局演变，反映出世界范围内监管体制的变革，也引发学术界关注重点的转移。

### （二）中国监管型国家的理论解释

以监管型国家理论解释中国国家治理转型的研究越来越多。有很多研究指

---

① 宋亚辉：《社会性规制的路径选择：行政规制、司法控制抑或合作规制》，法律出版社2017年版，第24页。

出，中国正在走向监管型国家。杨大力认为，随着市场经济转型，既产生了对于维持新兴的市场经济的制度要求，也产生了使国家领导人更加容易进行制度重建和国家建构的环境要求。中国正在成为一个监管型国家。[①] 王绍光从中国煤矿安全治理的视角出发提出，在非国有化和市场化的趋势下，中国政府已经改变了原有的治理模式。新的发展战略带来的是干预主义政府的萎缩和监管型政府的相应崛起。[②] 刘鹏基于中国药品监管的历史分析提出，中国监管型国家不同于成熟监管型国家，表现出转轨的特征，在监管者、监管对象、监管过程上都显示出差异。中国药品安全管理体制经历了从指令型体制（1949年至1977年）到发展型体制（1978年至1997年），再到监管型体制（1998年至今）的历史变迁。刘鹏提出，考察管理体制的特征维度体现在四个方面：政企事体制关系、管理风格、政策工具、管理导向。[③] 皮尔森指出，中国政府是介于东亚发展型国家和独立监管型国家之间新兴起的监管型国家。国家继续保持对于关键资产的利益，很难建立起完全独立的规制体制。中国的监管机构缺乏独立性，无论是相对于政府部门而言，还是相对于企业而言。监管机构由于受到政治压力、经济诱导、非正式关系等因素的影响，独立性大大降低。[④] 皮尔森的研究突出监管机构在中国实践中受到政治、行政和社会等多重因素的影响，无法发挥其应有的独立性。

监管型国家成为学术界认识中国监管领域改革的重要分析范式。中国监管型国家建设过程有突出的特点，学者们在对中国社会性监管体制问题分析时重点论述了以下三个问题。

第一，监管机构的能力建设不足，表现在监管方式和监管机构设置上。在食品安全监管问题上，刘鹏基于对食品安全专项整治行动的案例研究指出，由于常规监管资源的缺乏、地方政府官员短期理性选择及自上而下的"压力型体

---

① Yang, D., *"Remaking the Chinese Leviathan: Marker Transition and the Politics of Governance in China"*, Standford University Press（2004）.

② Wang, S.. "Regulating Death at Coalmines: Changing Mode of Governance in China," *Journal of Contemporary China* 15（2006）.

③ 刘鹏：《转型中的监管型国家建设：基于对中国药品管理体制变迁（1949—2008）的案例研究》，中国社会科学出版社2011年版，第89页。

④ Pearson, M., "The Business of Governing Business in China Institutions and Norms of the Emerging Regulatory State," *World Politics* 57（2005）.

制"长期存在等原因，中国的监管依然显示出运动式监管的特征。① 在煤矿安全监管问题上，刘亚平、蒋绚通过对新中国成立以来煤矿安全管理机构和管理制度的变化梳理指出，中国煤矿安全监管改革存在两方面问题：一是对煤矿的监管日益依赖正式规章制度，监管的走过场和形式化问题突出；二是监管的独立性增强，但监管的专业化程度被削弱。中国监管制度面临有效性和专业化的挑战。② 机构建设、方式优化是提升监管能力的重要方面。

第二，监管目标上面临多重目标的冲突。杨大力等通过对2004年安徽阜阳假奶粉事件的案例研究指出，中国食品安全监管体制除监管能力、监管权力机构的分散性外，在监管目标上存在着加强监管、保障公众健康与发展地方经济、解决地方就业之间的矛盾。③ 刘鹏基于对中国药品管理体制历史变迁的分析提出，1998年以后建立的药品安全监管体制本质上是一种以"监、帮、促"为导向的后发展型阶段。在此阶段，计划经济模式、发展主义导向及威权型的权力结构仍然起作用，导致中国政府无法通过建立西方式的监管型模式来有效规范政府、企业与事业单位三者之间的利益关系，无法有效平衡产业发展与质量监管、商业利益与公共利益之间的关系。④这一研究实际上和杨大力等人的研究一致，重点指出了监管的社会功能与经济功能的可能性冲突是监管失灵的重要原因。

第三，对监管体制中的中央和地方关系、政府和社会关系的反思。在对中国监管体制的研究中，许多研究看到纵向府际关系在监管过程中的重要性。聂辉华等的研究指出，煤矿安全生产问题主要是监管体制问题，而不是政治体制问题。煤炭安全生产的集权监管有利于减少矿难死亡率，在转型国家，监管集权和改进政府问责都能降低矿难死亡率。⑤ 监管体制集权还是分权仍然是具有争议的问题。对食品安全中"管制弱化"问题的原因分析，杨雪冬等提出，在

---

① 刘鹏：《运动式监管与监管型国家建设：基于对食品安全专项整治行动的案例研究》，《中国行政管理》2015年第12期。
② 刘亚平、蒋绚：《监管型国家建设的轨迹与逻辑：以煤矿安全为例》，《武汉大学学报》（哲学社会科学版）2013年第5期。
③ Tam, W., Dali Yang, "Food Safety and the Development of Regulatory Institutions in China," *Asian Perspective* 29 (2005).
④ 刘鹏：《政企事利益共同体：中国药品安全管理体制变迁的历史逻辑》，《武汉大学学报》（哲学社会科学版）2011年第2期。
⑤ 聂辉华、李琛、吴佳妮：《监管模式、政治体制与矿难——基于跨国数据的证据》，《经济理论与经济管理》2017年第9期。

地方政府间竞争背景下，由于缺乏明确有效的授权关系和责任机制，居民无法对政府决策及政府-资本关系进行制衡，从而使本来治理能力就弱的居民个体更容易受到竞争失效的冲击，这种竞争失效主要表现为，形成官场腐败与食品安全问题。① 可以看到，监管方式运行及监管机构设置的科学性是监管弱化的表面原因，而其长期存在甚至在特定利益格局背景下会加剧的情况说明安全监管背后是责任政治和民主政治建设的原因，以此方能形成持续的责任压力。在药品安全监管问题上，胡颖廉从药品监管体制的历史分析中看到国家与社会的关系，认为监管者没有能力与专家和民众形成广泛的政策联盟，以面对强大的政治压力。只有把监管机构和政策嵌入更为广阔的市场背景、行政管理体制改革和民众诉求中，才能厘清问题的全貌。因此，在政策目标上主张树立"大医药观"，建立广泛的政策联盟。② 监管国家的制度建设要关注制度环境及其变化，尤其是社会、资本的力量的变化。

从上述内容可以看出，社会性监管已经成为中国公共管理、政治学研究领域的热点问题，也说明社会性监管是我国当前政治建设中的一个重点和难点。中国社会性监管涉及监管组织、监管目标、监管方式、腐败、问责、处罚等方面。以上研究有意识地提到了中国监管体制中的重要因素，也提出了有意义的分析概念。然而，监管体制作为一个整体，对其研究也应该在一个完整的框架内，将不同的因素置于其中，一方面发现不同因素的变化趋势，另一方面找到影响因素变迁的背后因素。构建一个逻辑链条闭合的分析框架，找到变化背后的权力关系是进一步分析中国监管型国家建设的重点之一。

### （三）监管型国家理论解释的不足之处

公法学家普罗瑟提出，当前文献中对监管存在两种截然不同的认识：一是作为对私人自治之干预的监管，二是作为一项合作事业的监管。③ 其实，两种认识有其契合之处。将政府监管视为一项合作型公共事业，必然要求各方参与，本质上是对企业生产的介入和干预。只是监管型国家的介入和干预有其自

---

① 杨雪冬等：《风险社会与秩序重建》，社会科学文献出版社2006年版，第101页。
② 胡颖廉：《监管型国家的中国路径：药监领域的成就与挑战》，《公共行政评论》2011年第2期。
③ ［英］托尼·普罗瑟：《政府监管的新视野：英国监管机构十大样本考察》，马英娟、张浩译，译林出版社2020年版，第5—7页。

身的要求。迈琼对监管型国家的组织特点分析指出，干预主义国家以高度的行政和政策制定集权为特点，监管型国家依赖于向独立机构的广泛授权，包括监管机构或监管委员会，也包括日益成为一个监管活动积极角色的法官。① 这些分析突出了监管型国家与福利型国家、自由放任型国家的差异。但以监管型国家解释治理形态转变也有不足之处，简单来说，普遍的监管型国家建设使监管型国家成为一个正确而无用的概念。

在现代化深度发展背景下，国家控制市场和社会发生了一个吊诡的变化。一方面，国家干预市场和社会的广度和深度增强；另一方面，市场和社会力量的增强也赋能自身把政府监管力量限制在明确界限里。这得益于现代法治的长足进步、权力监督与制约的长期发展。正因如此，监管型国家成了现代民族国家发展的普遍现象。监管型国家这一国家形式有着诸多类型，不同类型在监管权力分配、监管机构独立性、第三方机构权威性、企业自监管认可度等方面存在差异。这些差异是否构成本国体制的问题或优势，应在本国监管体系中进行讨论，这就提出了政策机制匹配的问题。②

对中国监管型国家的研究发现，对中国监管体系问题的讨论很多，很分散，甚至不乏矛盾之处。这种碎片化的研究结论是对监管体系基础理论探讨不足导致的。③ 就中国而言，强制合规、寓管于服等是优势还是弊病，是契合还是冲突，需要一套系统的评价标准来判断。因此，深化监管体制研究的关键是对监管体制概念化、操作化、类型化，进而有的放矢地分析中国安全生产治理体制的基本特征、形成逻辑、运作瓶颈和改革方向。

监管型国家理论作为一种宏观叙事，其解释力和生命力需要结合中观机制的分析，以此展现不同民族国家的监管逻辑和治理逻辑。

## 第二节 监管转型的中观机制解释及其不足

全球监管型国家的兴起和传播是时代发展的必然产物，因为现代化带来了

---

① Majone, G., "The Regulatory State and Its Legitimacy Problems," *West European politics* 22 (1999).
② 薛澜、赵静：《走向敏捷治理：新兴产业发展与监管模式探究》，《中国行政管理》2019年第8期。
③ 王俊豪：《中国特色政府监管理论体系：需求分析、构建导向与整体框架》，《管理世界》2021年第2期。

物质生产的迅速扩大，人们的生活彻底进入商品化的时代，生产者与消费者及生产者之间的广泛联络构成全球生产网络。与经济社会的商品化及其带来的社会化生产相伴随的是民主意识、权利意识、社会行动能力等政治社会的现代化，推动着对构建一种民主秩序的追求。在此背景下，自由放任的市场经济碰到了严重的贫富差距、社会安全堪忧等问题，福利型国家也存在低效、扼制创新等困境，新型的追求安全与效率平衡的监管体制应运而生。对监管型国家的研究发现了国别之间的差异，在独立性监管机构的设立、经济性手段的强度、司法介入的程度方面都存在差异，也就形成了不同的监管型国家模式。

用监管型国家理论解释中国社会性监管的兴起的宏观研究缺少对中国监管型国家演进的推动力的分析，而更多着眼于监管型国家的特征。这也是宏观理论存在的问题，需要中观机制分析的补充。中层理论将宏观与宏观之间串联起来，不再是简单地从宏观到宏观，例如从福利型国家到监管型国家。这种理论缺少对机制的分析，也就失去了对各国政治的差异性的深刻分析。

对此我们可借用科尔曼的方法理论。科尔曼解释宏观现象时提出三种类型的关系：宏观到微观的转变、个人有目的的行动以及微观到宏观的转变。在此基础上，科尔曼提出个人行动具有目的性的行动理论。在从宏观到微观、从微观到宏观的转变中，要警惕简单应用整体论进行的解释，因为那是一种功能主义。科尔曼进而提出，个人行动具有目的性，但是理论的解释重点是社会系统的行为，系统行为间接地来源于个人行动。在缺乏个人行动基础的理论中，行动的原因不是个人的目标、意愿，而是个人之外的某些力量。其结果是，这些理论除了描述某种不可抗拒的命运，再无别用。因此，解释社会组织的活动必须从行动者的角度理解他们的行动。科尔曼进而总结了6种主要的微观水平行动的不同结合方式，从而形成宏观行为，包括：（1）个别行动者的独立行动给其他行动者造成了某种外部影响，改变了其他行动者面临的激发其行动的报酬结构；（2）两个行动者之间的双边交换；（3）双边交换扩大为市场竞争；（4）集体决定或社会选择；（5）一种相互依赖的行动结构，其表现为正式组织；（6）一种集体权利的建立。这些行动互相依赖的表现显示了微观转变到宏观的多种方式。①

---

① [美]詹姆斯·S.科尔曼：《社会理论的基础》（上），邓方译，社会科学文献出版社2008年版，第17—21页。

科尔曼的行动理论指出了中观机制在解释社会巨变时的价值。这与默顿所提的中层理论有异曲同工之处。默顿认为，中层理论的意义在于架起抽象理论与具体经验分析之间的桥梁，是一种介于抽象理论与具体经验描述之间的理论。中层理论并不排斥宏观理论的规范性观点和理论建构策略，它通过指出宏观理论由于普遍化、抽象化所带来的理想化和空洞化的弊端，开辟宏观理论所忽视的具体领域和细节，增强理论的应用性、适应性与指导性。在这个意义上，中层理论是对宏观理论的补充和延伸，通过实证的方法寻求解释和理解现实问题的理论途径和方案。①

## （一）几种中观机制解释

安全生产治理体制是围绕安全生产中关键权力在不同主体间运作所形成的权力状态。这里所谓的关键权力包括安全标准的制定权、安全状态的检查权、安全事故的责罚权。在不同体制下这些权力有着不同的分布，进而塑造了各国差异化的安全生产治理体制。从中观机制的视角看，安全生产治理体制面对的是关键权力的差异化分布的动力机制问题。

对于谁来塑造权责关系，不同时代的研究者关注到阶级、利益集团、精英、国家领导层、意识形态等不同因素，催生出阶级斗争理论、利益集团理论、权力精英理论、国家自主性理论、意识形态理论等竞争性解释范式，为理解权责关系动力机制提供了多元化的视角（见图2-2）。②下文将从官员问责

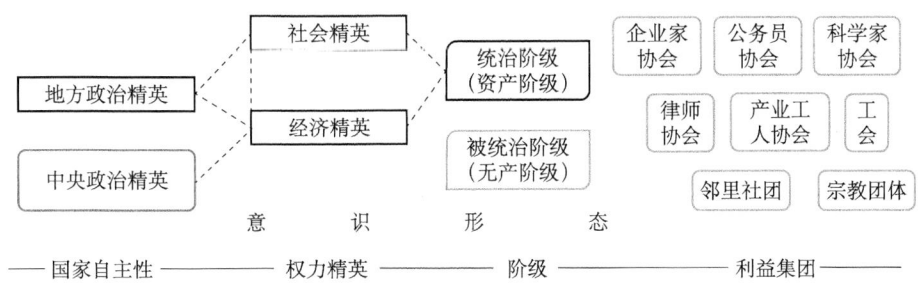

图2-2　几种解释权责关系的中观机制的理论谱系

---

① 徐湘林：《从政治发展理论到政策过程理论——中国政治改革研究的中层理论建构探讨》，《中国社会科学》2004年第3期。

② 梁玉柱：《谁的问责之手？——中国监管问责转型的动力机制分析》，《经济社会体制比较》2023年第1期。

的动力机制展开分析。

在马克思主义思想中，政治权力是为资本主义服务的工具，国家作为统治阶级的工具，是推动资本主义经济增长的衍生品。对政治权力的惩罚不能仰赖于统治阶级自我规训，而只能诉诸被统治阶级发起的阶级斗争。① 但这种阶级对抗不是对官员问责，而是颠覆统治权。问责基于承认统治关系合法性，马克思主义对官员问责没有直接论述，但指出了阶级冲突对于权责关系的重要性。阿隆认为，伴随着工业化进程，社会不平等减轻和阶级流动，工业社会斗争出现了逐渐摆脱消极状态、加紧展开请愿活动、革命运动的势头和运用暴力的癖好逐渐减弱的特点。② 社会斗争不再以阶级冲突的形式出现，更为关注的是集团和个体精英。集团理论及多元主义理论也应运而生，讨论集团之间是如何互动又是如何塑造权责关系的。

多元主义与马克思主义相同之处在于认为政治权力是社会塑造的结果，国家不过是政治权力的载体。两者的差异在于，多元主义分析的单位不是对立的阶级，而是纷繁复杂的利益集团。20世纪50年代，杜鲁门提出的政治过程理论成为利益集团分析的奠基之作，利益集团在博弈、合作、冲突、共识之中实现对政治权力的约束。③ 迈克尔·曼的社会权力四网络分析可以被看作是多元主义理论的新变种。不同情境下经济、政治、意识形态和军事权力之间的互动、碰撞，形成变动的权力格局。④ 对美国20世纪70年代社会性监管的兴起考察发现，在以调整资本主义为目的的新社会监管体制建立过程中，新的公共利益团体推动新监管立法和监管提议方面发挥关键作用。保护工人的职业安全与健康监察局也就此建立。⑤ 1971年美国职业安全与健康监察局正式成立，政治权力才具有监察职业安全的责任。但政治权力承担监察职能是否能够保护社会免受安全威胁？多元利益集团之间并非对等关系，一些利益集团背后是掌控

---

① 《马克思恩格斯选集》（第1卷），人民出版社2012年版。
② [法] 雷蒙·阿隆：《阶级斗争：工业社会新讲》，周以光译，译林出版社2003年版，第148页。
③ [美] D. B. 杜鲁门：《政治过程——政治利益与公共舆论》，陈尧译，天津人民出版社2005年版。
④ [英] 迈克尔·曼：《社会权力的来源：从开端到1760年的权力史》（第1卷），刘北成、李少军译，上海人民出版社2015年版，第28页。
⑤ [美] 马克·艾伦·艾斯纳：《规制政治的转轨》，尹灿译，中国人民大学出版社2015年版，第136页。

经济权力、社会权力或政治权力的精英，掌握着与其他集团不对称的权力。①这也引发了精英主义理论分析。

精英主义理论认为，政治、经济、军事和意识形态权力分散在不同的精英手中，国家是不同精英角力、争夺资源和权力的场域，在此过程中实现对权力-责任关系的塑造。②多姆霍夫认为，20世纪50年代以来的美国政治形成一种由结构性经济权力和两党控制，及舆论塑造网络组成的新型政体。在这一政体下，不再是马克思主义理论中的资产阶级和无产阶级两大阵营的斗争，而是企业保守派联盟对自由派劳工联盟形成支配关系，形成企业共同体的支配阶级。对安全监管的研究发现，20世纪70年代美国建立的职业安全与健康监察局由于受到企业共同体的院外活动和立法斗争的影响，在20世纪80年代后变成一个"政治囚犯"，不仅信息提供上拖拉，还被修改立法限制权力，削减权力和预算，使得监察机构监督能力越来越弱化和表面化。③从美国职业安全与健康监察的兴起与困境可以看到，在美国20世纪70年代的社会运动中，民权运动的社会组织与民主党之间相互依赖的关系使得多元主义对于解释职业安全与健康监察的建立和兴起更有说服力。而20世纪80年代以后，共和党上台执政，公民社会组织与共和党-金融精英建立的是依附关系，使得精英主义理论对职业安全与健康监察的困境更具解释力。可以看出，国家不仅是社会的"操练场"，还是一个具有主动性和自身利益的主体。阶级分析、多元利益集团分析、精英分析都是一种功能主义的国家观，对此反思使国家中心论在20世纪70年代后兴起。

在斯考切波的国家观下，国家不仅是社会经济冲突展开战斗的场所，更应该被看作一套宏观结构，一套以执行权威为首，并或多或少是由执行权威加以良性协调的行政、政策和军事组织。只要这些基本的国家组织存在，国家在任何地方都具有摆脱支配阶级直接控制的潜在自主性。④这种自主性结构赋予国

---

① ［美］曼瑟尔·奥尔森：《集体行动的逻辑》，陈郁等译，格致出版社、上海人民出版社2011年版，第28页。
② ［美］理查德·拉克曼：《国家与权力》，郦菁、张昕译，上海人民出版社2013年版，第37页。
③ ［美］威廉·多姆霍夫：《谁统治美国：权力、政治和社会变迁》，吕鹏、闻翔译，译林出版社2009年版，第372页。
④ ［美］西达·斯考切波：《国家与社会革命：对法国、俄国和中国的比较分析》，何俊志、王学东译，上海人民出版社2015年版，第30页。

家推行自身的运作逻辑，不必与社会支配阶级的利益和全体社会成员的利益等同或者融合。迈克尔·曼认为，真正的精英主义强调国家精英支配社会的个别权力。国家自主性与特定的政治制度的自律逻辑相关，这种国家权力主要是集体权力而不是个别权力。国家本质上是变动的社会关系被权威加以制度化的组织。国家不仅把现存的社会冲突加以制度化，还把它变成一种积极活跃的场所。① 在实证上，科利发现，后开发地区分散性多阶级国家和凝聚性资本主义国家存在权威结构的分散和集权的差异，导致对劳工的掌控不同，形成不同的劳工控制模式。② 科利强调国家能力在塑造国家-资本-劳工关系上的作用，国家自身成为影响劳工身体健康、生命安全的重要因素。在中国生产研究中，聂辉华提出，以国民生产总值为核心的考核机制必然导致地方政府有强烈的动机与企业合谋，选择低成本的生产方式来获取政绩。只有在合谋的成本危及社会稳定及中央政府的根本利益时，中央政府才必然出手防范合谋。③ 这一研究指出了国家自主性的存在，但国家内部也有分歧。

国家控制不仅依靠强制能力等，也注重发挥意识形态的力量。意识形态分析以文化、思想为考察对象，摒弃了简单地倾向唯利益论。意识形态是服务于权力的意义，是对既定统治关系的维护。④ 在实证研究上，法学家和社会学家注意到意识形态对组织或个体行动的影响。19世纪末20世纪初，美国工业化带来的大量生产事故使得盛行的自由劳动理念愈加难以屏蔽风险问题。现代雇佣劳动的危险变成立法者关于劳动规制的核心理念，它所取代的正是自由劳动理念。⑤ 理念的转变为立法者、管理者、劳动者带来了新的行动指引，新政时期工业事故法的改革正是这一体现。意识形态也可能构成权责关系变革的阻碍。社会学家发现美国存在一个"右派悖论"，一大批工人阶级明明是环境污

---

① [英]迈克尔·曼：《社会权力的来源（第一卷）：从开端到1760年的权力史》，刘北成、李少军译，上海人民出版社2015年版，第55—60页。
② [美]阿图尔·科利：《国家引导的发展——全球边缘地区的政治权力与工业化》，朱天飚等译，吉林出版集团2007年版，第17页。
③ 聂辉华：《政企合谋与经济增长：反思"中国模式"》，中国人民大学出版社2013年版，第15页。
④ [英]约翰·B.汤普森：《意识形态与现代文化》，高铦等译，译林出版社2019年版，第7页。
⑤ [美]约翰·法比安·维特：《事故共和国：残疾的工人、贫穷的寡妇与美国法的重构》，田雷译，中国政法大学出版社2016年版，第17页。

染、工伤事故的受害者却支持放松政府监管，削减政府预算的政策，这源自他们对大政府的不信任及对宗教、邻里社团的信任。① 可见，意识形态在形塑权力-责任关系时扮演着复杂的角色。

### （二）中观机制解释的不足之处

中观机制解释对于理解治理体制中的权力-责任关系具有深刻意义，尤其是从行动者和行动方式的角度指出了不同体制、不同阶段下的体制转型的特点。正如徐湘林在批评学术界时指出的，中国理论家对政治改革的研究一直处于徘徊不前的境地。这一批评也适用于其他主题的研究。问题反映在这些研究在理论指导上陷入似是而非的宏大理论阐释而不能自拔，在经验研究上又缺乏足够的理论指导，陷入宏大理论阐释和就事论事个案研究的两极状态。② 因此，呼唤中层理论、加强中观机制解释是当前学术研究的重点工作。

中观机制的解释逻辑也有其自身局限，需要将中观机制再进一步分析。我们可以看到，各种机制在不同体制下都存在，甚至在同一时期同时发生，比如20世纪70年代兴起的全球监管型国家，一些独立监管机构如雨后春笋般设立，但这种相同点背后还有着深刻的差异。中观机制的选择是由宏观背景所决定的，包括政治体制、经济发展模式及意识形态等。如果缺乏对后者的分析，而过于集中于中观机制，分析可能会停留在"特征提炼"，难以深入"逻辑证成"。因此，中观机制研究需要考虑如何与宏观机制进行有效的结合。

## 第三节　微观机制解释及其不足

对于安全生产治理体制的差异化模式，一些研究者深入微观细节之处，发现一些具体的影响因素，包括人力资源、组织变革、监管规模、安全文化等。对这些微观机制的分析，让我们看到更多细节之处，但也容易陷入碎片化分析之中，忽视了重点。

---

① ［美］阿莉·拉塞尔·霍赫希尔德：《故土的陌生人：美国保守派的愤怒与哀痛》，夏凡译，社会科学文献出版社2020年版，第10页。

② 徐湘林：《从政治发展理论到政策过程理论——中国政治改革研究的中层理论建构探讨》，《中国社会科学》2004年第3期。

## （一）几种微观机制解释

### 1. 人力资源解释

治理离不开人的投入。安全生产治理作为一项维护公共安全的共同事业，需要各方面人力资源的投入，尤其是高水平、专业化人力资源。正因如此，一些研究从人力资源角度指出影响安全生产治理成效的问题。在实践调研中，安全生产监管部门常常将缺人、缺钱挂在嘴边，将其视为监管不足的主要原因。

但人力资源规模有时并不重要。在杨华对德国安全生产治理的调研报告中有这样一个例子：在德国黑森州有就业人员287万人、5.3万家企业，其中包括大众汽车、西门子电器、德国汉莎航空等大型企业，但黑森州只有132名劳动保护监察人员。① 通过计算我们发现，每一个监察员平均要负责监管402家企业。但德国安全生产治理却处于很高水平。可见，人力资源虽然重要，但如何设计监管机制可能更为重要。

### 2. 组织变革解释

新公共管理运动让学者注意到机构改革、流程再造等微观机制对安全生产治理绩效的影响。这些研究视角聚焦于机构设置与运作、组织流程等。王裕华基于对中国大陆社会安全的研究提出安全型国家（security state）的概念，认为自20世纪90年代以来，中国安全生产治理模式显著区别于80年代，表现在包括提高公安领导在党机构内的行政地位，扩大政法委进入更多的治理议题范围，通过增强地方当局对社会不稳定的敏感度来改变干部评价标准。② 阎小骏认为中国保持稳定的根源在于国家的政权吸纳和预防式管控机制。其中政权吸纳不断更新政权的社会基础，扩大体制的边界，鼓励参与式公共治理，促进国家与社会的协调和交融，真正夯实政权稳定的社会基石。而预防式管控，是通过制度化的措施，发现、识别、干预和控制社会经济大变动时代在社会层面上不断涌现的对政权的潜在挑战力量和潜在破坏因素。③ 这些是组织学分析的

---

① 杨华：《双轨制背后的辩证思维——德国劳动保护管理体制观察》，《吉林劳动保护》2018年第9期。

② Wang, Y., Minzner, C., "The Rise of the Chinese Security State," *The China Quarterly* 222 (2015).

③ 阎小骏：《中国何以稳定：来自田野的观察与思考》，中国社会科学出版社2017年版，第9页。

典型，指出了关键性组织变革带来的权力关系变化及安全治理能力的变化。

一些研究者也注意到目前监管组织运行上的问题。对中国政府监管方式，学者提出的批评集中在行政监管上的"家长式"管理作风和"保姆式"监管风格①、政府高度介入②、行政吸纳市场③等问题。在专业监管上，也存在委托方之间的异质性和代理方需求及其处境共同造成了第三方监管失灵。④ 这些是从问题角度指出组织变革带来的问题。

3. 监管规模解释

约翰·安田湖次郎提出规模是影响食品安全的重要因素。中国面临的挑战是要在一个庞大而复杂的情境中建立起协调的治理框架。中国政府若过度依赖简单的集权或分权措施应对监管危机，而非其他国家采取的更复杂的联邦之策，只能加剧取舍之困。⑤

4. 安全文化解释

文化深刻影响行为，而安全文化对安全生产有直接的影响。不少研究者注意到安全文化对一个国家、一个地区的安全生产的作用，包括中西方比较视野和历史阶段分析。从中西方安全文化比较来看，学者提出，西方文化是建立在科学和法律两大基础之上的，特别是在近代西方文化中，法律对行为有着强有力的约束力。在安全行为文化上，西方文化表现为对安全规章和安全制度遵守的自觉性和自律性。西方文化注重法律，侧重科学精神，这种文化塑造的行为准则有利于循规蹈矩、遵章守纪的安全行为，按制度办事的原则。与西方不同，这些学者认为，中国文化的基础是道德和艺术。在影响中国文化数千年的儒家思想中，见不到西方摩西十诫这类的戒律。孔子鼓励的是为政者以身作则，用典范来影响行为。这种建立在人与人相互影响模式下的行为文化，与现

---

① 刘亚平、文净：《超越机构重组：走向调适性监管》，《华中师范大学学报》（人文社会科学版）2018年第1期。

② 杨炳霖：《后设监管的中国探索：以落实生产经营单位安全生产主体责任为例》，《华中师范大学学报》（人文社会科学版）2019年第5期。

③ 胡颖廉：《行政吸纳市场："中国式"监管的制度困境——以保健食品为例》，《中山大学学报》（社会科学版）2020年第6期。

④ 刘鹏、张伊静：《独立程度、机构禀赋与监管治理的有效性——基于四类检测机构行为的比较案例研究》，《南京社会科学》2022年第1期。

⑤ Yasuda, J. K., "Why Food Safety Fails in China: The Politics of Scale," *The China Quarterly* 223 (2015).

代工业化生产方式和现代技术环境中的生活方式,极其不相适应。这也是中国生产过程中发生"三违"现象,以及中国安全生产法律、法规和规章制度"执行不下去、严不起来"的文化基础。① 除中西方文化对比外,安全文化解释的逻辑也指出了中国安全文化的阶段性问题,表现在生命安全观念文化存在缺陷,存在"要钱不要命"现象;安全权这一最基本的人权被忽视;安全专业人员队伍整体素质有待提高;国民整体安全素质需要提升。② 从中西方对比和阶段文化分析看,安全文化解释提出了影响安全生产的文化因素,其中不乏源自生活的真知灼见,也让我们充分认识到安全生产建设离不开科学合理的安全文化建设。但从理论反思来说,安全文化解释是一种孤立的、静态的解释,没有与制度因素、利益因素、组织因素等联结起来,存在自说自话的理论困境。与此同时,安全文化解释缺少对文化变化影响安全生产转型的机制分析,在理解文化如何影响安全生产绩效时容易让人摸不着头脑。

### (二) 微观机制解释的不足之处

微观机制解释让研究者看到更细节的方面。安全生产治理本身是一个系统工程,其中一些不起眼、非正式的影响因素可能在关键时刻产生灾难性后果。这也是微观机制分析的价值所在。

但是从总体上理解安全生产治理体制就必须超越微观机制解释。将细节与中观机制结合起来,进而在宏观背景下去理解,实现宏观到中观到微观的贯穿,逻辑一致,论证清晰,才是有理有据的解释。这种要求也呼唤新的分析框架。

## 第四节　控制权视角下安全生产治理体制:结构-制度框架

### (一) 结构-制度分析

从中国现代化建设的角度思考中国安全生产治理成效,是从一个宏观到另

---

① 罗云、黄毅:《中国安全生产发展战略——论安全生产保障五要素》,化学工业出版社2005年版,第42页。

② 参见罗云、黄毅《中国安全生产发展战略——论安全生产保障五要素》,化学工业出版社2005年版,第41—46页。

一个宏观的典型论证,这离不开现代化建设的机制对安全生产治理的影响。现代化是政治、经济、社会整体的呈现,背后是政治权力、经济权力、社会权力之间形成的民主、有效、可问责的权力格局。在对煤矿安全的分析中,有学者就搭建起市场-政府-社会的分析框架,分析权力、资本、劳动三者之间的关系,并提出矿难不是孤立单一的自然技术问题或者社会问题,而是带有深刻的社会结构性原因,即多种社会因素相互作用而又难以解决的结果,涉及政府、市场、社会,以及官员、矿主、矿工等各个方面的纠结难解问题。① 这种结构功能主义的分析范式影响广泛,也富有解释力。但面临结构功能主义饱受诟病的一个方法论问题,即静态分析。与国家-市场-社会的结构分析框架相比,实践中国家在变,资本在变,社会也在变,如何把这种变化纳入结构分析框架中,是结构功能分析必须面对的问题。

一种尝试是建立结构-过程分析,目标在于将规范和解释综合起来,将宏观理论和微观经验连接起来。结构是对过程的抽象,而过程侧重于解释结构的触发机制,两者相互依赖。② 但这种对过程的分析适宜于深度案例分析,对事件-过程有着深描式的把握,而不适合历史制度变迁的宏大研究。为了解决单纯结构分析的静态分析问题,需要引入制度分析,尤其是制度变迁研究,考虑制度变迁的推动者,以及新的制度变迁带来的激励模式。将结构与制度相结合,聚焦制度变迁引领下的结构变革,以及结构对制度惰性和制度变迁的影响,形成结构-制度分析的方法论。这首先要考虑制度分析的重点应是什么,为此需要回到安全生产治理体制之中。

### (二) 控制权视角下的三个权力概念

对安全生产治理而言,现代化视角下最重要的主体就是政府、企业和社会,其权力落脚的维度在于安全标准制定权、安全状态检查权、安全事故责罚权,这三者是深刻影响安全生产治理绩效的维度。与周雪光等的控制权框架侧重于政府系统内的权力关系不同③,本书是从安全生产治理这一公共事务出发

---

① 参见颜烨《煤殇:煤矿安全的社会学研究》,社会科学文献出版社2012年版。
② 吴晓林:《结构依然有效:迈向政治社会研究的"结构-过程"分析范式》,《政治学研究》2017年第2期。
③ 周雪光、练宏:《中国政府的治理模式:一个"控制权"理论》,《社会学研究》2012年第5期。

提炼其中的关键权力。从控制权视角看，安全标准制定、安全状态检查和安全事故责罚构成关键权力变量。下面对这三个核心概念进行解析，并提出其关涉的关键问题。

1. 安全标准制定权：谁和什么

在任何一个规制体系中，各类标准都有着重要地位。从最广义的角度而言，标准包括规范、目标、任务及规则。① 现代化的一个发展趋向是标准化，背后是精细化管理发展的结果。对安全生产治理而言，何为安全标准是首先碰到的问题。从现代发展演进来看，标准展示出从无到有，从简单到复杂的走向。甚至在生产起步阶段没有标准本身也是一种"标准"，恰恰反映出管理的无序和混乱，依靠经验、感觉等行为，导致大量人的不安全行为、物的不安全状态和管理的不安全程序。而在大规模生产已是社会现实时，安全标准愈加普遍，就面临着谁来制定标准、制定何种标准的问题。标准制定权决定了合法性的归属，标准制定内容决定了合法介入的边界。当然，这也受制定标准的主体的能力影响。

从谁来制定标准（Who）来说，国家标准、地方标准、行业标准、企业标准、社会标准都构成其重要参考，可以看到背后是中央政府、地方政府、行业、企业、社会机构之间的竞争与协作关系。国家是标准制定的重要推动者，构成其清晰化治理的基础。但国家标准制定也存在对地方性知识了解不足的问题，容易导致试图改善公共利益的目标的失败。② 而地方既是中央政府的地方治理代理人，也可能构成地方发展的委托人。因此，地方标准并非遵循一套同样的逻辑。行业、企业制定标准也存在追求效益还是追求安全的趋向，进而对标准的要求也不同。在不同治理体制下，标准制定权或者说标准适用权有着显著的差异。由谁来制定标准就显示出不同的权力格局。这种权力格局体现在标准制定权的制度中，更随着标准制定实践而发生制度变迁。

从制定何种标准（What）来说，这决定了各类权力主体介入企业生产过程的程度，尤其是在现代行政国家背景下政府介入企业生产过程的深度。这一

---

① ［英］罗伯特·鲍德温、［英］马丁·凯夫、［英］马丁·洛奇：《牛津规制手册》，宋华琳等译，上海三联书店2017年版，第115页。

② ［美］詹姆斯·C. 斯科特：《国家的视角：那些试图改善人类状况的项目是如何失败的》，王晓毅译，社会科学文献出版社2019年版。

问题也一直被视为自由放任市场经济、发展型国家、全能型国家之间的本质差异所在，背后是不同的政企关系模式。在一些体制中，企业有着很高的标准制定权，不论是教育培训，还是风险评估、劳动章程、应急预案等都取决于企业自身制定的标准，政府和社会介入企业生产过程的深度就有限，这也被称为自我监管（self-regulation）。① 而在一些体制中，政府对企业自我监管进行监管，也被称为回应型监管（responsive regulation）。② 甚者，在一些体制下，政府接管企业，以政府标准管理企业生产。不同监管模式的背后实质是不同体制下差异化的权力结构和权力关系。

现代企业安全生产的标准是围绕生产所需的内容集合，包括两大类：一是基于管理的安全标准，涉及职工教育与培训、安全部门设置与人员配备；二是基于风险的安全标准，涉及安全建设审批、风险点管理、应急预案与演练等。一个基本的趋势是基于管理的安全标准作为基础不断完善，基于风险的安全标准也在不断增多。从政府监管的角度看，政府对实现企业安全生产的标准规范涉及管理性、法律性、行政性、经济性、专业性等多方面，并随着发展而变化。

2. 安全状态检查权：谁和如何

检查是防范和化解安全风险的关键一步，能够走在风险爆发之前，防止事故灾难的发生。也正因此，检查构成安全生产治理的中心环节之一。安全生产治理标准不仅是企业的生产规范，还是整个治理过程的规范。检查的内容即是否符合安全标准，这不仅是政府对企业的安全生产检查，也包括国家机关之间的检查，如立法、司法机关对行政机关的检查，上级机关对下级机关的检查。当然，检查主体在不同体制下存在明显差异。安全状态检查权的关键问题是由谁来检查、以何种方式检查。

应该说，在安全生产治理体系中的各个主体都具有不同程度的检查权威。从代表国家权威的司法、立法和行政机关及其执法人员，到生产企业中的负责人、管理员和劳动者，以及社会大众、行业协会等社会力量。在对安全生产治理体制的多种模式进行比较时发现，在德国存在专业检查机构和同业公会共享

---

① Black, J., "Decentring Regulation: Understanding the Role of Regulation and Self-Regulation in a 'Post-Regulatory' World," *Current Legal Problems* 54 (2001).

② Baldwin, R, Black, J., "Really Responsive Regulation," *The Modern Law Review* 71 (2008).

检查权的"双轨制"检查模式,而在美国、中国等国家,行业协会就不具有这种正式法理权威。当然,不同阶段安全状态检查权的归属也不同,一些阶段群众参与极为普遍和积极,而一些阶段群众却缺少动力、渠道和正式赋权来参与安全生产检查。

关于安全状态检查权,另一个关键问题是如何检查。可以看到,有制度化检查和非制度化检查,有常规检查和运动式检查,有普遍性检查和抽查,有针对性检查和随机性检查。不同的检查模式所解决的问题不同,所依赖的信息来源也不同。不同的检查方式和检查需求有关,因此要区分组织化大生产和私人小作坊之间的差别。个体户在组织学习、组织监管上存在不足;相反,组织化生产就有很好的规范、学习和监督功能。不同的经济背景也会引发不同的监管体制。对此,考虑如何检查的问题,需要回归到检查对象的特征分析,也要回归到检查时间的历史时期。

3. 安全事故责罚权:谁和如何

对权力的分析离不开责任。有权必有责、失责必受罚、责罚要一致是现代政治发展的基本要求。所谓责罚一致背后还蕴含着责罚合法性根据的问题,即何为"一致"的问题。责罚权对于安全生产治理至关重要,在于责罚作为一种约束或者说负激励,规训着负责主体尽职履责,进而实现安全生产。责罚权背后是一套成本-收益分析,以此引导被罚人改变不安全行为和不安全管理。对责罚权而言,关键问题在于谁来行使责罚权和如何行使责罚权。

谁来行使责罚,直接显示出安全生产治理体制的权力结构。因安全标准的内容,惩罚对象不仅是企业主体,还可能是下级政府监管部门。而惩罚主体则由惩罚规则决定。责罚对象所肩负的责任性质不同,责罚主体就不同。从安全生产治理看,大体上包括政治责任、行政责任、刑事责任、民事责任、专业责任等多种责任及相应的失责惩罚主体、机制和对象。

如何行使责罚是责罚权的另一个关键问题,关系到责罚方式、责罚强度、责罚目的等过程选择的维度。从责罚强度看,存在从轻处罚、从重处罚还是责罚适当的差异。不同责罚强度的功能有差异。根据管制金字塔理论,金字塔的塔尖越高,处罚手段越强、越有效,就越能保证管制活动更多地在金字塔的底端进行,才能保证说服教育和预防措施的有效实施。刑事处罚比民事处罚具有更大的威慑力。民事处罚主要是一种经济处罚措施,这也给企业传递了一个信号,即错误的行为是可以购买的,并不是政府所不能容忍的。罚款还等于明确告诉企业不服从规定的成本信息，为企业计算不服从行为的利益得失提供了便利。① 对于责罚目的，也即惩罚的合法性根据问题，并非一成不变，刑法学对此多有讨论。在法理学上，关于刑罚合法性根据有着报应刑和目的刑的区分。就报应刑来说，将报应作为刑罚的正当化根据之一，仅仅意味着对任何犯罪所科处的刑罚，都不得超出报应的限制。报应刑确立了犯罪与刑罚之间的量的关系：刑罚不得超出责任的程度。法理上，现代刑罚的报应思想具有三项内在的基本要求。第一，国家对于犯罪处罚的公正性必须得到社会的公认。第二，刑罚必须以责任的存在为前提，并且以其轻重为刑度的衡量标准。第三，刑罚的判决必须符合责任原则。报应刑可以防止对预防的过度追求，因而有利于保障权利。与报应刑相对的是目的刑。目的刑的核心是预防，但不能过度重视预防功能，只能在报应刑内实现消极的一般预防，并且消极的一般预防虽然是法定刑的制定根据之一，但难以成为量刑的正当化根据。②

刑罚的合法性根据对理解安全生产责罚权的行使具有深刻意义。例如，在中国的不同层次、不同阶段就存在为了安全或者为了发展，或者统筹发展和安全的差异化目标。不同的发展目标下，责罚目的有所调适，带来的是责罚强度的动态调整。而如何行使责罚根本上受谁来行使责罚的影响，也即责罚权背后的权力结构的影响。只是这种权力结构并非一成不变，而是会随着制度变迁有调整，进而我们看到事故责罚的国别差异和历史差异。

### （三）控制权视角下的结构-制度分析框架

治理一词对管理的替代成为当前学术界一个普遍特点，治理成为最流行的词，也就使其失去了最初的意义。现流行的治理理论认为，治理的实质在于建立在市场原则、公共利益和认同之上的合作。它所拥有的管理机制主要不依靠政府的权威，而是合作网络的权威，其权力向度是多元的。③ 综观国内学者对治理理论的阐述，治理与管理的不同集中在两点：一是治理主体上，由政府的一元管理转变为政府、市场主体、社会组织、公民等多元主体参与。二是治理

---

① 杨炳霖：《回应性管制——以安全生产为例的管制法和社会学研究》，知识产权出版社2012年版，第115页。
② 张明楷：《刑法的基本立场》，商务印书馆2019年版，第468—528页。
③ 俞可平：《治理和善治：一种新的政治分析框架》，《南京社会科学》2001年第9期。

机制上，由自上而下的、政府对社会单向的命令式执行转变到平等协商的合作式治理。但反观学术界的用词背景，治理并未体现出与管理的明显差异。治理作为一个动词，更多还是指向一种权力关系状态。

安全生产治理是针对安全生产这一议题所形成的稳定的治理结构和治理流程。若要分析安全生产治理到底有何特点，是否具有"治理"意义上的特征，需要对安全生产治理的结构和流程有一个详细的考察。治理作为一个过程，治理的特征体现在关键权力的分布和运用上。对安全生产治理考察发现，从系统论的角度看，治理体现在控制权上，具体而言体现在安全标准制定权、安全状态检查权、安全事故责罚权的分配上。

安全生产治理中影响治理成效的权力涉及安全标准制定权、安全状态检查权、安全事故责罚权。站在政府的角度，安全生产治理就是监管。监管是根据既定标准或以产生大致确定的结果为目的，改变他人行为的持续且集中的努力，其中包含标准制定、信息收集和行为改变。[1] 政府通过确立安全生产的标准，对企业实施生产检查，对生产事故进行行政处罚，甚至刑事判决，以此履行其安全监管的职责。但是安全生产治理不仅是政府监管的问题，核心的还有企业安全生产管理，正因如此，各国一直强调安全生产的企业主体责任。除此之外，还有劳动者自身、安全评价机构等。这些行为体的目标是多维的，甚至可能是矛盾的。例如，政府监管在维护公共安全和公共利益的同时，也可能会存在较强的发展取向，尤其地方政府存在"发展型政府"的典型特质。[2] 甚至一些学者对20世纪八九十年代的中国地方政府研究后提出，"地方政府即厂商""地方公司主义"等判断。[3] 安全生产的责任是党和国家政治使命的要求，虽然加强安全生产监管也有对社会的回应，但与前者相比，责任性明显高于回应性。地方政府履行职责更多是中央政府责任下派的结果。这种责任体制深受中央政府，尤其是中央领导人一时期发展理念的影响。当中央政府核心决策者的发展偏好是快速发展经济时，安全问题可能会被视为发展过程的成本。尤其

---

[1] Julia Black, D. K. S., "Critical Reflections on Regulation," *Australasian Journal of Legal Philosphy* 27 (2002).

[2] 郁建兴、高翔：《地方发展型政府的行为逻辑及制度基础》，《中国社会科学》2012年第5期。

[3] Walder, A. G., "Local Governments as Industrial Firms: An Organizational Analysis of China's Transitional Economy," *American Journal of Sociology* 101 (1995).

是当国家组织建设、制度建设和法治水平较落后时,安全生产监管更加被动。在中央政府的指挥棒下,地方政府的发展偏好和中央政府一致。因此,地方政府在政治晋升、财政分成等影响下,更容易忽视安全生产问题。此时中央政府和地方政府成为推崇经济优先发展的利益共同体。同样的道理,安全生产中介机构产生和发展的目的在于提供客观、科学、中立的评判结果,但在生产事故中也不乏评价机构诸多违法违规类型,包括出租出借资质资格、过程控制不严格、报告内容与实际不符、报告存在重大疏漏、报告内容虚假等问题。①

对社会而言,劳动者、新闻媒体、公益组织等都是安全生产治理体制中的社会力量,是维护安全生产的关键所在。但现实情况中,由于在中国快速的社会转型过程中,社会力量原本就很薄弱,又被市场化进一步冲击,社会力量在国家核心决策中处于弱势,难以影响国家发展偏好。而社会本身又是由不同类型的主体组成的。原本就处于社会底层的劳工阶层、个体经营者更是难以发声,其利益和权利被忽视的情况就更为普遍。从这个角度看,中国责任体制的问题之一在于社会影响国家决策的能力太小、水平太低,社会中的一些群体由于所受保护不足,在发展过程中更容易遭遇风险和剥削。正如周雪光所说,中国民众为中国改革开放四十多年的大发展提供了最为需要的资源:廉价劳动力。在这个过程中,民众特别是体制外的民众,既是改革的具体承担者,又过度承担了改革的风险和代价。他们加入城市建设大军,提供廉价劳动力,推动城市发展;但他们不能享有城市居民所拥有的基本权利,如子女教育、稳定的居住环境、基本的劳动安全保障,甚至不能得到应有的劳动力回报。② 大量生产安全事故是快速现代化的过程带来的发展代价。大量的农民工成为承担改革的风险和代价的主体,是国家快速推进现代化过程的不良后果。在工业化起步和发展阶段,国家所掌握的能力是有限的,而发展偏好决定了国家能力的发展方向。可以看到,在1949年之后的很长一段时间,国家将更多的财政资源、人力资源等投入工业化建设中。1978年之后的很长一段时间,国家通过经济分权和政治锦标赛的机制,将地方政府引导到招商引资,发展地方经济上。这种发展偏好导致国家对安全生产监管投入不足,以及行政权和司法权在安全生

---

① 陈慧:《寻找"双重角色"的平衡之策——安全评价机构现状评析》,《中国应急管理报》2021年12月28日。

② 周雪光:《从大历史角度看中国改革四十年》,《二十一世纪》2018年第6期。

产监管上难以有效执行。

对政府、企业、中介机构、社会的辩证分析发现，不论国家，还是社会，抑或市场，都扮演着复杂的角色。结构分析与制度分析的结合，实质上是把静态的权力结构与动态的利益驱动、制度压力结合起来，进而展现安全生产治理体制的演变。而如何衡量制度，则体现在不同权力主体在安全标准制定权、安全状态检查权、安全事故责罚权三个维度的制度能力和制度方式上，这决定了制度变迁的基础和方向。因此，权力分配的分析要结合组织能力和组织方式的分析，标准制定权以政府部门为主，但政府部门在不同阶段的标准制定内容和能力是有差异的。因此，我们看到安全标准有着各种权威等级和适用规则。同样，检查验收权也涉及能力问题，从制度上看可能是多主体都具有检查权，但不同主体是否具有相应能力是个问题，这包括主观能力和客观能力。以何种方式检查也决定了治理权力的分配。如标准制定、状态检查一样，安全事故责罚权也以责权机构的组织能力为基础，也受责罚方式影响，包括行政权与司法权的竞争，政治权力与资本权力、社会权力的竞争。

因此，本书建立起控制权视角下安全生产治理体制的结构-制度分析框架（如图2-3所示）。对安全生产治理过程的控制权体现在安全标准制定权、安全状态检查权、安全事故责罚权三个重要的贯穿安全生产全程的维度。这三种控制权面临着政治权力、市场权力和社会权力的竞争和博弈所形成的一种稳定的权力分配状态。这种稳定的权力分配状态又随着由组织能力和组织方式带来的制度变迁而发生变化，进而展现的是安全生产治理体制的转型。

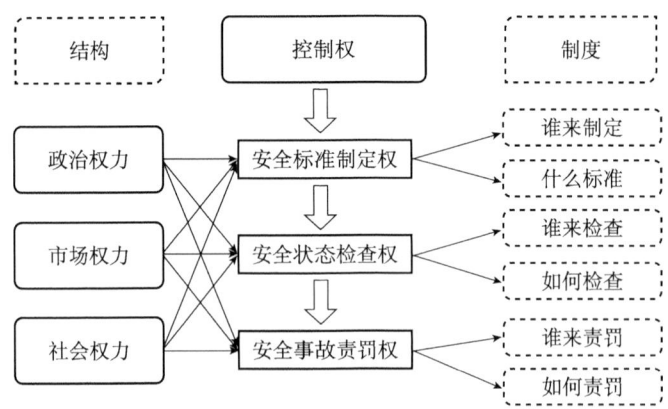

图2-3 控制权视角下的结构-制度分析框架

## 第五节 研究方法

近些年，随着安全生产治理相关数据信息的公开，通过定量分析的研究越来越多。定性分析和定量分析不过是分析方法不同，本身无优劣之分，但不同方法对资料要求的信度和效度都提出了要求。本书重点使用定性分析方法，这里也要指出目前一些定量研究存在的显著问题。一些学者根据省级、市级面板数据发现，目标考核①、挂牌督办②能够改善地方安全生产治理效果，但这些时间序列研究在控制变量上关注于官员特质、经济发展水平等因素，缺少对行政执法和司法裁判环境、生产设备更新、医疗救治水平等极为重要因素的分析，出现了伯克所说的"以可测量的硬事实对不可测量的软事实的指标替代问题"③。可见，分析安全生产治理数据时，变量处理仍然存在很大探讨空间，数据分析结果值得商榷。

定量研究上的一些问题并非研究方法问题，而是研究者的模型设计、变量测量上有待改进。这也并不是说定性研究就有更高合理性，做好定性研究同样需要很高的方法要求。本书在结构-制度分析框架下分析安全生产治理体制的历史变迁、时代特点，决定了将主要采用以下几种方法。

### （一）历史研究

制度变迁的分析离不开历史研究，因此，历史分析是本书的重要方法。正如英国史学家希里所说，"没有政治科学的历史无果，没有历史的政治科学无根"。④ 本书着重考察新中国成立以来的安全生产治理历史，在控制权视角下的结构-制度分析框架下，分析中国安全生产治理体制的模式演变，从中分析

---

① 姜雅婷、柴国荣：《目标考核如何影响安全生产治理效果：政府承诺的中介效应》，《公共行政评论》2018年第1期。

② 王凡凡：《挂牌督办改善地方安全生产治理效果了吗？——基于双重差分法的实证检验》，《公共行政评论》2021年第1期。

③ ［英］彼得·伯克：《历史学与社会理论》，李康译，上海人民出版社2019年版，第59页。

④ ［美］莱斯利·里普森：《政治学的重大问题——政治学导论》，刘晓等译，华夏出版社2001年版，第16页。

中国国家转型的特点及理论意义。

## （二）比较研究

比较方法是社会科学研究的基本方法之一。安全生产治理体制存在时空差异。本书将通过比较不同治理情形下的治理格局和路径，分析中国安全生产治理的特点。比较研究包含两个方面：第一，新中国成立以来安全生产治理体制在不同历史阶段的差异，具体而言，包括生产性体制、发展性体制和安全性体制。通过比较三个阶段下三种体制的差异，总结安全生产治理体制的转型。第二，在研究中国安全生产治理的同时，比较美国、德国、英国等发达国家及印度等发展中国家的安全生产治理。除从国家发达程度的视角外，还重点考察国家体制之间的差异，即资本主义国家与社会主义国家。既要从数据方面分析国家间安全生产形势的差异，也要分析国家间安全生产治理格局的差异。例如，德国安全生产监管中同业公会的地位、功能和作用，美国事故追责上主体、方式和惩罚强度的特点。

## （三）制度分析

制度分析是政治学研究的传统方法。制度（institution）主要是指稳定重复的观念习性。在英语中它兼有无形之"制度"和有形之"组织"的意义。它可以通过有形的组织或者实在可借的观念力量而发生作用。[①]

制度是政治发展路径的追踪器，沿着制度文本变迁的方向可以对安全生产形成全貌的判断。而文本中展现出的制度变迁又是安全生产监管体制变化的直观反映。在制度分析指导下，本书特别关注党中央、国务院及其部门单位，以及各个省市党委、政府发布的正式文件。这些文件构成本书的重要资料。组织是有形之制度，对安全生产治理组织的变迁也是本书关注的重点。这包括从新中国成立之初劳动部下设的劳动保护处，到应急管理部机构改革以来运行的70多年中央层面劳动保护或者安全生产的组织发展历史，也包括从中央到地方，直至乡镇、街道层面的安全生产管理组织网络的建设情况。这些组织分析依赖于当时的"三定"方案等文件。

从动力机制来看，制度分析离不开对制度变迁的研究。林毅夫提出两种类型的制度变迁，即诱致性制度变迁和强制性制度变迁。诱致性制度变迁是由个人或一

---

① 周雪光：《制度是如何思维的？》，《读书》2001年第4期。

群人在响应获利机会时自发倡导、组织和实行。强制性制度变迁的主体是政府命令和法律。诱致性制度变迁必须由某种在原有制度安排下无法得到的获利机会引起。对于诱致性制度变迁来说，必须要有某些来自制度不均衡的获利机会，可能源自制度选择集合改变、技术改变、制度服务的需求改变或其他制度安排改变。对于强制性制度变迁来说，国家统治者是关键。只要统治者的预期收益高于其强制推行制度变迁的预期费用，其将采取行动来消除制度不均衡。如果制度变迁会降低统治者可获得的效用或威胁到统治者的生存，那么国家可能仍然会维持某种效率的不均衡。[①] 上述林毅夫的制度变迁理论对分析安全生产治理中制度变迁具有极大的参考价值。在推动生产安全中，我们看到很多国家主导的强制性制度变迁，也看到国家推出的很多诱致性制度变迁，反映出国家领导者安全生产治理的技术和艺术。

### （四）参与式观察

制度文本上的变迁还需要实践分析的解释补充，这离不开田野调查和深度案例研究。田野调查有助于作者更深刻理解行政官僚的工作场景。作者于2018年7月至8月，在湖北省J市（县级市）的安全生产监督管理局挂职锻炼，参与了其日常办公、安全生产大检查、专项整治、日常执法等行政工作。在这些田野实践中，作者一方面积累了大量的一手材料；另一方面也通过参与式观察、实际访谈、企业走访等方式，对安全生产治理有了很多直观的体验。除此之外，近几年，作者多次参与有关安全生产的课题调研，深入企业，走进政府，开展了一系列的调研、座谈，积累了大量研究素材。

随着档案信息、政务信息公开等研究条件的改善，本书通过互联网平台查阅到一些详尽的个案资料，包括安监部门的工作安排、执法计划、工作总结、部门预算、人员配置等文件，生产事故的官方调查报告、媒体调查报告等。通过对这些案例进行抽丝剥茧的分析，能够更立体、全面地呈现安全生产治理中的事故和细节，以此引发对安全生产管理的政治思考。二手资料的恰当使用对丰富研究对象的认识非常有意义。本书使用了《中国应急管理报》、《劳动保护》、财新网等专业平台上发布的二手资料。

---

① ［美］罗纳德·H.科斯等：《财产权利与制度变迁：产权学派与新制度学派译文集》，刘守英等译，格致出版社、上海三联书店、上海人民出版社2014年版，第269—278页。

# 第三章　生产性体制下的劳动保护：指令经济与单位国家

安全生产治理是一个典型的政治经济学问题，其直面的是经济发展中对劳工生命安全和职业健康的保护，是经济增长和安全发展之间的长期博弈，是多方责任主体治理互动的呈现，背后蕴含着现代国家建设问题。为实现安全生产，需要企业对生产设备维护和更新，生产过程中劳动者遵守劳动章程和劳动纪律，包括对安全隐患的排查和整治、责任事故的惩戒等多项内容。简单梳理下，安全生产工作要素包括法律法规、政策制度、监管监察、目标责任、科学技术、信息通信、文化宣传、工伤保险、教育培训、应急救援、保障措施、事故调查等十多个方面，这些内容就是安全生产治理过程的体现。对安全生产治理体制进行分析，首先应了解研究起点的政治建设、经济发展和社会建设等，也要了解最高领导人的发展愿景及对现代化的认识。通过政治经济学的分析，了解当时的制度背景。通过结构-制度分析，研究三种关键性权力的分配和运行状态。

新中国成立后，中国开始政权组织建设，建立起独立自主的民族国家政权机关。在此基础上，通过三大改造运动，建立起行政性单位化的经济组织以及计划经济体制。同时，通过社会整合，建立起政治权力调控下的组织化社会。在此基础上，新中国领导人形成了跨越式建设中国社会主义的发展理念。经过新中国成立之初的几年改革，中国建立起稳定的社会主义体制。以上为新中国成立后迅速走向赶超型现代化奠定了政治、经济、社会和理念基础，构成了安全生产治理体制的制度环境。

基于控制权视角下安全生产治理体制的结构-制度分析，对这一时期的安全生产治理体制进行梳理发现，在计划经济体制下，新中国所具有的制定安全标准能力非常有限，体现在政府指标组织、专业人员、权力等方面，安全标准在管理性安全标准和经济性安全标准上都非常弱,难以有效干预企业生产过程中的安全治理。对于安全检查来说,因为有限监管人员和监管权的原因,行政检查虚弱,企业自己组织群众性安全生产大检查。从检查效果来说,这两种监察机制都很有限,甚至检查的合法性都不稳定,受到政治运动的冲击。对于这一时期的事故问责,由于奉行以企业及其主管部门为核心的责任追究程序、缺乏约束力的领导责任制,造成责任追究时行政权力弱而企业单位自主权高,责任追究的制度化、法治化水平低,责任追究不规范。通过安全标准制定、安全状态检查、安全事故责罚的结构-制度分析可以看到,这一时期国家权力在追求快速赶超的现代化思维下,建立起以生产为核心、为生产服务的上层建筑,而安全生产治理体制则是上层建筑的一个部分,或者说是直观表现,因此我们将这一时期的安全生产治理体制称为生产性体制。在这种生产性体制下,安全生产治理能力弱,安全生产治理体系紊乱,安全生产形势极不稳定,时常受到各种运动的影响,导致事故频发,事故死亡总数高且波动大。从国家建设的角度回顾,生产性体制下的国家组织建设滞后,国家基础性权力薄弱,呈现出"单位国家"的特点。单位国家下国家分殊性不足,国家治理内部结构不完善,尤其是司法权薄弱,难以发挥司法功能在安全生产治理中的应有作用。

生产性体制的形成看似能够实现赶超型现代化的经济增长欲望,但由于发展理念不符合经济发展规律,国家治理结构不完善,经济生产屡屡受挫,安全生产治理成效很差,居于其中的安全生产治理体制也有很多漏洞。

## 第一节 赶超型现代化下的生产性体制的建立

1949年10月1日,新中国正式成立,一个崭新的由中国共产党领导的社会主义国家屹立于世界的东方,开启了中国现代化的新探索。新中国成立之初,党和国家首先进行政权建设,立法建制,调整经济发展模式,建立起新型组织管理方式,由此建立起一套完全不同于民国政府、国民党政府,也不同于资本主义体制的新的国家治理格局。这些变化是中国共产党领导人对社会主义建设理念的反映。所有这些理念和制度为新中国各项事业奠定了基础,也深刻影响了新中国国家治理形式。在当时赶超型现代化背景下,生产被视为最重要的事情之一。因此,安全生产治理深受当时的政治、经济、社会和理念建设的影响。本节首先从政治、经济、社会、理念四个角度分析当时的生产背景。

## （一）现代民族国家建立与新兴政权组织建设

新中国的成立标志着中国新的民族独立国家的建立，结束了长期半殖民地半封建社会的状态，结束了政治动荡、社会危机的落魄局面。于世界体系而言，中国开始以一个拥有独立主权的新兴民族国家的身份参与到世界体系之中，尤其是资本主义阵营与社会主义阵营之间的斗争中。

从国体来说，1954年颁布的《宪法》开宗明义地提出中华人民共和国是工人阶级领导的、以工农联盟为基础的人民民主国家。这一定性延续了1949年制定的《中国人民政治协商会议共同纲领》中对人民民主专政的国体定性。从政体来说，中华人民共和国的一切权力属于人民，新中国建立起人民代表大会制度。从政党政治来说，新生政权的显著特征是新中国是一个由共产党领导的社会主义国家，确立了党对国家的全面领导地位。1953年3月，中共中央作出了《关于加强中央人民政府系统各部门向中央请示报告制度及加强中央对于政府工作领导的决定（草案）》，其中就规定："今后政府工作中一切主要的和重要的方针、政策、计划和重大事项，均须事先请示中央，并经过中央讨论和决定或批准以后，始得执行。"一个由共产党领导的人民民主专政的社会主义国家建立并稳固起来，在此基础上，党和国家加快各级各类政权组织建设。

首先，执政党的组织建设稳固提升。党的组织建设是中国共产党的优势，不仅体现在规模建设上，还体现在组织纪律、组织执行力等方面。在1951年中国共产党第一次全国组织工作会议上，刘少奇指出，我们党现在共有580万名党员，在全国各方面建立了约25万个基层组织——支部。① 在其后的几年里，通过"整党与建党"运动，党的组织规模和人员规模又有所扩张，打下了坚实的执政基础，组织纪律、组织执行力也得到进一步提升。

其次，国家行政机关和权力机关建设稳步推进。就安全生产而言，新中国成立之初，国家就成立劳动部，分管安全生产工作，并开始着手建立起各类安全生产制度。

最后，新中国成立后党和国家立即着手推动司法机关建设，开始建立社

---

① 中共中央文献研究室编《建国以来重要文献选编》（第2册），中央文献出版社2011年版，第147页。

主义法制国家。《中国人民政治协商会议共同纲领》里提出，废除国民党反动政府一切压迫人民的法律、法令和司法制度，制定保护人民的法律、法令，建立人民司法制度的原则。新中国成立后，人民法院、人民检察院开始创建并初步发展。在法院建设上，到1950年6月，除解放较晚的西南地区以外的五大区和老解放区，共建立了人民法院1566个（其中有一部分是司法科），占应建立数的75.7%。① 其后，法院建制不断发展，人员配备、培养、改造工作有序开展，为新中国社会主义法制国家建设打下基础。在人民检察院建设上，到1951年7月，建立了大行政区检察署5个、省（行署、市）检察署50个、专区检察分署5个、县（市）检察署352个。② 除行政建制以外，在职权规范、专业化、审批和检察独立性等方面都有一定进步。尤其是1954年，中华人民共和国第一部宪法颁布以后，法制建设有了质的提升。

总之，新生政权组织建设为新中国推动经济建设及社会发展提供了基础性的制度安排。

### （二）落后的经济形势与行政性单位化经济组织

新中国成立之初，百废待兴，发展经济成为党执政兴国的第一要务。1954年6月14日，毛泽东在中央人民政府委员会第三十次会议上的题为《关于中华人民共和国宪法草案》的讲话中说，"现在我们能造什么？能造桌子椅子，能造茶碗茶壶，能种粮食，还能磨成面粉，还能造纸，但是，一辆汽车、一架飞机、一辆坦克、一辆拖拉机都不能造"③。根据林毅夫等的研究，按1952年不变价格计算，中国工农业总产值的绝对额在1949年只有466亿元，1952年也不过827亿元，人均工农业总产值分别为86.03元和143.87元。④ 这种经济形势是新中国成立后面临的亟待解决的问题。经济发展才能巩固国家政权建设，并为保卫国家主权安全、实现全国统一提供物质基础。

---

① 韩延龙主编《中华人民共和国法制通史》（上），中共中央党校出版社1998年版，第212页。
② 韩延龙主编《中华人民共和国法制通史》（上），中共中央党校出版社1998年版，第232—233页。
③ 《毛泽东文集》（第6卷），人民出版社1999年版，第329页。
④ 林毅夫、蔡昉、李周：《中国的奇迹：发展战略与经济改革》，上海三联书店、上海人民出版社1994年版，第59页。

在全国胜利前夕，毛泽东谈到党的工作重心转移时就指出，"从我们接管城市的第一天起，我们的眼睛就要向着这个城市的生产事业的恢复和发展"，城市的其他工作，"都是围绕着生产建设这个中心工作并为这个中心工作服务的"。① 他提出，"社会主义经济法则是发展生产，保障需要，这是主要的、基本的，是起领导作用的经济法则"②。

可见，在实现了建立独立自主的民族国家之后，党和国家领导人对实现经济现代化有着强烈的想法。也正是在此发展想法下，根据萧冬连的研究，毛泽东改变了原来用10至15年实行新民主主义的设想，而在1953年结束了新民主主义阶段，开始社会主义改造的过渡时期。③ 对此，党和国家在社会主义现代化道路上选择对农业、手工业及资本主义工商业进行改造。到1956年底和1957年初，参加农业合作社的农户达到11 783万户，入社农户占总农户的96.3%。城市全部工业（包括手工业）职工共1 406.3万人，其中国营单位和合作社的职工占比35.8%，手工业合作组织中从业人员占比42.9%，公私合营职工占比7.3%，私营企业和个体手工业从业人员占比4%。④ 通过三大改造，新中国建立起以行政性经济组织为单位的新的经济社会发展格局。后续考察可以发现，这种行政性、单位化的经济组织对安全生产工作产生了深刻影响。

## （三）社会整合与政党和国家调控下的组织化社会

中国共产党取得革命的最后胜利，其中一个重要原因在于其强大的组织动员能力，这使其获得巨大的社会支持，包括人员、物质及思想方面。当然，这种组织动员能力背后是共产党人为人民服务、为国家建设服务、为民族复兴服务的政党特质。民族国家建立之后仍然需要从社会中获得支持，也正因如此，国家汲取能力、国家动员能力等学术问题也成为新中国成立初期研究的一个焦点。费正清等人的研究提出，1949年前后中国的巨大差别在于，诸如无线电、

---

① 《毛泽东选集》（第4卷），人民出版社1991年版，第1428页。
② 《毛泽东文集》（第6卷），人民出版社1999年版，第289页。
③ 萧冬连：《筚路维艰——中国社会主义路径的五次选择》，社会科学文献出版社2014年版，第33页。
④ 《我国的国民经济建设和人民生活》，转引自唐皇凤《社会转型与组织化调控》，武汉大学出版社2008年版，第86—89页。

其他通信与交通及警察火力等物质手段可以与苏联极权形式的意识形态约束结合起来，使中国共产党的政权以过去从未有过的规模深入中国社会。① 但费正清这一研究并未抓住关键。对于国家渗入社会的方式，由于中国现代化缺乏权力的制度网络和市场网络常规性手段，以及传统权力文化网络被摧毁②，中国共产党充分利用其所具有的组织网络资源，形成组织化调控的模式。③ 各种用来动员和教育群众的群团组织建立起来。

到1953年，青年团已经发展了900万名团员，工会会员达到1 200万人，妇联至少有760万人正式登记参加。④ 到1956年，中国各类社会成员基本被重新组织到新的组织中，组织成为国家与社会互动的唯一平台。需要指出的是，虽然看似党和国家建立起一套组织运作机制，国家控制社会的能力显著上升，甚至一度被西方学者称为"全能主义"，但社会影响机制不会倏忽间分崩离析；相反，它会以各种方式作用于国家建设。因此，在看到国家遮蔽社会的同时，也给社会消解国家控制提供了窗口，这一点在对安全生产责任追究中也能看到。

### （四）跨越式建设社会主义的发展理念

如何建设社会主义是中国第一代马克思主义者在新中国成立后面对的重大理论问题。马克思本人充分肯定了资本主义制度在解放生产力、发展生产力上的重要意义。马克思曾指出，资产阶级在它不到一百年的阶级统治中所创造的生产力，比过去一切时代创造的全部生产力还要多。在《共产党宣言》中，这一广为流传的经典判断指出了资本主义制度在发展生产力上的巨大优势，也深刻影响了以毛泽东为代表的中国共产党人。

萧冬连认为，虽然毛泽东等中共领导提出过不能跨越资本主义经济发展阶段的判断，但是由于"对资本主义在历史上何以推动了生产力的巨大发展，并没有进一步的阐述。由于没有学理上的支持，所谓'中国资本主义太少'的认识是游移不定的。真正对毛泽东的选择起决定性影响的，是社会主义目标的牵

---

① ［美］麦克法夸尔、［美］费正清：《剑桥中华人民共和国史》（上卷），谢亮生等译，中国社会科学出版社1990年版，第45页。
② ［美］杜赞奇：《文化、权力与国家——1900—1942年的华北农村》，王福明译，江苏人民出版社2010年版。
③ 唐皇凤：《社会转型与组织化调控》，武汉大学出版社2008年版，第86页。
④ 唐皇凤：《社会转型与组织化调控》，武汉大学出版社2008年版，第94页。

引以及对力量对比的估计"①。在这个阶段，毛泽东等中共领导确立起跨越式建设社会主义的发展理念，形成了快速"追英赶美"的发展路线图。

这种发展理念和格申克龙对后发国家的精神研究一致。格申克龙在分析经济落后国家的精神或意识形态时提出，经济落后国家与先进国家之间存在着一种紧张感，这种紧张感越强，落后国家的发展动力越强，也会采取更多有创造性的方式和手段。具体而言，后发国家可能采取下述行为：一个国家的经济越落后，工业化的起步就越缺乏连续性，往往是突然的大冲刺状态；一个国家的经济越落后，其工业化进程中强调大工厂和大企业的倾向就越明显；一个国家的经济越落后，越强调生产性产品而非消费性产品；一个国家的经济越落后，特殊的制度因素（如资金供给、产业指导）发挥的作用越大；一个国家的经济越落后，人民消费水平的压力越大；一个国家的经济越落后，农业越不可能为成长中的工业提供市场支持。②

安全生产治理体制是上层建筑的一部分，对其分析离不开其所处的政治经济和社会环境。回顾历史，"捍卫社会主义道路和社会主义基本原则，就成为毛泽东和全党坚定不移的政治立场。但是，对于什么是社会主义、怎样建设社会主义的问题，毛泽东的理解中是有一些严重局限甚至错误的"③。"对于如何在一个经济文化落后的国家建设社会主义，党缺乏充分的思想理论准备和系统的科学研究。"④

## （五）安全生产形势起伏明显且事故死亡波动大

前述对新中国成立后政权组织建设、经济发展模式、社会整合特点及发展理念的分析，为后续分析作了必要的铺垫。

安全生产的实际成效在于生产事故预防，不同时期有不同的指标衡量。常用的有生产安全事故死亡人数、亿元GDP死亡率、十万劳动者事故死亡率。

---

① 萧冬连：《筚路维艰——中国社会主义路径的五次选择》，社会科学文献出版社2014年版，第31页。

② ［美］亚历山大·格申克龙：《经济落后的历史透视》，张凤林译，商务印书馆2012年版，第445页。

③ 中共中央党史研究室：《中国共产党历史（1949—1978）》（第2卷）（下），中共党史出版社2011年版，第779页。

④ 中共中央党史研究室：《中国共产党历史（1949—1978）》（第2卷）（下），中共党史出版社2011年版，第780页。

各国可以根据国家治理的需要和目的调整衡量指标。例如，中国在《国民经济和社会发展第十一个五年规划纲要》中首次设置了单位国内生产总值生产事故死亡率、十万工矿商贸从业人员事故死亡率两个约束性指标。国家统计局首次把这两个指标与煤矿百万吨死亡率、道路交通万车死亡率纳入国家统计公报。由于国内生产总值、车辆保有量、就业人口等指标在一定时期会发生很大变动，因此，生产安全事故的相对指标并不比生产安全事故死亡人数绝对指标更能反映一个国家安全生产形势的变化。下面在中国安全生产的历史和比较分析中以绝对指标为主，附以相对指标作为参考，对中国安全生产形势的历史演变进行一个客观的评定（见图3-1）。

**图3-1 中国工矿商贸企业死亡人数及十万职工死亡率**

**资料来源** 第一，1953—2004年工矿企业死亡人数及十万职工死亡率数据参见王显政主编《安全生产与经济社会发展报告》，煤炭工业出版社2006年版，第113页。第二，1992年以前企业职工伤亡事故统计范围是国营企业和县级以上集体企业，从1993年开始将统计范围扩大到乡镇企业，所以可以看到1992年到1993年数据陡增。参见国家经济贸易委员会安全生产局编《中国安全生产年鉴：1979—1999》，民族出版社2000年版，第606页。第三，2005年及其后的工矿企业（工矿商贸企业）的数据来自历年国民经济与社会发展公报等资料。工矿企业死亡人数统计数据变成工矿商贸企业死亡人数数据，统计口径有所变化，所以十万人死亡率在2004年到2005年有明显下降。

在新中国成立后的 30 年中，安全生产管理体制动荡起伏。在生产事故上，这一时期安全生产形势最大的特点是波浪式前进。从图 3-1 可以看到，1953 年至 1977 年，工矿企业数据展示出这一时期安全生产经历了两个稳定期和两个事故高发期。第一个稳定期是从新中国成立后到 1957 年，工矿企业每年死亡人数在 3 200 人到 3 700 人之间，十万职工死亡率基本在 20% 以下。然而，1958 年开始的"大跃进"严重冲击了安全生产工作，出现了工伤事故高峰。时任劳动部部长马文瑞在回忆录中提到，1957 年国营县级以上企业因工死亡人数为 100 人，1958 年增加了 3.39 倍，1959 年增加到 4.48 倍，1960 年又增加到 5.92 倍。① 1960 年工矿企业职工死亡人数达到 21 938 人，十万职工死亡率达到最高的 56.02%。

1961 年，随着党的八届九中全会决定对国民经济实行"调整、巩固、充实、提高"的八字方针，企业生产进入稳定期。1963 年国务院下发《关于加强企业生产中安全工作的几项规定》，把搞好安全生产提高到政治任务的高度，指出确保安全生产"不仅是企业正常生产活动的必需，而且也是一项重要的政治任务"。1962—1965 年国营及县属以上集体企业事故死亡年均 4 330 人，比前期（1958—1961 年）减少了 73.3%，是新中国成立后第二个安全生产形势相对稳定期。这种安全生产治理调整没多久就受到了"文化大革命"的冲击，各级管理机构停止工作，各项管理制度和规程被废止，安全生产工作被卷入政治运动的洪流之中。直到"文化大革命"结束，新的政治秩序重新确立起来，安全生产治理工作才走上新的正轨。

"文化大革命"期间是新中国成立后第二个事故高峰期。"文化大革命"发动后，党和国家安全生产方针政策受到抵制、否定甚至批判，安全生产的理念、机构、制度遭到严重破坏，也导致此时期统计数据的不可靠。与 1965 年相比，1970 年全国县属以上企业事故死亡人数为其 2.85 倍，1971 年为其 4.24 倍，1972 年为其 4.31 倍，成为新中国成立后第二个事故高峰期。② 1974 年到 1978 年，生产事故死亡人数仍然保持较高形势并有所上涨。湖北省的数据更为显著地展现了波浪式的安全生产形势。如图 3-2 所示，1958 年到 1959 年为湖北省自新中国成立后第一个生产安全事故高峰期，1971 年到 1972

---

① 马文瑞：《马文瑞回忆录》，陕西人民出版社 1998 年版，第 193 页。
② 朱义长：《中国安全生产史（1949—2015）》，煤炭工业出版社 2017 年版，第 25 页。

年为第二个生产安全事故高峰期。

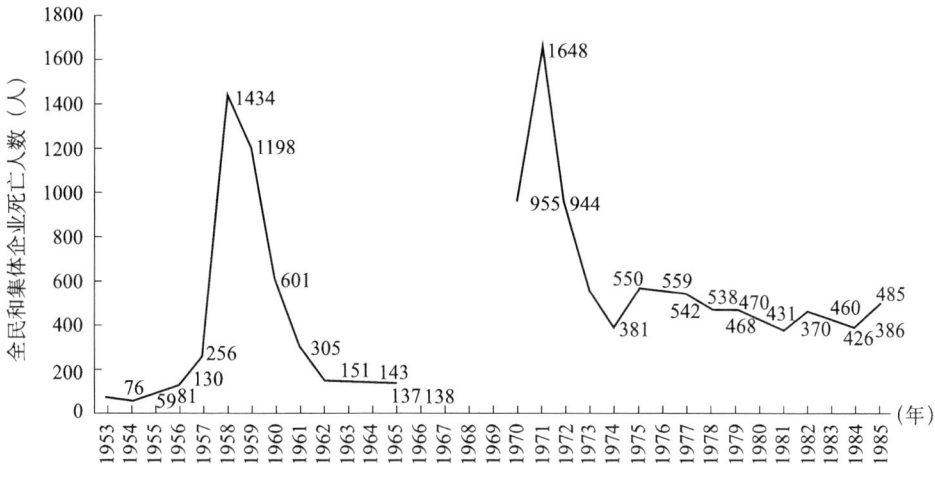

**图 3-2　湖北省 1953 年到 1985 年工矿企业生产安全事故形势**

**数据来源**　湖北省地方志编纂委员会编《湖北省志·经济综合管理》，湖北人民出版社 2002 年版，第 539—541 页。由于统计资料所限，本数据为全民和集体企业中死亡人数，1966—1969 年无官方统计资料。

需要注意的是，1949—1977 年的工矿企业生产死亡数据仅仅是国营及县属以上集体企业的，而在此期间，公社企业是生产的重要力量。以公社企业的数量为例，公社企业兴起于 20 世纪 50 年代末，在"大跃进"时期进入第一个高峰，随后迅速衰减。1965 年，全国共有公社企业 12 200 家，1977 年，全国公社企业达到 133 000 家，10 年间增长了 10 倍，超过了"大跃进"高峰期的 117 000 家。①从图 3-3 可以看出，在 1957—1977 年，工业企业数量呈不稳定变动的趋势，而企业数量波动和生产事故波动也大体一致。虽然生产事故统计数据存在失真、断缺等问题，但考虑到农村工业劳动密集型、技术和管理水平等阶段性问题，其生产事故相比来说只会更加严重，并随着政治运动而大幅度波动。

总结而言，新中国成立后 30 年的安全生产极为不稳定，深受政治运动的影响。从这里可以看到，政治制度的稳定性及政治秩序是社会稳定的基础。企

---

① 刘玉安、米克荣：《从五小工业到乡镇企业——兼论我国农村工业的发展前景》，《山东大学学报》（哲学社会科学版）1990 年第 3 期。

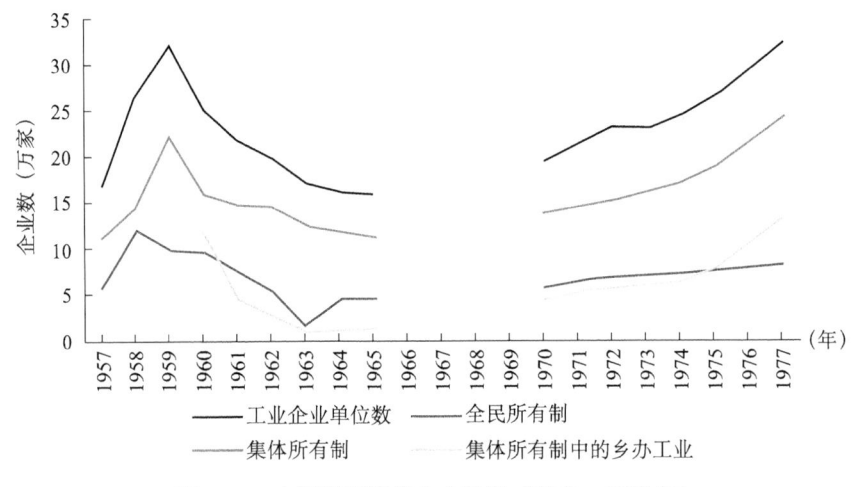

图 3-3　中国不同种类企业数据（1957—1977年）

**资料来源**　国家统计局编《中国统计年鉴（1984）》，中国统计出版社1984年版，第193页。第一，企业单位数总计包括各种经济类型的独立和非独立核算的工业企业，但不包括村办工业企业和个体工业企业。第二，1966年到1969年统计资料欠缺。

业安全生产问题绝不是工业化的必然结果，而特定的政治制度及其导致的政治运作机制是安全生产的重要因素。

## 第二节　弱制标能力下的安全标准及其运作成效

安全标准对于实现安全生产具有基础性作用。所谓标准，是通过科学、实验、经验等方式，长期积累形成的固定的生产方式。标准操作能够减少因人的不安全行为、物的不安全状态导致的生产事故伤害。随着生产规模的扩大，安全标准的意义也更加显著。

对安全标准制定权来说，谁来制定标准、制定何种标准是两个关键议题。谁来制定标准，显示出权力在政府、企业、生产者之间的分配。不同的生产者有差异化的制定标准的能力，进而影响安全标准对安全生产的意义。如果没有标准，生产将陷入混乱，事故频发。而如果制定标准的主体不具有合格的制定标准的能力，一样会影响安全标准的价值。

关于制定何种标准，可以从标准的内容进行分析。从标准类型来看，可以从不同维度划分，例如，从标准的属性维度看，包括政治标准、经济标准、法律标准等；也可以从标准介入生产过程的程度看，包括表面介入、管理过程介入、生产过程介入等。不同的维度、不同的介入深度都影响着安全标准制定的作用。

## （一）弱组织建设下国家的有限制标能力

党和国家领导人高度重视发展经济，而对经济工作的重视并没有掩盖对安全生产的重视，发展的目的本身是为了实现人的全面发展和国家的社会主义发展。经济发展推动的大建设、强动员本身也是事故易发的原因。1952年，毛泽东对劳动部《三年来劳动保护工作总结与今后的方针任务》作出批示，"在实行增产节约的同时，必须注意职工的安全、健康和必不可少的福利事业；如果只注意前一方面，忘记或稍加忽视后一方面，那是错误的"。这一重要批示成为整个计划经济时代指导安全生产的重要思想。时任劳动部部长李立三在这一批示精神下，提出了"安全与生产是统一的，也必须统一；管生产的要管安全，安全与生产要同时搞好"的指导思想。"管生产的要管安全"是当时责任归属划分的一条重要原则。

### 1. 双轨制的部门监管及部门间关系

一套管理机构的建立及其有效运行包括机构建立、职责明晰、人员配备、经费保障等要素。如果只是建立一个组织而无专职管理人员，或者无法保证管理经费到位，那么这套管理机构也是无源之水、无本之木，无法有效运行起来，更别说达到管理的目的。组织是政府运转的载体，是各项事务治理的基础。没有组织，安全生产就面临无人管、无权管，放任自流的地步。因此，新中国刚成立就开展了围绕安全生产的组织建设，当时将安全生产称为劳动保护。

组织建设是提高国家安全生产管理能力的基础。1949年9月29日，第一届中国人民政治协商会议通过了《共同纲领》，其第三十二条提出"实行工矿检查制度，以改进工矿的安全和卫生设备"。新中国刚成立，中央人民政府就设立了劳动部。在中央层面，劳动部下设劳动保护司；在地方层面，各地方劳动部门相继设劳动保护处、科。这些构成了新中国成立初期劳动保护工作的专管机构。1950年10月，政务院批准的《中央人民政府劳动部试行组织条例》和《省、市劳动局暂行组织通则》都规定，各级劳动部门自建立伊始，即担负起监督、指导各产业部门和工矿企业劳动保护工作的任务。其监管的对象包含产业部门和工矿企业两类不同性质的主体。1956 年，劳动部颁布了《劳动部组织简则》和《省、直辖市、市劳动厅、局组织通则》两份文件。在《劳动部组织简则（草案）》和《省、直辖市、市劳动厅、局组织通则（草案）》的说明中，首先明确了劳动部门的职责，即劳动部门是国家统一管理劳动工作的机关；其次明确了劳动部门的业务范围，包括工资、劳动力调配、技术工人培养训练、劳动保护、失业工人处理等事务。

在劳动部门内部机构设置上，上述两个草案仅仅作了一些原则性的规定，但没有具体规定这些机构的业务范围。上述草案提出，劳动部门的各项业务还在经常变化和发展，由劳动部和各级劳动部门自己规定较妥。这种在组织设置上的"软规定"难免会出现推诿扯皮、部门矛盾等问题。部门之间对权力的争夺、对责任的推卸是权力运行下的正常现象，反映出这一时期有关安全生产和劳动保护的工作机制还很不成熟。1956 年 9 月 17 日，国务院常务会议批准了《劳动部组织简则》。其中规定了劳动部职权包括如下内容：拟制、发布、审查、检查各类政策、法规、计划、命令等；管理工资工作；监督或管理劳动力调配工作；管理技术工人培养训练工作；管理劳动保护工作；监督检查劳动争议的调处工作以及内部劳动规则、集体合同、劳动合同的审核、备案工作；监督检查失业工人的登记和就业工作；组织有关劳动业务中专门问题的科学研究工作；办理劳动工作干部学校；编译出版有关劳动问题的书刊资料。在部门机构设置上，劳动部设立下列工作机构：办公厅、工资局、劳动力调配局、技术工人培养训练局、劳动保护局、锅炉检查总局、干部司、编译出版室。在职能之中，与安全生产相关的是管理劳动保护工作，具体包括监督检查国民经济各部门的劳动保护、安全技术和工业卫生工作，领导劳动保护监察机构的工作，检查企业中的重大伤亡事故并且提出结论性的处理意见。

可见，这一时期劳动部门管理职责范围很广，劳动保护仅是其中一项。劳动保护部门侧重于调查研究，拟定综合性的政策、法规，提出指导性的工作意见，是安全生产的综合管理部门。劳动保护工作主要由产业主管部门按隶属关系组织实施。自 1953 年国家开始有计划的经济建设开始，新中国逐步形成了劳动保护工作由劳动部门综合管理、产业主管部门直接管理和工会组织协调监督的格局。

各个产业部逐步设立专门管理安全生产和劳动保护的部门。例如，第一机械工业部在劳动工资司之下设立安全技术劳动保护科，各专业局劳动工资处之下设安全技术劳动保护科。① 作为重要的劳动保护管理组织，工会也建立起专门的劳动保护机构。中华全国总工会在各级工会中设立了劳动保护部，工会基层组织一般设立了劳动保护委员会，以加强对企业劳动保护的监督。产业部门履行"管生产的要管安全"，而对于劳动保护的政策制定、综合管理等职能由劳动部门负责。因此，在安全生产监管上实行的是"双轨制"② 的监管结构。

然而，在"大跃进""文化大革命"期间，安全生产工作遭到严重破坏，部门职能无法有效履行，综合管理和行业管理之间的分工也不复存在。1958年发动的"大跃进"运动，给劳动保护工作带来了严重的破坏，原因在于"大跃进"造成的生产主体爆炸式增多，监管职能部门的管理能力跟不上。同时，在"多、快、好、省"的指导方针下，生产的科学性、规范性受到破坏，生产秩序、管理秩序被打乱。例如，这一时期的锅炉安全监察工作受到严重破坏，甚至机构也被精简合并了。因此，此前形成的劳动保护部门综合管理、产业主管部门直接管理、生产企业负责和工会组织协调监督的劳动保护管理体制遭到破坏。这也使得工矿企业生产事故导致的死亡人数急剧上升，成为安全生产管理的极不稳定期。

为了走出这种困境，1963年国务院发布了《关于加强企业生产中安全工作的几项规定》。这份文件首先就强调安全生产责任制，其中包括五点：第一，强调企业单位各级领导人员管理生产的同时，必须负责管理安全工作。第二，企业单位各专职机构，包括生产、技术、供销、运输等，应该对各自业务范围内的生产安全负责。第三，提出企业单位应加强劳动保护机构和专职人员的工作，对劳动保护机构和专职人员的职责进行了细致的说明。第四，企业单位各生产小组都应该设立不脱产的安全员，并明确了小组安全员的安全职责。第五，企业单位职工应该遵守职工安全责任制的要求。除安全生产责任制外，这份文件还对编制安全技术措施计划提出要求，包括企业编制安全技术措施计划，确定期限和负责人，负责贯彻执行措施计划、经费管理、群众讨论和检查

---

① 韩延龙主编《中华人民共和国法制通史》（上），中共中央党校出版社1998年版，第332页。

② "双轨制"在中国政策语境中常被使用，比如，价格双轨制、退休金双轨制等。本文中的"双轨制"指安全生产监管实行两条不一样的监管系统，即行业监管和综合监管。德国的安全生产管理体制也被称为"双轨制"管理，不过是指政府和行业协会的监管功能，行业协会拥有对企业监管的正式权威。

等。在企业安全生产教育上提出教育考试、经常性安全教育等要求。在安全生产定期检查上，明确了每年定期进行两到四次群众性检查，以及检查的内容、管理要求。在伤亡事故调查和处理上，规定了企业在调查、整改、处分、管理上的要求。以上被称为"五项规定"，是计划经济时期安全生产管理的核心文件。同年，在组织建设上，国务院恢复了各级锅炉安全监察机构。通过这些调整，安全生产工作有所改善。

1966年开始的"文化大革命"又一次打乱了安全生产工作。劳动保护各项规章制度被废止，劳动保护机构从上到下被撤销，劳动部大批干部被下放。由此导致劳动工作全面停止，劳动部实际上不复存在。到1970年，原劳动部精简为劳动局划归国家计划委员会领导，恢复了再次遭到破坏的劳动保护工作。在此基础上，中共中央印发了《关于加强安全生产的通知》，要求各级党组织、有关部门把安全生产摆在重要日程上，开展一次查思想、查纪录、查制度、查领导的大检查。1975年，国务院设立了国家劳动总局，全国恢复对劳动安全卫生管理和监督检查工作。然而，劳动部门机构改革并未取得实质性成效。从生产事故发生的数据可以看出，1974年到1978年工矿商贸企业事故死亡人数不断攀升。

计划经济背景下，劳动保护组织建设主要是在中央层面，包括劳动管理综合部门和经济发展产业部门，又以产业部门管理为主。劳动保护的行政组织网络建设滞后。一方面，劳动部门在劳动保护上的机构设置还有很多不足，突出表现在地方劳动保护机构的设立上。1955年劳动部发布的《省、直辖市、市劳动厅、局组织通则（草案）》中提到，省、市劳动厅、局按照需要可以设立劳动保护等处、科和办公室。这里是按需要设立，而非必须设立，说明硬约束不强。如1959年3月10日，武昌县劳动管理委员会成立，具体负责劳动就业、劳动保护、技术培训、退职退休等工作，1964年武昌县劳动局正式成立。[①] 地方上的劳动管理机构与中央机构相比存在滞后性。在对湖北省机械工业管理机构的历史考察中发现，在新中国成立后的30多年中，省一级机械管理机构并未建立起专门的劳动保护机构。直到1981年湖北省机械工业局才正式成立技术安全处，由劳动工资处兼管，而且并未配置编制。[②] 可以说，计划

---

① 武昌县志编纂委员会：《武昌县志》，武汉大学出版社1989年版，第478页。
② 湖北省地方志编纂委员会：《湖北省志工业志稿·机械》，武汉大学出版社1990年版，第267页。

经济时期政府安全生产监管的行政组织网络并未建立，更未形成部门之间的合作。

2. 劳动保护部门的组织位阶低

位阶就是等级，是权力关系的一个体现。所谓组织位阶是指组织在组织系统中的地位。不同的地位具有不同的权力，掌握着不同的资源，也就具有与其他组织不同的能力。在指令型经济下，政府部委建设具有自身特点。在国家层面，从国务院部委设置来看，除了负责政治事务的部委，如外交部、国防部等外，政府机构中存在大量生产建设性的部委。在安全生产问题上，这些生产建设部门的生产安全工作都由部门主管。劳动部下设劳动保护局，负责综合管理劳动保护事务。与作为国家部委的生产建设部门相比，劳动部下设的劳动保护局的组织位阶就低了一级，其较低的组织位阶与数量庞大的产业部相比，在综合管理过程中不可避免地碰到权力不对称的问题。加之这一时期，劳动部门人员配备不足，产业部门成为安全生产管理的核心组织。

总而言之，新中国成立初期就在政府内建立起一套安全生产监管的组织网络，展现了新生政权对劳动者权益的重视和保护，是中国无产阶级政党和社会主义体制的本质体现。新中国自中央部门开始建立的一套劳动保护的组织机构，并逐步自上而下建立起来，为未来劳动保护的组织建设奠定了基础，也为劳动保护政策的更新和完善提供了保障。但是，在指令型经济背景下，国家以快速实现经济赶超为战略目标，以生产建设为重心，劳动保护的组织建设存在很大问题。第一，劳动保护组织网络建设滞后，尤其是地方上的劳动组织建设。第二，劳动保护部门在整个部门权力结构中位阶较低。以上问题是安全生产监管部门这一时期组织建设上面临的困境，也是当时国家建设注意力分配的结果。安全生产监管部门作为治理网络的核心，其组织建设深刻影响着安全生产治理水平。

## （二）管理性安全标准：弱介入下的单位安全生产责任制

安全生产责任制在今天广为盛行，被认为是安全治理的"牛鼻子"。安全生产责任制由来已久，最早是东北人民政府在对公营工厂和矿山的安全管理中提出来的。1950年，东北人民政府颁发《东北公营工厂矿山安全责任制度暂行规定》提出，凡公营工厂、矿山中之每一职工，对自己工作范围内应负有安全保护之责；厂（矿）内之工程师、技师、技术人员，对本厂（矿）的安全设施、机械保安、工程保安及其他技术保安,负有技术检查、建议厂方采取措施、保障安全之责;厂(矿)长对本厂(矿)的安全问题有总的领导、计划、推动、检查、督促,建立各种制度,筹建安全设备,防止破坏事故,严明赏罚之责。此规定对企业内三类主体的责任进行了规定,包括职工责任制、技术人员责任制、企业领导责任制。

1951年1月9日,中央人民政府政务院财政经济委员会按照政务院的要求,将上述规定抄发给中央各工业部,要求全国各公营厂(矿)参考试行。例如,1953年,重工业部在《关于加强安全技术工作的指示》中强调,普遍展开反对无人负责现象的斗争,建立各生产厂矿的责任制度,包括技术责任、生产调度责任等,尤其要建立行政领导方面的安全技术责任制。由此,安全生产责任制开始成为新中国安全生产管理中的一项重要制度安排。这一时期安全生产责任制还是政府部门的一个管理规定,其强制性、约束性、规范性和可操作性仍不高。此时的安全生产责任制还限定在企业内部,尚不涉及对党政部门人员的责任。

安全生产责任制的核心是解决生产中安全问题的责任划分,通过责任到人的方式,提高每一个岗位的责任意识,也便于对安全生产中事故责任的处理。安全生产责任制正是起源于解决企业领导不重视职工安全、健康问题而提出来的。中央人民政府政务院人民监察委员会在1952年发布的《关于处理某些国营、地方国营厂矿企业忽视安全生产致发生重大伤亡事故的通报》中指出,某些厂矿企业的领导人员存在着严重的单纯任务观点,这是造成伤亡事故的重要原因,表现在他们通过"为了完成生产任务""为了贯彻经济核算制"等口号,无限制地提高工人劳动强度,延长工作时间,甚至鼓励工人去"赴汤蹈火"。领导上的官僚主义是贯彻安全生产的重大障碍,厂矿企业的领导人员片面强调生产任务,忽视安全,致使伤亡事故不断发生。

"大跃进"期间中国安全生产形势遭到巨大破坏,各类生产事故高发,给社会主义现代化建设带来了严重的损失,安全生产责任制也遭到了重创。第一,生产单位的急速膨胀使大批不具有安全管理能力的生产单位领导和职工进入业内,安全生产责任制遭到冲击和消解,无法发挥其制度安排的作用。在全民办企业的号召下,全国各地新建厂矿遍地开花。例如,河南省从1958年3月初到5月中旬,建成机械、钢铁、化肥、煤炭、电力、水泥等小型厂矿16.456万个。登封县一个月内建成"土高炉"100座。这样的数据在当时背景下俯拾即是,并且新建企业在生产上主张"因陋就简""先生产后生活"等生产理念,大多数企业以

"短平快"生产为目的,没有建立劳动保护制度,也没有必要的安全管理机构。因此,企业领导安全生产责任制被严重破坏。第二,企业大量扩张劳动力就业,包括农民、学生及下放的干部、家庭妇女等。1958年年底投入大炼钢铁的劳动力达到9 000多万人,直接和间接参加大炼钢铁的人力占全国总人数的1/6左右。① 在"浮夸风""放卫星"等政治运动的影响下,多数劳动者没有经过劳动教育和训练,不具备安全生产知识,更不知所在岗位的安全责任。这样企业职工的安全生产责任制也变得徒有虚名。第三,既有企业安全生产工作松弛。有些企业通过对安全科室的撤销、合并,削弱了企业的安全生产管理,部门的安全生产责任制也不复存在。"大跃进"的发动缺乏从客观实际出发的充分依据,由于决策本身产生的失误和执行过程中的偏差,经济建设和社会发展遭受到重大挫折。"大跃进"期间生产安全事故高发,造成严重的生命损失。虽然国家动员能力很强,但其监管能力极弱,在片面追求经济发展速度,甚至是某一类生产要素的生产规模的指挥棒下,安全生产责任制被抛之脑后,遭到严重破坏。

1962年,国民经济进入"调整、巩固、充实、提高"时期,经济建设遵循生产规律,安全生产也被重视起来,安全生产责任制得到恢复。1963年,国务院发布的《关于加强企业生产中安全工作的几项规定》重点强调了包括安全生产责任制在内的五项规定。更为细致地规定了企业中企业领导、专职机构安全员、安全专职人员、小组安全员及普通职员的岗位安全责任制内容,是对新中国成立后形成的企业安全生产责任制的修补和完善。这一时期的安全生产责任制仍然是企业层面的,尚不涉及政府党政官员及部门监管人员的安全生产责任。

计划经济下由于政府掌控着经济发展,企业生产行为深受政治影响。中国经济经过短暂的修正时期后,1966年,"文化大革命"开始,企业生产深受影响,企业规章制度被打乱,管理混乱,安全生产责任制不复存在。党和国家安全生产的方针政策受到怀疑、抵制、批判,"安全第一"被攻击为修正主义的"活命哲学",安全生产法律标准、规章制度被攻击为"走资派"的"管、卡、要"和束缚广大革命群众的"条条框框",把冒险蛮干、违规违章甚至非法违法行为奉为革命造反精神。② 在组织上,各级政府濒于瘫痪,劳动保护、安全

---

① 中共中央党史研究室:《中国共产党历史(1949—1978)》(第2卷)(上),中共党史出版社2011年版,第490页。

② 朱义长:《中国安全生产史(1949—2015)》,煤炭工业出版社2017年版,第24页。

生产的管理机构被撤销或停止运转，大量劳动干部被"造反派"打倒，安全生产管理工作无法开展。在制度上，各项保障安全生产的制度被抛之脑后，甚至大加批判。由于思想上、组织上和制度上的破坏，这一时期安全生产责任制不复存在。

由政治动乱导致的生产失序问题还需要政治上的"拨乱反正"。1970年12月，毛泽东批准发布了新中国成立后党中央关于安全生产的第一个指导性文件《中共中央关于加强安全生产的通知》。此通知强调，安全生产高发的关键问题是，"有些领导干部，怕字当头，不敢抓安全生产；也有些领导干部，骄傲自满，忘乎所以，漫不经心。他们对人民的生命财产采取不负责任的官僚主义态度"。此通知提出，要通过查思想、查纪律、查制度、查领导的方式改善安全生产状况。尽管中央高层领导认识到安全生产面临的危机形势，也提出各项保护生产安全的要求，但由于当时政府管理机构的瘫痪，政府治理能力被严重破坏，因此，安全生产难以收到预期效果，安全生产责任制也没有重新走上正轨。

社会主义"三大改造"完成之后，中国经济变成以国有经济和集体经济为主的计划经济。不论在地方政府集权还是分权时期，政治都牢牢控制着经济发展，控制着企业的生产计划、生产环节各过程。企业运行深受政治活动的影响。由于"大跃进"和"文化大革命"，企业生产秩序完全被打乱，政府治理能力也显著下降，使安全生产责任制不具实际效力。

### （三）经济性安全标准：事前强制性安全投入与事后补偿性劳动保险

与配置并监督行政权力的管理性安全标准相比，经济性安全标准更多体现在使用财政资金、经济处罚、经济政策等方式，推动企业对安全生产的投入与保护。经济手段有效性的发挥就很依赖于当时的经济发展水平及经济政策的科学性。经济手段干预企业可以从两个方面考虑，一是干预的强度，分为强干预和弱干预。强干预要求企业必须在经济政策上履行国家要求，而弱干预表明国家更多以经济手段引导企业改变企业经营行为，企业拥有更多自主性；二是干预的领域，分为企业生产过程和企业管理过程。对1949—1977年这一阶段国家对安全生产管理的经济手段的考察发现最为重要的两个手段：一是干预企业生产过程的企业设备更新维护中的抽取制度；二是干预企业管理过程的工伤保险制度。下面渐次评述这两个领域中国家的干预方式及其特点（见表3-1）。

表 3-1 国家干预企业的经济手段的类型学划分

| 干预领域 | | 干预强度 | |
|---|---|---|---|
| | | 强 | 弱 |
| 干预领域 | 生产过程 | A | B |
| | 管理过程 | C | D |

1. 生产干预：从"折旧费"、"维简费"到"更改资金"

企业设备是安全生产的基础要件，推动企业在设备维护、更新上的政策和制度安排是国家权力对企业生产过程介入的一种方式。国家以何种方式介入、介入程度深浅受一定时期内财政基础、执法力量及企业发展阶段的影响。对这一要素的考察是对国家权力变迁的重要考虑。

新中国成立后，折旧费是国家对企业生产设备安全管理的最初形式。在新中国成立初期，国营企业生产经营的利润和提取的折旧费全部上交国家，然后再由国家拨付企业所需的设备更新、技术改造等费用，企业对安全生产所需资金使用的自主权受限。其后，随着企业对设备维护和更新的需求变化，国家采取支持一部分企业在生产成本中列支、提取一部分资金。1965年开始，国家规定采掘企业停止按固定资产原值计算、提取和上交折旧费，改为按企业产量提取"维持简单再生产费用"（简称"维简费"），并列入生产成本，专门用于设备更新、安全技术改造等。1967年，国家计委、财政部将"维简费"与其他费用合并，统称固定资产更新和技术改造资金（简称"更改资金"）。虽然名称有所更改，但其资金依然采取按产量提取的方式。1973年10月，国家计委发布的《关于加强防止矽尘和有毒物质危害工作的通知》提出，企业每年应在固定资产更新和技术改造资金中安排10%～20%的资金，其中矿山、化工、金属冶炼企业应大于20%，用于劳动保护措施，不得挪用。该文件第一次以提取比例的形式规定了劳动保护的资金量，使得国家对劳动保护资金使用的检查更具有可操作性。1977年，国家计委、财政部、国家物资总局、国家劳动总局联合发布《关于加强有计划改善劳动条件工作的联合通知》，要求凡是劳动条件差，危害职工安全、健康的企业，在安排更新改造资金时，应优先保证劳动保护措施的需要；各地区、各部门在集中掌握的更新改造资金中应规定一定的比例，用于劳动保护技术措施。这条要求一方面强调劳动保护设施在更新改造资金中的优先性，另一方面也规定要按照一定的比例。上述通知的落实需要多部门的合作，正如通知所要求的，各地劳动部门每年应就所掌握的劳动保护技措经费提出所需的设备、材料计划，报送同级计委和物资部门，计委和物资部门应纳入本地区的物资分配计划。各级计委和物资部门在安排生产维修、技措挖潜的设备材料计划时，对其他方面改善劳动条件所需的设备、材料也应予优先考虑纳入计划。只有劳动部门、计委、物资部门通力合作，才能实现企业资金更新改造的目的。

企业设备的更新维护及劳动保护用品的配置要求是国家对企业生产过程的干预。在计划经济体制下，企业安全生产设备的维护和更新工作是高度集权的，企业的资金使用自主权很低。企业虽然有了提取更改资金的自主权，但其如何使用仍然高度依赖政府的行政安排。国家干预是高度碎片化的。其碎片化是指部门之间分工很僵化，需要多部门协同才行，无形中加大了企业安全生产的交易成本。从制度主义分析来看，也是低效的制度安排。

总的来看，这一时期国家对企业生产过程的干预是非常强的，属于表3-1中的A区。这种低效的制度安排造成的结果是国家对安全生产设备更新维护的制度安排无法有效实现。举例来说，当时煤矿生产与安全措施失调的问题极为严重。1979年，全国煤矿安全生产大检查的发现是这一时期安全措施的一个反映。第一，工程规格质量低劣，巷道失修。据74个矿务局不完全统计，采煤工作面不合格品占比达到24%。第二，风量不足。1979年上半年统计，全国煤矿有93对矿井、269个工作面风量不足。第三，没有洒水降尘系统或系统不健全，在全国统配煤矿中，这样的矿有416个，占总数的75%。在全国煤矿掘进工作面中还有22%的在干打眼。第四，防火灌浆系统很不健全。据1978年统计，有127对矿井没有防火灌浆设备，随时有自燃发火危险。第五，有的超级瓦斯矿井瓦斯抽放不能正常进行。这些问题已到了非治不可的地步。[①] 这一组调查数据是对计划经济时期，国家以经济手段干预企业生产过程效果的直接体现。可以发现，当时安全生产设备的安全性存在严重问题，这与国家对企业的监管方式不无关系。

2. 劳动保险标准：单位福利性质的事后援助型社会保护

安全生产不仅包括生产过程，也涉及对企业制度的管理。安全生产的核心

---

① 《一定要把煤矿安全生产搞好——记全国煤矿安全大检查总结汇报会》，《劳动保护》1979年第12期。

是保护职工的身心健康，免受职业病和生产事故的威胁。工伤保险制度是对安全生产管理的重要支撑，涉及安全生产的预防、事故赔偿等。既有国家权力的推动，也有对市场机制的运用，核心是实现对职工的保护。在不同时期，工伤保险制度显示出国家权力在安全生产上的不同特征。

劳动保险制度是新中国成立后最早开始实施的保险制度。1951年2月26日，政务院发布了《劳动保险条例》，标志着新中国劳动保险制度的起步。从这一版本《劳动保险条例》的内容来看，国家权力在涉及劳动保护上具有以下特点。

首先，劳动保险制度在一定范围内开展。《劳动保险条例》规定，实施范围暂定如下：有工人职员100人以上的国营、公私合营、私营及合作社经营的工厂、矿场及其附属单位；铁路、航运、邮电的各企业单位与附属单位；工、矿、交通事业的基本建设单位；国营建筑公司。其次，劳动保险的适用具有显著的身份化特征。劳动保险制度适用于实行劳动保险的企业职工，而在上述企业内工作的临时工、季节工和试用人员，其劳动保险待遇另行规定。另外，条例明文规定，对企业有特殊贡献的劳动模范及转入企业工作的战斗英雄，在一定程序下可享受优异劳动保险待遇。再次，劳动保险资金收取上显示出弥补公共财政不足的特点。《劳动保险条例》中规定劳动保险金的征集全部由实行劳动保险的企业行政方面或资方负担，缴纳金额相当于各企业全部工人与职员工资总额的3%。企业前两个月缴纳的劳动保险金全部作为劳动保险总基金，为举办集体劳动保险事业之用。第三个月起，企业缴纳的劳动保险金中30%作为劳动保险总基金，为集体保险事业之用。余下70%存于企业基层工会的户内，为支付职工应得的抚恤费、补助费与救济费之用。其中，集体劳动保险事业包括疗养所、休养所、养老院、孤儿保育院、残废院等。这是国家在公共财政不足的情况下，通过收取费用而非税收的方式来补充公共财政，以提供基本的公共服务。最后，这一时期的劳动保险是援助型保护，即在发生工伤事故之后，为了职员的健康恢复，或者保障其身后家属的基本生活，由国家协调收取的保护资金。《劳动保险条例》规定，工人与职员因工死亡时，由该企业行政方面或资方发给丧葬费，其数额为该企业全部工人与职员平均工资三个月；另由劳动保险基金项下，按其供养的直系亲属人数，每月付给供养直系亲属抚恤费，其数额为死者本人工资的25%至50%，至受供养者失去受供养的条件时为止。而这一时期的《劳动保险条例》上不具有调动企业在劳动保护或安全生产上的功能，是一种事后援助型保护。

1953年，中央政务院发布《关于中华人民共和国劳动保险条例若干修正的决定》，对《劳动保险条例》进行了小幅修改。第一，将实施范围扩大。第二，适当提高劳动保险待遇，适当提高职工疾病医疗期间的待遇标准。丧葬费、丧葬补助费及非因工死亡家属救济费酌量增加。1953年，全国公私企业的职工已经达到1 374.5万余人。根据周恩来在1954年政府工作报告中的数字，1953年享受劳动保险待遇的职工已有480余万人，享受公费医疗待遇的国家机关工作人员和教育工作人员已有529万余人，其他中小企业中的职工也多半同企业签订了劳动保险合同。职工的劳动条件和福利设施有重大的改善。35个工业部门为职工直接支付的劳动保险费、医药费、文教费和福利费平均相当于工资总额的17%。由于国家用了很大的资金改进工矿企业的安全卫生设备，职工因工伤亡率逐年减少。

20世纪50年代初制定的《劳动保险条例》及其修改意见，奠定了新中国成立后劳动保险的制度基础。劳动保险是一种建立在企业福利基础上的事后援助型社会保护。这一社会保护类型具有以下特点：第一，严重的城乡差异、身份差异。新中国成立后，经过社会主义"三大改造"运动，我国仍然是农业国家，工业发展薄弱。在优先发展工业，尤其是优先发展重工业的发展战略下，对农业、农村、农民不够重视，而乡村社会的生产安全更未被纳入国家监管。因此，《劳动保险条例》只是对城市部门工作群体的劳动保护。同样是城市生产部门，其所享受的劳动保险待遇也存在显著差异。新中国成立后新建立的劳动保险制度依附于计划经济体制之上，而城市职工的保险依附于单位，保障依附于就业。第二，低水平、不平衡的保险能力。这一时期的劳动保险并不具有预防生产事故的功能，而是对企业职工事故伤亡之后的补偿。补偿建立在企业的劳动保险金缴纳水平及国家财政水平之上。从新中国成立初期到1978年改革开放前，中国经济一度停滞不前，在一些年份甚至出现负增长。1960—1962年、1967—1968年国内生产总值大幅下降，呈负增长样态，如图3-4所示。同时，劳动保险制度遭到极大冲击，劳动部门、工会系统及劳动保险管理机构无法履行职能。1969年，财政部颁发《关于国营企业财务工作中几项制度的改革意见（草案）》，规定"国营企业一律停止提取劳动保险金"，"企业的退休职工、长期病号工资和其他劳保开支，改在营业外列支"。这一规定意味着刚刚建立的劳动保险制度退化为"企业保险"制度模式，劳动保险制度变为企业内部事务,一直延续到改革开放之后劳动保险制度改革。①

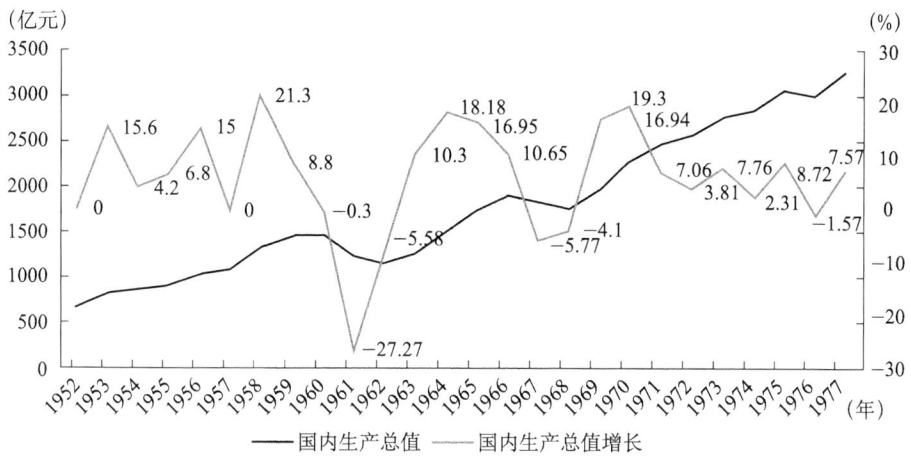

图3-4　国内生产总值及国内生产总值增长率(1952—1977年)

**数据来源**　国家统计局数据中心,http://data.stats.gov.cn/index.htm。

中国人均国民收入水平一直停留在低水平阶段,人均国内生产总值从1952年的119元缓慢增长到1977年的344元(见图3-5)。因此,这一时期的劳动保险水平也是很低,并且在不同企业职工之间是不平衡的,劳动保险发挥作用的空间十分有限。可以说,作为国家干预劳动保护管理过程的劳动保险制度非常弱。

上述分析可以看到,计划经济体制下,由于企业权力自主性非常低,国家集权性管理导致国家权力干预生产过程强。然而,由于经济发展水平滞后,国民收入水平低,国家对管理过程的干预较弱,难以发挥社会保险制度的优势。需要说明的是,国家对劳动保险弱化的管理并非源于国家财政水平低;相反,在计划经济时期,中国国家汲取能力一直非常高。② 从长历史的比较中也能看到,在1952年到1978年这段时间,财政收入占国民生产总值的比例,除了少数特殊时期外,长期处于25%～30%,远远高于1978年改革开放之后的水平。因此,国家汲取能力作为国家权力干预企业劳动保护的经济手段的基础,

---

① 参见郑秉文、高庆波、于环《新中国社会保障制度的变迁与发展》,载陈佳贵、周王延中主编《中国社会保障发展报告》(第4辑),社会科学文献出版社2010年版。

② 王绍光:《国家汲取能力的建设——中华人民共和国成立初期的经验》,《中国社会科学》2002年第1期。

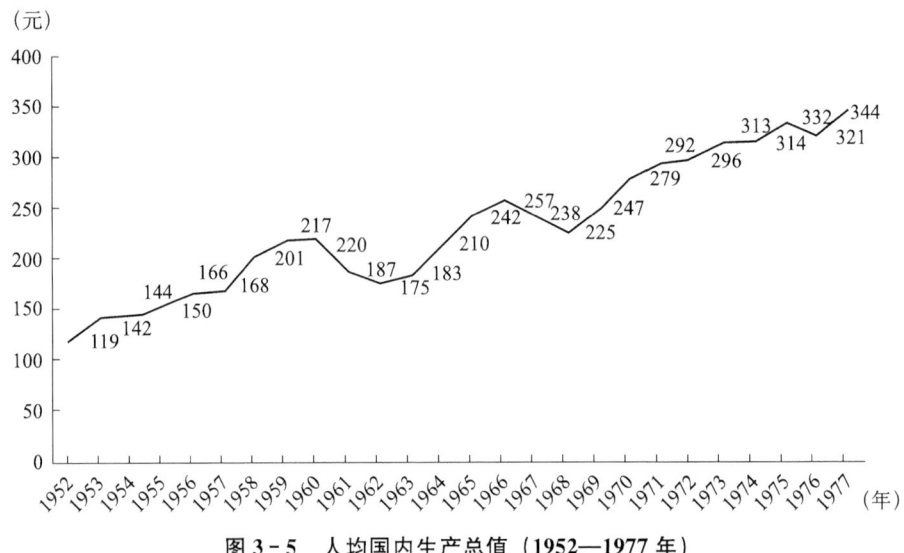

**图 3-5　人均国内生产总值（1952—1977 年）**

**数据来源**　国家统计局数据中心，http：//data.stats.gov.cn/index.htm。

并不能决定国家劳动保护水平。国家的财政支出还取决于国家发展战略。在此阶段，国家将更多的财政资金投入基本经济建设之中，而用于社会福利，尤其是抚恤金额数额少且增长缓慢。

从对上述两类经济手段的分析可以看到，国家权力以不同的强度介入企业生产过程和管理过程。通过对企业经济权力的控制，干预企业在设备更新上的投入。一方面，从制度文本上规定了企业在设备更新、劳动保障设施上的投入要求；另一方面，又通过科层制的设置增加了企业安全管理的成本。国家权力直接干预企业生产过程，无法有效收集企业更新知识，也无法灵活应对企业设备的更新。在设备安全上，企业应该拥有更多自主权，而国家权力更多的应该是对企业管理过程的干预。通过经济手段，督促企业进行安全生产投入，维护工伤事故中企业职工的权益。然而，从这一时期劳动保险的运行来看，国家权力并未过多投入公共财政到劳动保险之中，导致劳动保险处于一种低水平的企业福利性质的保障方式。劳动保险无法发挥其在预防生产事故中的作用。

在社会主义发展理论和赶超型现代化发展理念下，新中国成立后建立起计划经济体制，形成了以生产为中心的生产性体制。在此体制下，作为安全生产基础的安全标准建设却相对滞后。这种滞后性体现在三个方面。第一，制定标准的权力集中在政府手中，但政府制标能力有限，表现在政府内的劳动保护组

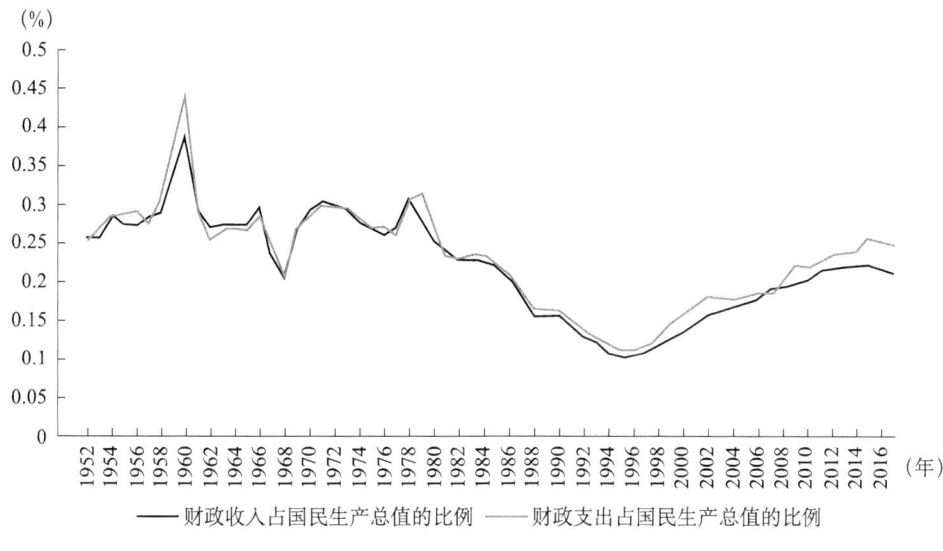

图 3-6 财政收入（支出）占国民生产总值的比例（1952—2016 年）

**数据来源** 国家统计局数据中心，http：//data.stats.gov.cn/index.htm。

织建设上的不足。第二，企业生产的管理性标准较弱，生产过程管理集中在单位安全生产责任制上，而当时责任制的内容简单，缺少可操作性。企业掌握安全生产标准，但因为处于起步发展阶段，实际上陷入了无安全标准的境地。第三，安全治理的经济性标准主要是事前强制性安全投入要求，事后补偿性劳动保险要求。这两个经济性标准都存在问题。前者的强制性不足，并未形成对安全投入的有效监督和制约，导致企业安全投入欠账较大，风险隐患多，事故高发。对后者而言，劳动保险是以单位补偿能力为中心，目的在于事后的补偿，而非生产事故的预防。可见，两种经济性安全标准并未达到安全治理的成效。

## 第三节　弱行政检查权与群众性安全生产大检查

安全状态检查是防患于未然的基础工作，也是提升安全治理的必然要求。不同主体对安全检查有着不同的优势，也有着差异化的目标。安全状态检查权深刻影响治理绩效，也反映出安全治理的体制特点。在计划经济时期，由于以生产为中心，对安全检查工作并不重视，政府检查人员配备不足，主要是群众性安全生产大检查的方式。

## (一)配备有限的政府监管人员

组织网络的重要性不言而喻。劳动部门和产业部门建立起的劳动保护管理机构是国家进行劳动管理的基础,是解决安全生产问题的保障。组织人员配备和组织网络一样重要。如果没有足够的人力资本进行管理,劳动保护无异于纸上谈兵,劳动保护政策也就空转,最终受害的是劳动者的权益和国家利益。从组织人员来看,指令性经济时期,国家发展战略是迅速完成工业化积累,尤其是重工业发展,其发展重心也定位在生产建设上。国家投入巨大的人力、财力和物力进行生产建设,对劳动事务的投入和重视相对不足。

表3-2展示了湖北省1950年到1980年,劳动管理工作的机构设置和人员配备。虽然没有劳动保护科(处)的人员配备数据,但可以看到省级劳动局的人员是非常少的,而专职负责劳动保护工作的人员少之又少。

表3-2 湖北省劳动管理机构变迁(1950—1980年)

| 年份 | 劳动工作管理机构 | 下设机构 | 人员配备(人) |
|---|---|---|---|
| 1950—1953 | 湖北省劳动局 | 秘书处、劳资调解科、工资科、劳动保护科 | 24 |
| 1954—1957 | 湖北省劳动局 | 秘书处、劳资调解科、工资科、劳动保护科、劳动调配科;直属技校1所 | 40<br>68(直属) |
| 1958—1966 | 湖北省劳动厅 | 调配处(劳动力管理处)、工资福利处、劳动保护处、技工培训处、锅炉监察处、计划处、办公室、调研室;直属技校2所 | 72<br>132(直属) |
| 1967—1971 | 湖北省革命委员会生产指挥组(省革委会计委劳资处) | | |
| 1972—1979 | 湖北省革委会劳动局 | 办公室、革委计划调配处、工资福利处、劳动保护处、锅炉监察处 | 49 |

续表

| 年份 | 劳动工作管理机构 | 下设机构 | 人员配备 |
|---|---|---|---|
| 1980 | 湖北省劳动厅 | 办公室、信访办公室、计划处、调配处、劳动力管理处、技工培训处、工资处、保险福利处、劳动保护处、锅炉处；<br>二级单位：劳动服务公司和锅炉检验所 | 95<br>15（二级） |

资料来源　湖北省地方志编纂委员会：《湖北省志·经济综合管理》，湖北人民出版社2002年版，第459—562页。

在劳动部门内部，劳动保护仅是其综合管理职能之一，并且计划经济背景下实行经济赶超战略，劳动保护工作让位于劳动力调配等生产工作。例如，1986年以前，湖北省武汉市武昌区劳动安全监察工作由区劳动局计划调配科承担。1986年4月才成立劳动局安全技术科，配备安全监察员，建立了武昌区安全生产管理网络。1987年6月，湖北省武汉市武昌区人民政府发布《关于调整安全组织，加强安全工作的通告》，成立湖北省武汉市武昌区安全工作委员会，全区自上而下建立健全了安全生产管理制度和管理机构。[①] 由此可以看出，在计划经济时期，生产是第一要务，劳动保护问题并非是各级官员的重点工作。

## （二）劳动部门权力配置失衡，检查权不足

权力是组织部门履责的基础，是有效实现部门工作的保障。权力体现出国家所具有的合法使用的强制力，部门所具有的权力是其发挥能动性的空间。在计划经济体制下，国家掌握着几乎所有的企业发展权力。其中，劳动部门负责的劳动工作除了劳动安全和卫生的监察以外，还包括劳动工资、劳动力调配使用、工人培训、劳动争议、劳动合同、失业问题等。

在劳动部门权力配置上，出现明显的失衡问题，进而导致劳动部门在劳动保护上组织能力不足。计划经济体制下，不仅劳动部门管理事务广泛，而且权力非常集中，企业、下级政府拥有较少的自主权，劳动部门管理劳动计划工

---

① 武汉市武昌区地方志编纂委员会：《武昌区志》，武汉出版社2008年版，第523页。

作。劳动计划工作主要是逐年编制并下达国务院各部门，各省、区、市的职工人数（包括后备技术工人培训人数）、工资总额、平均工资和劳动生产率的计划，并对其执行情况进行监督检查。这一时期的劳动用工制度非常僵化，对地方政府和企业自主权的干预使得企业用人受限，影响生产秩序。在这一背景下，违反劳动纪律等情况时有发生，破坏了安全生产形势。对于这些情况，周恩来在1954年国务院工作报告中指出，"许多工业企业和工业管理机关没有正确地分配技术人才，没有把他们组织起来合理使用，没有在技术工作中建立必要的制度，没有严格地贯彻操作规程和技术安全规程"。这一时期的劳动用工制度是这一时期安全生产的重要背景。例如，湖北省的劳动力调配工作。1953年，湖北省劳动局设立了建筑工人调配科，专管建筑工人的调配工作。1954年以后，调配范围逐步扩大到工业、财贸、农林、水、文教、卫生等部门。1959年以后，调配制度逐步完善，但调配权长期集中在中央和省一级，审批权限过分集中。① 这一高度集权的劳动调配制度一直实行到改革开放之后很多年。从1984年底起，湖北省开展了劳动计划体制改革的试点工作，到1985年底，试点的县、市扩大到20个，扩大了县、市计划用人的自主权，职工人数计划由指令性趋向于有一定弹性的指令性管理。②

在中央与地方关系上，在发展工业化中"一收即死，一放即乱"的恶性循环也反映到安全生产监管体制中，导致企业生产活动及生产安全事故的波动。不过与地方发展不同的是，中央对企业生产集权时期是安全生产形势"相对较好，绝对仍然严重"的时期，而"大跃进"和"文化大革命"时期中央对地方自主权的控制就弱化很多，地方政权建设陷入混乱，生产安全事故频发。

同时，在计划经济体制下，集权的形式及任务分包使得上级政府很难了解到下级政府及企业的生产信息，而上级在"只管下达任务，分配产品，收缴利润，而不管改善劳动条件和防尘防毒的错误做法"的背景下，同时，由于资金、物资采购、劳动者使用计划等权力集中在上级，甚至高度集中在中央和省一级，使得地方政府和企业自主权极小而生产压力又大，加之权威体制下的压

---

① 湖北省地方志编纂委员会：《湖北省志·经济综合管理》，湖北人民出版社2002年版，第475页。
② 湖北省地方志编纂委员会：《湖北省志·经济综合管理》，湖北人民出版社2002年版，第471页。

力,造成只顾生产而不关注安全的问题。在1979年《国务院批转国家劳动总局、卫生部关于加强厂矿企业防尘防毒工作的报告》中提到一组数据:据各地不完全统计,厂矿企业约有百分之七八十的粉尘作业场所的粉尘浓度超过国家规定的卫生标准。有的超过标准几百倍,甚至几千倍。据对从事有毒作业的职工的抽查,浓度超过国家卫生标准的作业场所,占70%～80%。有的超过国家卫生标准成千上万倍。据化工部调查,在一些老化工企业中,百分之五六十的职工患各种慢性疾病。这一国家级文件中的数据充分显示出计划经济体制时期的安全生产形势之严峻。

吊诡的是,劳动部门掌控着一些企业发展权力的同时,自身在劳动监察上的权力却面临着不足。尽管劳动部门承担着劳动保护的职责,然而,劳动保护局不过是"监督检查国民经济各部门的劳动保护、安全技术和工业卫生,领导劳动保护监察机构的工作,检查企业中的重大伤亡事故并且提出结论性的处理意见"。也就是说其掌握的是监督检查的权力、事故调查权力,而对于企业违法违章行为并不具有强制性权力,也不具有经济处罚权力。这一时期还不具有现在所说的"行政处罚"权力。这一局面在新中国成立初期就初见端倪。为了厘清劳动部门和国营企业在安全生产上的职责关系,1950年7月,中央人民政府政务院财政经济委员会发布《关于各省、市人民政府劳动局与当地国营企业工作关系的决定》,对劳动部门与国营企业的关系进行了规定。第一,各地国营企业,不论属中央、大行政区,省、市政府,军事系统及团体、学校之机关生产事业,应一律遵守并执行中央及当地政府颁布的各项劳动法令及当地劳动局根据这些法令颁布的施行细则、决定、规章。第二,在劳动部门的权力方面,省、市劳动局有权监督、检查国营企业内有关劳动保护、劳动保险等劳动政策、法令之执行。劳动局根据检查结果,有向该国营企业建议改进之权,企业行政方面应尊重其建议,能执行则应执行,不能执行亦应予以解释。从第二点可以清楚地看到,这一时期劳动部门所具有的行政监管权不具有强制性。劳动部门具有一定的行政检查权,但其检查建议并不一定能够被产业部门认同,并遵照其建议整改。除此之外,劳动部门职责的履行还依赖于其组织建设、人员配备等条件。从对当时的历史考察来看,在部门管理关系上,这一时期的安全生产管理格局是劳动部门综合管理、产业部门直接管理、生产企业负责和工会组织协调监督,其中产业部门直接管理起主导作用。

## （三）企业自组织的群众性安全生产大检查

在政府与社会关系上，由于国家具有高效的动员能力，尤其是动员群众参与生产的能力，安全生产治理上也依赖于群众的广泛参与。动员能力是国家能力的重要表现，不同的动员能力实质是不同的治理结构。以往研究多强调动员能力的强和弱，而动员的结构与治理内容的适配性在治理效果上更为关键。例如，在复杂事务治理中，专业知识的参与相比大众参与更为重要。因此，动员能力的适配性是国家在安全生产管理中的一个重要因素。这一因素体现在国家在安全生产管理中对不同主体参与的激励和约束机制的设计。在不同时期，国家动员普通职工、企业管理人员、党政领导干部等参与安全生产管理格局中，形成不同的治理格局。

在计划经济背景下，国家直接干预企业生产生活，企业自主权缺失，能够动员工人的资源牢牢掌握在国家手中，使得国家成为动员机制的核心。由于在行政组织和队伍建设上的滞后和不足，对安全生产问题的检查主要依赖于群众。因此，这一时期安全生产大检查具有群众性的特点，存在专业不足的问题。在激励手段上，一方面，由于中国工业化的资金和资源十分有限；另一方面，意识形态领域对"奖金""物质奖励"等排斥，在激励工人的积极性方面就无法依靠物质手段，只能以非物质手段为主激励其生产积极性。正因如此，在这一时期的制度文本中，频频出现"爱国主义教育""主人翁责任思想""思想教育"等，出现了汤森所说的，"将群众路线原则神圣化的做法，强调动员所有人的力量，颂扬牺牲精神和体力劳动的价值，贬低专业化技能和知识精英的专业知识"①。

例如，1952年8月，《东北局关于七月份生产情况及基本建设问题向中央的报告》中提出建立工程现场的责任制，包括甲乙双方的责任制、施工计划责任制、技术管理责任制、技术保安责任制、检查和验收责任制。为了建立和贯彻责任制，该报告提出，"加强工程现场的政治工作是建立工程现场责任制的基础"，"要从领导干部到全体职工展开一系列的爱国主义与主人翁责任思想的政治教育，充分发动群众揭发无人负责现象，并寻找思想根源，然后在发动群

---

① 詹姆斯·汤森、布莱特利·沃马克：《中国政治》，顾肃等译，江苏人民出版社2010年版，第82页。

众的基础上，建立与加强主要的制度"。① 同样，1953年3月，重工业部党组的《关于目前工作检查及一九五三年中心工作的报告》中指出，"浪费惊人与无人负责的现象在基本建设中特别严重"，"由于严重的官僚主义而不断地发生重大伤亡事故与设备损伤事故"。对此，重工业部党组提出，在生产方面要"进行反无人负责的斗争，建立各厂矿的责任制度（行政上的专责制、技术责任制、生产调度责任制、技术安全责任制、供应责任制等）。要求厂矿中的各种工作，无论办好办坏都能找到负责人员。从这种责任制上去保证生产计划能够均衡地执行，并促进成本财务及技术保安工作的改善"②。对群众工作极为强调，例如，在落实生产改进工作中，该报告指出应该进行群众性的质量检查，通过这一检查改善技术管理（增订技术标准、技术操作规程，进行重要的技术改革、质量责任制）。1953年4月，《中财委关于国营工矿企业管理问题的报告》中针对事故增多的问题，提出加强安全卫生的建议。在具体如何落实上认为，"只要采取依靠群众暴露问题，同时依靠群众解决问题的群众路线方针，劳动保护方面许多一般性的问题，就一定可以得到改善"③。

这一时期，国家具有非常高的群众动员能力，而动员的激励机制集中体现为"毛泽东时代国营企业内部的劳动管理及基层政治的独特取向是把群众动员、政治激励及财富分配上的平均主义放在第一位"④。通过充分发动群众，使检查工作成为广泛的群众性运动，一定程度有效克服计划经济下企业的官僚主义作风，发挥一线企业工人对安全生产的知识。⑤

然而，从事故高发期的历史看，过度的群众动员会挤压企业安全管理、生产安全的科学知识，打乱企业生产中的责任制，形成蛮干快干、盲目上马等生产问题。正如陈云对安全生产问题所指出的，群众性的自己检查和相互

---

① 中央档案馆、中共中央文献研究室编《中共中央文件选集》（第9册），人民出版社2013年版，第337—338页。
② 中央档案馆、中共中央文献研究室编《中共中央文件选集》（第11册），人民出版社2013年版，第423—425页。
③ 中央档案馆、中共中央文献研究室编《中共中央文件选集》（第12册），人民出版社2013年版，第96页。
④ 李怀印、张一平、张春龙：《毛泽东时代国营企业内部日常权力关系的再探讨》，《中共党史研究》2017年第5期。
⑤ 周石峰：《新中国建立初期官僚主义、群众路线与生产安全探析——以〈人民日报〉相关报道为中心》，《求索》2015年第5期。

检查，必须同专业检查机构的检查结合起来。应该说，群众中的自己检查和相互检查是必要的方式，不能取消，应该继续发展。但是，不能因为有了群众的检查，就取消了专业检查机构的检查，应该把两者结合起来。① 因此，国家动员能力强并不能保证动员效果好，有效的动员机制应与相契合的治理结构有关。

那么，为何采取群众性安全生产大检查的形式呢？监管形式的选择与国家基础性权力有关。正如吉登斯所言，监控能力的发展是作为组织的国家所创建的行政力量的基础。② 在对计划经济时期药品监管的研究中也发现，以群众监督为主，专业监管与群众监督相结合的方式，从深层次看是国家弥补自身管理能力不足的策略选择，其赖以存在的基础是政企高度合一的部门管理体制。③ 因此，社会手段实质上是这一时期国家投入监管力量不足的必要补充。这一时期的群众性安全生产大检查是调动企业职工参与检查。社会手段依赖的是企业自身所具有的力量。

从上述三个方面发现，这一时期劳动检查权还不完善，受到权力限制和人员不足的限制。企业内部展开群众性安全生产大检查，由于安全标准的匮乏，群众性大检查的能力、水平有限。这一时期安全状态检查效果较差。如何提高检查能力、减少生产事故是安全生产治理面临的核心问题之一。

## 第四节 以单位为中心的弱事故责罚模式

责任追究制度是责任政府建设的基础，也是安全生产治理体制运转的必要条件。没有对责任人的惩罚机制就无法有效规范、约束权力使用者及责任承担者的行为。而面对责任事故，惩罚谁、以何种形式惩罚、惩罚程度如何，都会深刻影响责任模式的发展，同时也是中央政策制定者的发展战略的反映。鉴于新中国成立初期安全生产责任事故资料的限制，本节对责任追究的论证更多以制度文本规定为主，辅以典型案例论证。

---

① 《陈云文选》（第 3 卷），人民出版社 1995 年版，第 117 页。
② ［英］安东尼·吉登斯：《民族——国家与暴力》，胡宗泽等译，生活·读书·新知三联书店 1998 年版，第 63 页。
③ 刘鹏：《转型中的监管型国家建设：基于对中国药品管理体制变迁（1949—2008）的案例研究》，中国社会科学出版社 2011 年版，第 142 页。

## (一) 以企业及其主管部门为核心的责任追究程序

新中国成立之初，百废待兴，直到 1956 年 5 月形成安全生产责任追究的正式文本规定。同年国务院第 29 次全体会议上通过并颁布的《工人职员伤亡事故报告规程》是指导整个计划经济时期生产事故调查、处理的重要文件。关于职工伤亡事故的处理部门和处理流程集中体现在第八条、第九条、第十七条中。

第八条　多人事故、重伤事故和死亡事故，应该由企业行政或者企业主管部门会同工会基层委员会组织调查小组（必要的时候组织调查委员会）尽速进行调查，当地劳动部门、工会组织和其他有关部门可以派员参加，调查后必须确定事故原因，拟定改进措施，提出对事故负责人的处分意见。

第九条　在伤亡事故的情况查清以后，如果各有关方面对于事故的分析和事故负责人的处分不能取得最后一致的意见的时候，劳动部门应该提出结论性的意见交厂矿领导机关或者企业主管部门办理。如果仍有不同意见，可分别报告上级有关部门研究处理。

第十七条　劳动部门对企业进行伤亡事故的调查、登记、统计、报告和处理，实行监督查检。企业行政或者企业主管部门对于多人事故、重伤事故和死亡事故的负责人的处分，要取得当地劳动部门或者上级劳动部门同意后执行。

从文本规定可以看到，事故调查主要由企业行政或者企业主管部门会同基层工会组成调查小组负责，劳动部门可派员参与事故调查过程。而对事故负责任的处分意见仍然是由调查小组来形成。当劳动部门对事故处理意见不一致时，可提出结论性意见交予厂矿领导机关或者企业主管部门办理。在劳动部门同意的情况下，对事故负责人的处分由企业行政或者企业主管部门执行，劳动部门有监督查检的权力。通过对企业生产伤亡事故处理流程的分解，从调查权、总结权、报告权、处理权、监督权等几个权力角度来看，企业行政或者企业主管部门是绝对的权力中心。劳动部门能够参与到整个处理流程之中，但更多是以监督权参与（见图 3-7）。

这种责任追究体制的运转特点，从 1958 年杭州半山钢铁厂车间倒塌事故的责任追究可以看出一些端倪。

1958 年 11 月 13 日，正在建设中的杭州半山钢铁厂合金钢车间发生倒塌，事故造成 18 人死亡、19 人受伤。事故发生后，党委、政府围绕抢救、慰问、

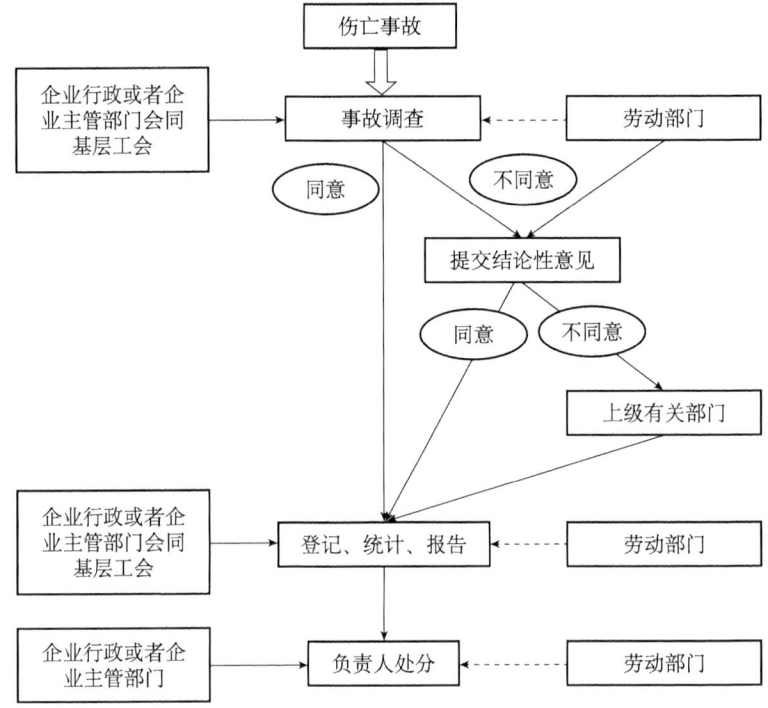

图 3-7 企业生产伤亡事故处理流程

善后、说服教育、查找原因等问题展开工作。在原因分析上，调查报告提出，造成事故的根本原因主要是"对大型工程建设缺乏知识和经验，设计、施工工作尚未完成由民用建筑到工业建设的转变，因此难免会产生一些错误""从上至下都着重地抓建设进度，对质量和安全注意很少""设计和建筑材料生产单位则存在着较为严重的忽视质量、片面追求进度的现象""设计人员很少深入现场，依靠群众修改设计"等。[①] 从当时的原因分析来看，这次事故无疑属于一场生产责任事故，建设施工单位、监工单位、设计单位及人员都负有安全责任。然而，在事故责任追究阶段，仅仅是钢铁厂党委作了检查报告，"原来互相推责任的人员，主动从主观上检查了这次事故中应负的责任。安装公司的起重工小组和接卸施工程队还主动在一起召开了团结会，开展了批评与自我批

---

[①] 李立军：《1958年杭州半山钢铁厂车间倒塌事故的历史考察》，载中共中央党史研究室第二研究部、中共浙江省委党史研究室编《社会主义时期党史专题文集（1949—1978）》（第4辑），中共党史出版社2015年版，第101页。

评，加强了团结"。① 整个事故处理阶段，未看到对企业生产责任人的处分，也未看到对企业主管部门、劳动部门的处理意见。在既有的企业生产事故处理流程下，这次重大生产安全事故的追究延续了政治思想教育的做法，通过团结会、批评与自我批评等生活会、民主会的形式开展。责任追究缺乏刚性、程序性不足、责任划分不清楚等问题突出。

在"文化大革命"时期，事故责任追究完全陷入混乱之中。邓小平在1975年主持国民经济恢复工作时，针对铁路工作要求建立必要的规章制度，增强组织纪律性。"现在铁路事故惊人，去年一年发生行车重大事故和大事故七百五十五件，比事故最少的一九六四年的八十八件增加好多倍。这中间有许多是责任事故，包括机车车辆维修方面的责任事故。这说明没有章程了，也没有纪律了"，甚至存在"随便下车吃饭"，不严格执行"值班不准喝酒"这些规矩。规章制度和组织纪律性的问题"不光是铁道部门存在，其他地方和部门也同样存在"。② 可见，在"文化大革命"时期，制度文本废弛，规章纪律沦为空谈，安全生产责任追究陷入"无政府状态"。

### （二）职责分配下缺乏约束力的领导责任制

在劳动保护的责任分配上，地方和部门领导的劳动保护责任制并未有效建立起来，难以激发地方和部门领导对劳动保护的重视。除此之外，劳动保护问题上没有更为明显的行政手段了。因此，这一时期可以说行政手段极为弱化。

领导责任制是与中国安全生产管理中的属地管理原则相一致的。在属地管理制度之下，政府领导是地方上的最为关键的制度行动者。将政府领导的注意力调动到安全生产事宜上，是地方实现安全发展的重要条件。在不同时期，中国对地方领导在安全生产上的责任都进行了明确或模糊的界定，并不同程度上形成了责任追究的方式。

1963年3月，国务院发布的《关于加强企业生产中安全工作的几项规定》开宗明义地指出，做好安全管理工作，确保安全生产，不仅是企业开展正常生

---

① 李立军：《1958年杭州半山钢铁厂车间倒塌事故的历史考察》，载中共中央党史研究室第二研究部、中共浙江省委党史研究室编《社会主义时期党史专题文集（1949—1978）》（第4辑），中共党史出版社2015年版，第102页。

② 《邓小平文选》（第2卷），人民出版社1994年版，第5—6页。

产活动所必需，而且也是一项重要的政治任务，并提出要求各级领导干部充分重视这项工作。1973年10月，国家计划委员会发布的《关于加强防止矽尘和有毒物质危害工作的通知》中再一次强调，有计划地改善企业劳动条件，防止矽尘和有毒物质对职工的危害，保护职工在生产过程中的安全健康，是一项政治任务。该通知提出希望各地区、各部门指定负责同志分管这项工作。以上两个关于安全生产的重要文件虽然都在制度文本上将安全生产工作界定为"一项重要的政治任务"，但并未在地方领导干部的职责分工上有实质性、可操作性的制度安排。并且我们看到，在1973年的通知中是"希望"各地区和部门能够有同志负责分管安全生产工作。由此可见，这一时期安全生产作为一项"政治工作"，对政治领导的责任划分却是远远不充分的，中央政府对地方各级政府的注意力强制力不足。由于责任的模糊化，使得约束机制弱化。而领导干部作为地方公共事务的核心决策者，其注意力未能集中到安全生产工作，导致这项工作未得到应有的重视。在治理资源本身就有限的背景下，安全生产工作更得不到应有的重视。之所以形成这种局面，在于当时对安全生产的责任归属认识上。1955年8月，时任劳动部部长马文瑞在讲话中强调，"积极推动企业逐步建立和健全安全责任制。没有企业行政领导的真正重视，劳动保护、安全技术、工业卫生工作是不可能做好的"[①]。而当时对领导干部安全生产监管的责任强调并不多，更谈不上具体。

### （三）行政权力弱与企业自主权高的责任追究

通过对1949—1976年安全生产责任事故追究的文本和案例分析，可以看到这一时期责任追究的三大特点。

第一，法治水平落后，生产安全事故处理成为企业内部及企业主管部门内的行政事务。在计划经济时期，对生产安全事故的认识一直强调是官僚主义的问题，而非责任事故。如周恩来在1954年国务院政府工作报告中指出，对于职工福利甚至职工安全漠不关心，不注意或者不愿意解决那些必须而又能解决的问题，这是一种官僚主义的表现。这也代表了当时的普遍认识。在新中国成立到1979年《刑法》正式立法之前，中国一直没有专门的刑法典，当时制

---

[①] 中华人民共和国劳动部劳动保护局编《劳动保护政策文件汇编》，法律出版社1960年版，第257页。

定的一些单行刑法，也并无生产安全犯罪的规定，司法机关对于个别严重后果的安全责任事故的刑事追究主要依据党和政府出台的政策。①在安全事故处理上，并未形成权威性的法律规定，一直以国务院出台的《工人职员伤亡事故报告规程》作为处理依据。公安、法院、检察院等司法机关虽然组织建设日益完备，但并未正式介入生产伤亡事故的处理、判决。司法是公正性的体现，司法机关在安全生产责任追究上的缺失是当时安全治理公正性弱化的一种体现。

第二，劳动部门作为安全生产的综合管理部门，处理生产伤亡事故的权力较弱。企业行政部门或者企业主管部门处理内部的伤亡事故，属于典型的"既当裁判员，又当运动员"。劳动部门的自主性如此之低，显示了国家对企业生产安全监管的弱化。

第三，责任追究的程序、惩罚程度等缺乏固定的、可操作化的规定，导致企业及企业主管部门的自主权、自由裁量空间很大。责任追究比较随意，惩罚力度小，难以发挥惩戒的预防作用。由于企业掌握着自由裁量权，当时企业作为一个生产单位，其核心工作在于促进生产生活。企业职工生活在一个封闭的关系网络中，单位更多是一个支持型组织。正如科尔奈所分析的，在社会主义体制之下，企业的领导层——党委书记、厂长，再加上工会主席——同时履行着生产管理、本单位政治权力和意识形态的代表、国家行政组织的本单位代表、收入分配机关的本单位代表、为职工提供"父爱主义"关怀、指导家庭生活等职责。②这种集政治单位、生产单位、生活单位为一体的组织，在进行事故责任的处理时，事故责任确定缺乏客观性，事故处理也缺乏刚性。

责任追究本身是一个政治权威，尤其是行政部门和司法部门的权威履责的过程。但是，从这一阶段责任追究的程序和特点来看，企业自身有着极高的责任追究自主权。这种责任追究格局导致公正性、透明度及法治水平偏低，显示了现代国家建设的滞后性。③

---

① 宗玲：《惩罚与预防：安全生产之刑事规制》，《江西社会科学》2018年第5期。
② [匈]雅诺什·科尔奈：《社会主义体制——共产主义政治经济学》，张安译，中央编译出版社2007年版，第210—211页。
③ 梁玉柱：《安全与发展双重视域下生产事故责任追究转型》，《湖北社会科学》2021年第2期。

## 第五节　生产性体制下的安全治理绩效与单位国家

从对1949年到1977年安全生产治理体制的考察发现，这一时期政府部门安全生产监管职能发挥有限，安全治理的运行和互动依赖于企业单位自身，形成了以企业生产为中心的安全生产治理体制。因此，将这一时期的安全生产治理体制概括为生产性体制。

### （一）生产性体制的结构-制度特点

从现代化的角度来看，自新中国成立以来，一直实行赶超型现代化。中国赶型现代化面临巨大的压力。新中国成立初期，中国是一个典型的农业大国。在1949年中国国民收入总额中，只有12.6%来自工业、68.4%来自农业。到1952年，第一产业就业人口比例高达83.5%，第二产业就业人口比重仅为7.4%。中国正是在这种"一穷二白"的背景下开始现代化建设的。1956年，随着社会主义"三大改造"的完成及社会主义基本制度的建立，党的八大会议上，党中央提出一个重要论断，国内主要矛盾不再是无产阶级和资产阶级之间的矛盾，而是人民对于经济文化迅速发展的需要同当前经济文化不能满足人民需要的状况之间的矛盾。这一主要矛盾的认识实质上是对当时经济社会建设起步的客观描述。党和国家领导人选择了高度集权的政治体制和计划经济体制进行现代化建设，使得社会形态呈现出单位社会和人民公社的组织特点。这样的国家形态是国家对现代化道路的选择，国家将自身变为生产生活的建设者。国家承担着生产建设中的管理者、计划者、实施者、监督者等角色，这些角色高度集中在国家身上。然而，政治运动使得现代化建设屡遭破坏。

从对这一时期安全生产治理体制的结构-制度分析可以看到，在计划经济体制下，新中国安全生产治理体制形成以企业单位为中心的治理网络，而这一治理体制的核心目的在于为生产服务。新中国所具有的制定安全标准能力非常有限，体现在政府制标组织、专业人员、权力等方面。生产监管组织建设上，实行劳动部门和产业部门双重监管的"双轨制"组织，监管组织建设并未受到政权建设的重视，劳动保护组织不健全，公职人员配备极为有限，组织的权力位阶也较低，使得监管责任更多依赖于企业自身。从安全标准看，安全标准在管理性安全标准和经济性安全标准上都非常弱，难以有效干预企业生产过程中的安全治理。

在监管手段上,行政权力对劳动部门赋予更多的生产分配等职能,而轻视了其所应具有的行政检查、行政强制等权力。同时,行政权力对权力机构中党政领导所负有的安全生产责任规定较为宽松,缺乏可操作化的激励和约束机制,难以调动行政主体对安全生产的重视。政府激发社会力量参与安全生产只能选择群众性安全生产大检查和推动企业岗位责任制建立,这本身依赖于企业自身所具有的自我监督的能力。对于安全检查来说,因为有限监管人员和监管权的原因,行政检查虚弱,企业自组织起群众性安全生产大检查。从检查效果来说,这两种检查机制都很有限,甚至检查的合法性都不稳定,受到政治运动的冲击。而原本由国家控制用来预防工伤事故的劳动保险,由于资源依赖等原因,也落到企业身上。

对于这一时期的事故问责来说,由于奉行以企业及其主管部门为核心的责任追究程序、缺乏约束力的领导责任制,造成责任追究时行政权力弱而企业单位自主权高。企业在责任归属、责任履行上的特点及劳动部门的组织能力,两者共同导致了责任追究的特点,即责任追究以企业行政为中心,以企业自身资源为基础。责任追究过程中存在着严重的法制缺失,企业拥有过大的自由裁量权,导致责任追究惩罚不规范、惩罚力度低,无法发挥以问责强化安全生产的作用。责任追究的制度化、法治化水平低,责任追究不规范。

从安全标准制定、安全状态检查、安全事故责罚的结构-制度分析可以看到,这一时期国家权力在追求快速赶超的现代化思维下,建立起以生产为核心、为生产服务的上层建筑,而安全生产治理体制则是上层建筑的一个部分,或者说是直观表现,因此我们将这一时期的安全生产治理体制称为生产性体制。以单位自身为核心的生产性安全生产治理体制,有严重的政企不分问题,导致国家能力建设的滞后,国家治理的法治化、制度化、专业化水平偏低。政治权威的运行缺乏确定的体制程序和法律程序的约束,这种"运用完成革命的力量来非程序地、权威地组织和领导现代化建设,必然使现代化过程充满不确定性和震荡"[①]。在这种生产性体制下,安全治理能力弱,安全治理体系紊乱,导致安全生产形势极不稳定,安全生产上生产安全事故高发,而且形势波动明显,受到政治运动等因素的影响显著。见表3-3。

---

① 陈明明:《在革命与现代化之间》,复旦大学出版社2015年版,第12页。

表 3-3 安全生产治理体制分析（1949—1977 年）

|  | 安全标准制定权 | 安全状态检查权 | 安全事故责罚权 |
| --- | --- | --- | --- |
| 政府部门 | 有限制标能力 | 检查权弱势<br>检查人员不足 | 行政权弱<br>司法介入极弱 |
| 企业单位 | 行政弱介入下的单位安全生产责任制 | 群众性安全生产大检查 | 单位行政为中心 |
| 社会 | 被动参与 | 被动参与 | 被动参与 |

## （二）单位中国下的安全治理与国家建设

新中国成立后，建立起的新型政治、经济和社会体制完全是一种新形式。这一时期的安全生产治理可以说是新兴的社会主义国家探索赶超型现代化如何实现的产物。这一时期的安全生产问题是新中国领导人延续了革命方式进行现代化建设的结果。这样一种发展战略和发展路径深刻影响了当时的国家建设。

在分析计划经济时期中国政权建设时，邹谠提出的全能主义政治是一个很流行的分析概念。从概念上来说，全能主义政治意指政治机构的权力可以随时地、无限制地侵入和控制社会每一个阶层和每一个领域。[1] 在全能主义政治下，政治权力具有极高的威权性，凸显了国家对社会的全面控制，似乎国家完成了对社会的吞噬。但是，从安全生产治理的历史实践看，政治权力对社会的侵入和控制，也是社会对政治的侵入和控制，也就形成了独特的"单位国家"。

从国家建设的角度回顾，生产性体制下的国家组织建设滞后，国家基础性权力薄弱，呈现出"单位国家"的特点。"单位国家"下国家与社会的分殊性不足，国家治理内部结构不完善，尤其是司法权薄弱。生产性体制的形成看似能够实现赶超型现代化的经济增长欲望，但由于发展理念不符合经济发展规律，国家治理结构不完善，经济生产屡屡受挫，而居于其中的安全生产治理体制也有很多漏洞。

从理论上来说，中国社会中的"单位组织"就其本质来说，是一种统治的

---

[1] 邹谠：《二十世纪中国政治》，牛津大学出版社 1994 年版，第 69 页。

形式和工具。① 单位把各种本应属于社会和国家的许多要素都纳入其中，便形成了一种齐全划一的内部结构。② 也即单位拥有着传统认为属于国家的权力。根据韦伯的定义，国家是一个强制性的组织，这个组织建立了一种行政和法律秩序，在特定的领土内垄断了对暴力的合法使用，以强制实施自己的命令。③ 韦伯定义的核心是垄断合法使用暴力的权力，但也包括行政强制权、资源再分配权、惩戒权等。而以单位为中心的治理体制下的权力分配，消解了国家行政机关权力的唯一性和强制性，使得社会力量以各种非正式的机制，例如关系、面子、潜规则、私相授受等方式介入国家权力之中。以单位企业为中心的、以生产为核心目的的生产性安全生产治理体制导致国家建设存在以下两个方面的问题。

第一，政权组织建设的滞后性影响国家基础性权力的扩张。基础性权力是由社会学家迈克尔·曼所提。基础性权力是一个中央集权国家的制度能力，是一种集体权力而非个别权力，在这一点上，基础性权力区别于专制性权力。基础性权力使得市民社会的政党能够控制国家。④ 然而，从1949—1977年这一阶段的安全生产责任模式来看，由于国家与社会存在高度同构的问题，政社不分、政企不分，导致国家制度建设滞后，而国家所具有的自主性也被其所具有的较低的国家能力及政社不分的国家权力结构所消解。国家对社会的调控、整合及动员依赖于组织建设，而制度化和法治化、程序化建设滞后。

国家与社会的分殊性是现代国家的基本特征。在诸多学者的国家理论中，强调国家与社会的分殊的重要性。恩格斯指出，国家是从社会中产生但又自居于社会之上并且日益同社会脱离的力量。⑤ 查尔斯·蒂利将国家定义为拥有四个要素的"控制了特定地域人口的组织"。其中，第一个要素即它与在该领域

---

① 李汉林、李路路：《资源与交换——中国单位组织中的依赖性结构》，《社会学研究》1999年第4期。
② 刘建军：《单位中国——社会调控体系重构中的个人、组织与国家》，天津人民出版社2000年版，第186页。
③ [法]让·布隆代尔、[意]毛里齐奥·科塔：《政党政府的性质——一种比较性的欧洲视角》，曾淼、林德山译，北京大学出版社2006年版，第34页。
④ [英]迈克尔·曼：《社会权力的来源（第2卷）：阶级与民族国家的兴起（1760—1914）》（上），陈海宏等译，上海人民出版社2015年版，第68—69页。
⑤ [德]弗里德里希·恩格斯：《家庭、私有制和国家的起源》，人民出版社2018年版。

的其他组织产生了分殊,另外包括它是自主的,它是集权的,它的各个分支机构以制度化的方式彼此协调。① 迈克尔·曼将国家概括为四个特征:一套分殊化制度及任职人员;中心地位,亦即政治关系从中心向外部扩散;在划定的领土范围内行使权力;以垄断物理暴力为后盾而垄断了权威性约束规则制定权。② 国家与社会的分殊之所以如此受到学者的重视,在于国家与社会的分殊带来的现代国家权力、责任的清晰化,以及由此而来的政治建设的回应性、民主化。斯密特在强调国家与市民社会维持明确的区分时强调,一旦国家干预的范围超出"政治"领域,不再处理纯粹的政治问题,而是侵入社会生活的所有方面,国家的自主性与独立性就会消失,这将导致一种弱国家。③ 从1949—1977年的安全生产治理体制来看,生产性体制下政权建设滞后,国家所应有的治理能力并未充分发育。由于国家与社会的高度重构,导致社会公共事务深受政治运动的影响,社会治理的制度化、稳定性很差。因此,这一时期不仅生产安全事故波动起伏,其他社会建设也出现极大的波动。

第二,国家治理结构亟待优化,突出表现在行政、司法和立法之间的权力关系上。在制度变迁理论中,学者强调路径依赖现象。初始的制度安排会影响制度变迁的方向,可能是良性的路径依赖,也可能"锁定"到低效的制度安排之中。考察发现,20世纪前半期,中国治国方向不是朝着议会民主过渡,而是针对地方离心势力与中央政府的博弈、抗衡和挑战,不断趋向于权力集中。④ 新中国成立后形成的革命化的现代化方式,深受1949年之前民族国家建立过程中形成的整个党政体制权力高度集中的特点。由于党、政、企、社组织建设的高度一致性,不同权力特点难以彰显出来。国家治理的法治化、民主化和制度化严重受影响。首先,在国家发展的赶超战略下,加之政府资源的有限性,导致国家能力建设严重滞后,尤其是国家监管能力非常弱。同时,政府公共服务能力和回应性低。党和国家包揽一切的模式使得在国家建设中顾此失

---

① Charles Tilly, *The Information of National States in Western Europe*, Princeton: Princeton University Press (1975).
② Michael Mann, *State War and Capitalism*, Oxford: Blackwell (1988).
③ 李强:《政治秩序中的国家构建——福山国家理论述评》,载[美]弗朗西斯·福山《国家构建:21世纪的国家治理与世界秩序》,郭华译,学林出版社2017年版。
④ 李怀印:《中国是怎样成为现代国家的?——国家转型的宏观历史解读》,《开放时代》2017年第2期。

彼，问题重重。其次，司法成长有限且相对独立性不足，国家治理法治化水平较低。上述问题显示出国家治理结构不清晰、治理主体职能不独立、治理模式不稳定的特征，亟待优化。

  本节站在现代国家建设的立场看安全生产治理，发现国家建设存在两个方面的重要内容。一是国家分殊性问题，二是国家治理内部结构。在生产性体制下的安全生产治理中，党和国家最高领导人选择了延续革命化的方式推动工业化建设，形成了这一时期的国家与社会高度重构、国家治理内部结构亟待优化的局面。也正是这样一种政权建设模式，影响了这一时期的安全生产实践，带着问题走向了1978年的改革开放。

# 第四章　发展性体制下的安全生产：市场社会与发展型政府

在计划经济时期建立的生产性体制下，政权建设上存在党政不分、政企不分、政社不分问题，国家安全治理能力虚弱，也导致生产事故频发，安全生产形势受各种政治运动影响。在社会主义现代化建设中，这种安全生产治理体制亟待转型。

1978年开启的改革开放，使中国现代化建设进入新的阶段，也是中国开启新的社会主义探索阶段。在国家层面，改革首先从着力推动党和国家机构改革，恢复和发展社会主义法制建设开始。与之伴随的是推动以放权让利为核心的经济体制改革，社会结构也开始去组织化，并走向个体化。这一系列政治、经济、社会方面的体制改革，释放了长期被压抑的生产活力，中国生产力获得了极大解放，生产关系也发生了深刻调整。

## 第一节　改革开放下的中国现代化建设新形势

1978年开启的改革开放是中国历史的重要转折点。党的十一届三中全会的会议公报提出，"把全党工作的着重点和全国人民的注意力转移到社会主义现代化建设上来"，提出农业、工业、国防、科学技术的四个现代化问题，为新时期的发展奠定了基调。在此背景下，国家开始着手党和国家机构改革、从计划到市场的经济转型、法制建设等内容，社会也从高度组织化的结构中剧烈变迁。这些构成了党和国家开展中国现代化各项事业的基础。

### （一）着力推动党和国家机构改革

在计划经济时期，安全生产治理出现诸多问题，一个重要原因在于党和国家政权建设遭到破坏，经济秩序出现混乱。因此，改革开放首先从着力推动党和国家机构改革开始。作为改革开放的总设计师，邓小平深刻认识到领导制度、组织制度具有根本性、全局性、稳定性及长期性的地位。在他的直接推动下，党和国家机构改革从三个方面展开。

第一，加快推动各级政权组织建设。邓小平在对改革国家制度中提出，要真正建立起从国务院到地方政府自上而下的强有力的工作系统。政府职权范围内的工作，要由中央和地方政府讨论、决定和发布文件，而不再由党中央和地方各级党委作出指示和决定。① 拨乱反正，迅速恢复遭到破坏的各级政府组织、人大组织和司法组织。

第二，调整党政关系。党政分开的改革构成了这一阶段党和国家机构改革的一个重心。党政不分，导致权威混乱，常常陷入"政出多门"的局面，而且也导致党委部门不堪其重，导致工作无人负责、职责混乱的局面。

第三，调整中央与地方关系。计划经济时期中央与地方关系被严重破坏，时常陷入"一抓就死，一放就乱"的困局。对此，主要是通过干部管理制度改革调整中央与地方的关系。1984年7月，中央书记处决定，改革干部管理制度，通过下放干部管理权限，采取"下管一级"的领导干部管理体制，以此向地方分权，增强地方自主性。向地方分权构成改革开放初期的基本态势，目的在于发挥地方的积极性。

## （二）恢复和发展社会主义法制建设

党和国家领导人深刻认识到法制建设对于维护国家长治久安的极端重要性。1978年召开的党的十一届三中全会是一系列反思的开始，展开了对民主与法制关系的讨论。党的十一届三中全会公报中指出，为了保障人民民主，必须加强社会主义法制，使民主制度化、法律化，使这种制度和法律具有稳定性、连续性和极大的权威，做到有法可依、有法必依、执法必严、违法必究。同时该公报提出，检察机关和司法机关要保持应有的独立性问题，提出不允许任何人有超于法律之上的特权的问题。然而，需要指出的是，法治不仅仅是为了保障民主和稳定。在改革开放之初倡导法治，对于恢复政权建设，维护社会秩序及开展生产建设都有着重要意义。法治是社会主义现代化的必然要求。

---

① 《邓小平文选》（第2卷），人民出版社1994年版，第339页。

邓小平从法治与领导人的关系角度出发，看到领导人自身发展偏好可能给国家和人民带来的问题，甚至灾难。他提出，"必须使民主制度化、法律化，使这种制度和法律不因领导人的改变而改变，不因领导人的看法和注意力的改变而改变"①。正是在党和国家领导人的高度重视下，改革开放与计划经济时期的显著变化就是法制水平的稳固提升，法律成为国家治理中的重要权威。法制建设稳步开展的标志性事件是1979年7月1日五届全国人大第二次会议上审议通过了7部重要法律，包括《刑法》《刑事诉讼法》《地方各级人民代表大会和地方各级人民政府组织法》《全国人民代表大会和地方各级人民代表大会选举法》《人民法院组织法》《人民检察院组织法》《中外合资经营企业法》。其中，《刑法》《刑事诉讼法》的制定结束了我国30年来法院办案无法可依，主要依政策办案的历史，使司法审判工作开始走上依法办事的轨道。②而关于各级人大、地方政府、人民法院和人民检察院的法律制定，有力推动政权建设走上法制化道路。政权建设工作逐步走上有法可依的道路。

改革开放是中国法治进程的新阶段。经过改革开放初期的法制建设，党和国家领导人确立了依法治国的发展理念，增强了检察机关、审判机关的组织建设、人力建设，制定了一系列关乎经济社会发展的重要法律法规，使中国现代化建设走向更加明确的法治化方向。

### （三）放权让利下的经济体制改革

改革开放既是领导人主动谋划的大事，也是计划经济时期经济长期停滞，甚至倒退、倒逼的结果。因此改革开放的首要任务之一就是推动经济体制改革，以释放经济发展活力。改革开放带来的一个重要改变是国家权力从集权到分权的变化。③改革初期是从所谓"四大边缘革命"开始的，这是经济学家科斯和王宁在其著作中所提到的，即农村包产到户、乡镇企业推动农村工业化、城市个体经济重新兴起及经济特区。④通过这些经济"革命"，中国经济迅速

---

① 《邓小平文选》（第2卷），人民出版社1994年版，第146页。
② 蔡定剑：《历史与变革——新中国法制建设的历程》，中国政法大学出版社1999年版，第131—132页。
③ 俞可平：《中国治理变迁30年（1978—2008）》，《吉林大学社会科学学报》2008年第3期。
④ ［美］罗纳德·哈里·科斯、王宁：《变革中国——市场经济的中国之路》，徐尧、李哲民译，中信出版社2013年版，第70—98页。

发展起来,并快速转向市场经济。可以看到,所谓"四大边缘革命",正是围绕经济体制两个方面的分权展开的。

第一,从中央向地方分权,包括财税包干等。计划经济也被称为指令性经济,建立于一套严格的指令之上。事实证明,全面的计划经济有违市场规律,降低了生产活力。第二,政府向企业分权,增强企业自主性,激发市场活力。政企不分是计划经济时期的重要特点,企业掌握了大量非生产性权力和承担了大量非生产性责任,结果导致生产体制僵化,阻碍生产力大发展。

中央向地方分权和政府向企业分权的改革,目的在于充分发挥中央部门、地方政府、生产企业和劳动者个人等多方面的主动性、积极性和创造性,释放社会主义体制的活力。向地方和市场放权让利构成了改革开放后的基本趋势,也塑造了这一阶段的政治、市场和社会力量的格局。从结果来看,放权让利的改革让地方政府自主性显著增强,尤其是分税制改革之后,地方政府发展经济的冲动更加强烈。在政治锦标赛的指挥棒下,从经营企业,到经营土地,再到经营城市,地方政府一直作为推动经济发展的重要主体。① 同时,这种发展形态也推动了中国各类型市场主体的快速发展,使市场力量成为新型国家治理格局中的重要因素。

## (四)社会结构的去组织化与个体化

在计划经济时期,中国普遍建立起党、政、企、社高度重合的一种组织结构。不论是城市工人,还是农村农民,都归属于相应的行政性的经济组织,即单位和人民公社。城市里没有单位的人员也被纳入街道-居委会的管理组织中,整个社会处于一种高度组织化的状态,被许慧文称为"蜂窝煤状社会结构"。随着改革开放带来的政治改革和经济体制改革,社会结构也出现了剧烈变化,突出表现为社会结构的去组织化及社会的个体化。

不论农村还是城市,经济组织与政权组织及家庭逐渐脱钩,政社分开、企社分开成为基本趋势。在农村,改革的重大突破是推行家庭联产承包责任制,并被定为国策。人民公社也被废除,取而代之的是建立乡镇政府和村组织。农

---

① 这一领域产生了大量文献。周飞舟:《大兴土木:土地财政与地方政府行为》,《经济社会体制比较》2010年第3期;赵燕菁:《土地财政:历史、逻辑与抉择》,《城市发展研究》2014年第1期;曹正汉:《中国地方政府的战略转型:从经营企业转向经营辖区——对萧山地方政府的个案研究》,《佛山科学技术学院学报》(社会科学版)2012年第1期。

村改革将几亿农民从集体中解放出来，极大地提高了个体生产的热情。家庭承包责任制、废除农民公社得到了政治学家和经济学家的普遍认可，但也有一些人从社会结构角度提出反思。科斯等人就提出，"生产队、大队和公社作为有别于家庭模式的集体组织形式，虽然主要由国家强制推动而缺乏灵活性和多样性，但它在中国农村中创造了一种全新的，超越了家庭、亲属和氏族关系的基础组织结构"，"全数废除生产队不啻中国毁灭自己宝贵的组织资本"。① 农民不再归属于人民公社，而乡镇政府作为政权机关，承担的管理职责少了很多。在城市也一样，城市商业恢复，一批人从城市国有工厂里走出来。

社会结构的去组织化也推动着社会走向个体化。从1980年开始，中国的整个价值观体系发生了重大变化。阎云翔称之为，从一个集体主义式的强调牺牲、义务为重点的伦理价值观，向个体主义式的强调权利和自我发展的这种价值观的转换。② 社会结构的变革及社会伦理意识的转换深刻影响着个体在各类公共事务中的角色。

### （五）市场经济发展期的生产安全事故高发期

改革开放一个重要进步是政治上的"拨乱反正"和经济上的释放活力。1978年到1992年国营企业和县以上集体企业的生产安全事故造成的死亡人数呈现逐年下降的趋势，是新中国成立后第三个安全生产相对稳定的时期。然而，生产安全事故归根到底还是企业生产过程产生的问题。市场经济在释放活力的同时，由于管理制度、工艺水平等原因，也造成企业数量和生产事故死亡人数的同时增长。

1993年，劳动部组织进行的一项全国范围内的抽样调查表明，在深化企业改革、转化经营机制的过程中，全国有50%左右的国有企业放松了安全管理；一些地方忽视了对乡镇企业、三资企业及个体经营企业安全生产基本条件的要求，致使这些企业作业环境恶劣，安全保障能力低下，伤亡事故大幅度增加。③ 从1993年开始，全国事故总量开始呈现上升趋势，之后事故

---

① ［美］罗纳德·哈里·科斯、王宁：《变革中国——市场经济的中国之路》，徐尧、李哲民译，中信出版社2013年版，第76—77页。
② 阎云翔：《当代中国社会道德变革的轨迹》，《思想战线》2019年第1期。
③ 朱义长：《中国安全生产史（1949—2015）》，煤炭工业出版社2017年版，第28页。

总量连年增加,保持在高位状态。从安全事故死亡人数来看,1994 年工矿企业安全事故死亡人数达到历史高峰 20 315 人,在经历了小幅下降但依然高位状态后,2003 年又到了一个新的高峰 17 315 人。

在图 4-1 中,以工矿商贸企业死亡人数和十万职工死亡率的指标分析,需要提醒的是,1992 年以前企业职工伤亡事故统计范围是国营企业和县以上集体企业。从 1993 年开始统计范围扩大到乡镇企业,所以可以看到数据从 1992 年到 1993 年有一个陡增。1993 年到 1997 年,生产事故极高,达到"大跃进"时期的事故死亡情况。当然,由于就业人口也发生了大跨步增长,所以这一时期的十万职工死亡率远比"大跃进"时期低。同样需要提醒的是,这里的事故死亡数据仅仅是工矿商贸企业,这是基于数据可比性的原因。

**图 4-1 中国工矿商贸企业死亡人数及十万职工死亡率(1953—2019 年)**

**资料来源** 王显政主编《安全生产与经济社会发展报告》,煤炭工业出版社 2006 年版,第 113 页。国家经济贸易委员会安全生产局编《中国安全生产年鉴:1979—1999》,民族出版社 2000 年版,第 606 页。

## 第二节 政府安全治理能力:基于组织和人员的分析

经过"文化大革命"的破坏,政府各项治理能力遭受重创。在安全生产工作上,管理组织被打乱,各级劳动干部也被下放,安全生产处于"无人管",

甚至"无人敢管"的地步。1978年开始的拨乱反正首先从恢复管理秩序开始。

1978年10月，中共中央发布的《关于认真做好劳动保护工作的通知》观点鲜明地指出，大量的伤亡事故并不是由于技术上不能解决的问题引起的，而主要是由于工作上严重不负责任造成的，并明确提出要求健全劳动保护专职机构，充实人员。在此背景下，政府安全生产管理组织开始恢复重建，相关人员也在增多，专业化素养在提升。艾斯纳提出，对于行政能力而言，有三个因素特别值得注意：官僚组织的专业知识、利益集团参与政策制定过程及机构独立自治。[①] 由于改革开放刚起步，中国社会还没形成政府之外的能影响政策制定过程的利益集团。而这一时期的政府安全治理能力的提升主要体现在组织机构的建设及其独立自治程度，以及行政组织的专业能力。下面从两个方面分析。

### （一）稳步推进安全生产管理组织建设

改革开放之初，国家劳动总局分设劳动保护局和锅炉压力容器安全监察局。为加强对矿山安全卫生监督检查工作，1981年又成立了矿山安全卫生监察局。在机构设置上，1982年发布的《锅炉压力容器安全监察暂行条例》规定，国家劳动总局设锅炉压力容器安全监察局，主管全国的锅炉压力容器安全监察工作。省、自治区、直辖市劳动局（厅）设锅炉压力容器安全监察处，工业集中的地区设锅炉压力容器安全监察科，主管所管辖区域的锅炉压力容器安全监察工作。之所以如此重视锅炉压力容器的监察工作，是因为锅炉压力容器的重要性和危害性。锅炉压力容器是这一时期生产重要的器械，但也是造成生产事故伤亡最为严重的工具，重大事故时常发生，影响极为恶劣。1979年9月，浙江温州电化厂液氯钢瓶爆炸，造成59人死亡、779人中毒住院治疗、421人门诊治疗，直接经济损失63万元。从事故数据看，1980年，全国锅炉、容器分别有21万台、87万台，共108万台，分别发生爆炸事故115起、195起，共310起，分别造成44人、120人死亡，共164人死亡，受伤人数共495人。[②]

与锅炉压力容器管理同样重要且危害同样严重的是矿山生产。1978年之

---

① ［美］马克·艾伦·艾斯纳：《规制政治的转轨》，尹灿译，中国人民大学出版社2015年版，第15页。

② 石家骏：《1979年以来锅炉压力容器压力管道重大事故简介》，《中国锅炉压力容器安全》2000年第2期。

后的几年，矿山事故造成的死亡人数一直在上升，一次死亡100多人的重大矿难事故也是时常发生，冲击着人民群众的生产安全感。1982年，国家颁布《矿山安全条例》和《矿山安全监察条例》，前者主要用于规范矿山开采过程，后者主要用于规范国家监察工作。《矿山安全监察条例》规定，国家实行矿山安全监察制度，设置矿山安全监察机构和矿山安全监察员。国家劳动总局下设矿山安全监察局，省、自治区、直辖市劳动局（厅）设矿山安全监察处，矿山比较集中的地区、市劳动局设矿山安全监察室（组）。矿山安全监察机构设矿山安全监察员，从熟悉矿山安全技术知识、能从事井下检查工作的高级工程师、工程师、助理工程师和矿（处）级干部中选任。这样，矿山安全监察机构和专业人员设置也有了法律、制度的保障。

1982年，国务院机构改革是改革开放后的国务院层面第一次机构改革，对安全生产治理影响重大。机构改革成立了劳动人事部，负责劳动保护相关工作。劳动人事部由原国家劳动总局、国家人事局、国务院科学技术干部局和国家编制委员会四个单位合并成立，下设14个机构，包括办公厅、计划劳动力局、培训就业局、工资局、劳动保护局、锅炉压力容器安全监察局、矿山安全监察局、保险福利局、干部局、科学技术干部局、老干部服务局、编制局、军队转业干部安置办公室、外事局。其中，与安全生产直接相关的包括劳动保护局、锅炉压力容器安全监察局和矿山安全监察局（见图4-2）。这也延续了改革前的国家管理格局。

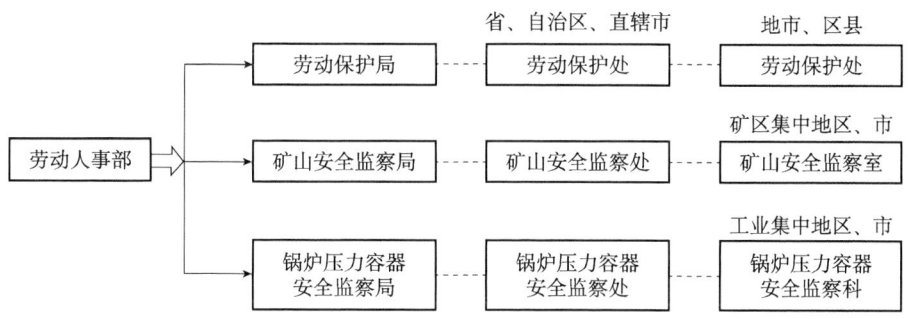

图4-2 1982年国务院机构改革之后劳动保护的组织机构设置

1983年5月，国务院常务会议批准的《劳动人事部任务与职责》中规定，劳动人事部"负责贯彻执行党和国家的方针、政策、法律和指示，研究拟定有关劳动保护的具体方针、政策和规章制度""综合管理劳动保护、矿山安全、锅炉压力容器安全工作，实行国家监察。提出劳动保护规划要求，督促各地区、各部门改善劳动条件，推动劳动保护科学研究和宣传教育工作，参加重大伤亡事故的处理。劳动人事部设劳动保护局、矿山安全监察局和锅炉压力容器安全监察局"。新的体制确定了劳动人事部履行国家监察的功能。然而，任何职责的有效履行依赖于组织网络的建设，以此才能获得有效信息。如果国家权力与地方管理存在脱节，那么无疑是外强中干，难以履行其职能。

从图4-2的组织机构设置图看到，改革开放之初，安全生产管理的组织网络建设仍然很薄弱。劳动部门作为综合管理安全生产工作的政府机构，在安全生产管理上，管理组织仅完全覆盖到省级层面。由于矿山开采和锅炉压力容器使用上存在突出的安全生产问题，国家专门建立了矿山安全监察局和锅炉压力容器安全监察局，将有限的精力放到了矿山和锅炉压力容器两项上。矿山安全监察和锅炉压力容器监察组织仅在矿区集中和工业集中地区、市建立。对于广大县乡农村，安全监察的网络组织可谓空白。可见，这一时期，虽然国家层面开始重视安全生产问题，但国家安全治理能力非常薄弱。

1988年，劳动人事部分开设立劳动部和人事部时，国务院批准的劳动部"三定"方案中规定：新组建的劳动部是国务院领导下综合管理全国劳动工作的职能部门，综合管理职业安全卫生、矿山安全、锅炉压力容器安全工作，实行国家监察。劳动部将劳动保护局更名为职业安全卫生监察局，仍保持矿山安全监察局和锅炉压力容器安全监察局。1993年，全国安全生产委员会撤销，在劳动部设立安全生产管理局、职业安全卫生与锅炉压力容器安全监察局、矿山安全监察局，基本延续了10年前的管理局面。

1993年，中国开启了社会主义市场经济的新征程。社会主义市场经济体制改革的应有之义，既在于赋予企业生产经营的自主权，也在于企业履行其管理责任，这就包括事故预防、教育培训、劳动纪律、事故救助等多方面。企业的重要性从这时被重视起来。1993年，国务院发布《关于加强安全生产工作的通知》，指出，"一九九二年各类事故造成死亡九万多人，伤十六万多人，直接经济损失数十亿元；特别是重大、特大恶性事故频繁发生，一次死亡十人以上或直接经济损失五百万元以上的事故多达一百七十四起。1993年前几个月，各类事故仍居高不下，重大、特大恶性事故不但没有得到有效控制，反而比1992年同期增加了许多。同时，职业危害问题也是相当严重的"。该通知进一步提出，"在发展社会主义市场经济过程中，实行企业负责、行业管理、国家监察和群众监督的安全生产管理体制"。该通知第一次明确，企业"要自觉接受国家监察和行业管理""企业法定代表人是安全生产的第一责任者，要对本企业的安全生产全面负责"。在行业管理问题上，该通知提出，各级综合管理生产的部门和行业主管部门，管生产的同时必须管安全，对企业的安全生产工作加强管理。在国家监察的权责分配上，国务院确定由劳动部负责综合管理全国安全生产工作，对安全生产行使国家监察职权。同时，劳动部负责安全生产工作法规、政策的研究制定；组织指导各地区、各有关部门对事故隐患进行评估和整改；代表国务院以特大事故调查结果进行批复，根据需要对特大事故进行调查。安全生产中的重大问题由劳动部请示国务院决定。由此可见，在安全生产管理上，一方面，继续延续并强化了计划经济时期行业管理和综合管理的"双轨制"的监管组织模式；另一方面，强调企业对于安全生产的主体责任。

在行业管理的组织建设上，以化学品监管为例。化学工业部在1978年恢复设立，在1988年、1993年的国务院机构改革中一直保留。直到1998年机构改革，化学工业部与中石油、中石化承担的政府职能合并，组建了国家石油和化学工业局，成为国家经贸委管理的主管石油和化工行业的行政机构。化工部是化工行业安全监察的主体，是国家劳动部门履行综合监察的基础。1987年，化工部成立安全监察委员会。随着机构改革的需要，1989年进行调整并成立了安全生产委员会，开展行业安全监察的组织建设，并组织了14个省、直辖市化工厅（局）进行安全监察试点，安全监察队伍也建立起来。1989年，化工部有部级安全监察员254名、省级安全监察员779名。[1]

到1997年，劳动监察制度有了进一步发展。根据时任劳动部部长李伯勇的讲话数据，全国已建立劳动监察机构3059个，占应建机构的96%，其中19个省级劳动行政部门建立了专门机构。[2] 可见，不论是行业管理部门，还是劳动管理部门，都建立了比较完备的组织网络。

1998年国务院机构改革是这一阶段安全生产治理体制的重要改革，国务院机构将由劳动部承担的安全生产管理职能一分为四，见图4-3。第一，将原劳动部承担的安全生产综合管理、职业安全监察、矿山安全监察职能，交由

---

[1] 《中国劳动年鉴》编辑部：《中国劳动年鉴（1988—1989）》，中国劳动出版社1991年版，第281页。

[2] 王建新主编《中国劳动年鉴（1998）》，中国劳动出版社1999年版，第105页。

国家经济贸易委员会（简称国家经贸委）承担。国家经贸委下设了安全生产局。第二，将原劳动部承担的职业卫生监察（包括矿山卫生监察）职能，交由卫生部承担。第三，将原劳动部承担的锅炉压力容器监察职能，交由国家质量技术监督局（简称国家质监局）承担。第四，成立劳动和社会保障部，将劳动保护工作中的女职工和未成年工特殊保护、工作时间和休息休假，以及与劳动保护工作关系密切的工伤保险、劳动保护争议与仲裁等，仍由劳动和社会保障部管理。经此次大的调整，中国安全生产管理工作形成了一种"碎片化的威权体制"。①不仅将不同行业进行分类监管，也将职业安全和职业卫生监管分离，又将事前的事故预防与事后的工伤保险分离。安全生产管理工作的体系化明显不足。

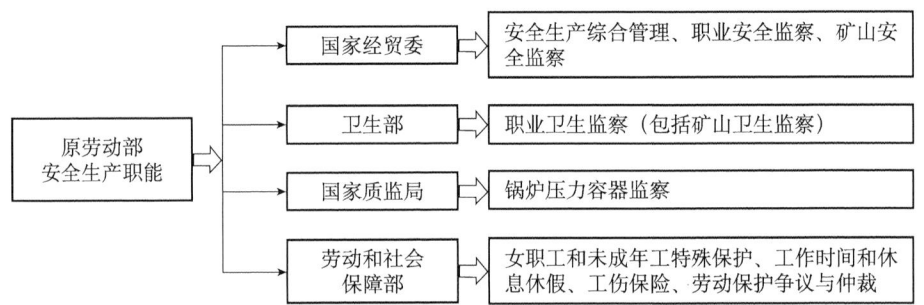

图 4-3　1998 年国务院机构改革中的"碎片化"的安全生产管理机构

在 1998 年国务院机构改革中，国务院将煤炭、机械工业、冶金工业、石油和化学工业、轻工业、纺织工业、建筑材料工业、有色金属工业等工业经济部门改组为国家经贸委管理的国家局，并明确以三年为过渡期，最终完全撤销这些工业经济部门。而这些工业经济部门原来的安全生产行业管理职能和原劳动部所承担的安全生产管理职能归转到国家经贸委，由国家经贸委内的安全生产局统一实施监管。国家经贸委内设机构安全生产局的职能包括综合管理全国安全生产工作、对安全生产行使国家监督职权、拟定全国安全生产的综合性法规和政策、组织协调重大安全事故的处理。

国务院机构改革后，煤矿安全生产监管也面临改革要求。国家在国家煤炭工业局基础上，增设国家煤矿安全监察局，与国家煤炭工业局实行一个机构、两块牌子。国家煤矿安全监察局是国家经贸委管理的负责煤矿安全监察的行政

---

① 岳经纶、庄文嘉：《转型中的当代中国劳动监察体制：基于治理视角的一项整体性研究》，《公共行政评论》2009 年第 5 期。

执法机构，承担国家经贸委负责的煤矿安全监察职能。国家煤炭工业局的有关内设机构，加挂国家煤矿安全监察局内设机构的牌子。可见，相比冶金、有色、机械、石油化工等部门，煤矿安全监管和经济发展职能之间的分离相对滞后。

国家经贸委是机构改革后的国家综合经济管理部门，由其下设专门局主管安全生产工作有好处，也存在问题。由综合经济管理部门同时负责安全生产工作和管理经济发展工作，可能会面临一些利益和目标冲突。例如，当面临短期内保煤、保电、保增长的地方"压倒性任务"时，安全生产的安全标准和执行严格性就面临现实挑战，安全生产监管执法的强度可能也会降低。同时，从组织权力位阶来看，改革后的安全生产局只是"委管局"，综合管理全国安全生产的政治权威性明显不足，尤其是当其面对比其行政级别高的履行行业监管职能的国家部委时，其权力位阶的问题就显露出来。除此之外，国家安监局与国家经贸委所主管的其他"委管局"在一个职能系统之内，其工作开展不仅受到主管单位，即国家经贸委的管理，也受到同一系统内同级别的机构影响。安全生产局的管理效率、监管自主性受到严重影响。尽管20世纪90年代的机构改革此起彼伏，但20世纪90年代末的生产事故总量节节升高，到2002年达到历史高峰。这一结果除了事故高发期的历史因素外，与上述安全生产管理体制存在很大关系。

从安全生产管理组织的权力位阶来看，这一阶段的安全生产主管部门从劳动部门转到了综合经济管理部门，在国务院层面分别对应的是劳动部或劳动人事部、国家经贸委。具体分管安全生产的分别是部委下属的劳动保护局或安全生产局。从权力位阶的角度来看，负责安全生产的职能部门与国家经贸委所主管的工业部门的位阶一致，比国务院分管行业安全生产部门的位阶低一层。历史地看，这一阶段负责安全生产的职能部门的权力位阶较计划经济时期提高了一些，但仍有待强化。

从安全生产议事协调机构的设置和运行看，1984年11月，国务院批准全国安全生产委员会于1985年1月正式成立。时任国务委员张劲夫担任首届全国安全生产委员会主任，其后各届安委会主任也分别由国务院领导担任。全国安全生产委员会由国务院有关部、委及中华全国总工会领导人组成。全国安全生产委员会的任务是，在国务院领导下，研究、统筹、协调、指导关系全局的重大安全生产问题，具体工作由各部门分别管理。全国安全生产委员会（简称安委会）办公室设在劳动人事部。通过安委会的设立，尤其是由国务院领导担任委员会主任职务，提升了国家对安全生产工作的协调能力，是这一时期安全生产组织工作的一个成绩。然而，1993年7月，国务院在《关于加强安全生产工作的通知》中撤销了全国安全生产委员会这一制度安排。由此可见，安全生产工作在20世纪90年代的起起伏伏。

### （二）安全生产管理人员规模与专业化水平

机构及人员设置是组织履行管理职能的重要基础。在20世纪80年代初期，不仅安全生产管理的行政组织建设尚未完善，安全生产管理人员配备也不足。1983年，劳动人事部、国家经贸委、全国总工会在《关于加强安全生产和劳动安全监察工作的报告》中指出，劳动安全监察干部很少，如地、市级一般只有二三人，县级一般没有专人管。群众反映"生有人管（计划生育），死无人管"。之后，国务院《批转劳动人事部、国家经委、全国总工会关于加强安全生产和劳动安全监察工作的报告的通知》中要求，劳动部门要尽快建立健全劳动安全监察制度，加强安全监察机构，充实安全监察干部，监督检查生产部门和企业对各项安全法规的执行情况，认真履行职责，充分发挥应有的监察作用。可见，改革开放之初，安全生产管理的基础性工作仍存在很多不足。

1984年，劳动人事部、国家经贸委发布了《关于增加各地经委安全生产管理人员编制的通知》，要求各地根据国务院要求，加强安全生产工作，建立和健全安全生产的专职机构，增加和充实安全生产专职管理人员。在中国国家治理中，编制是极为重要的工具，也是政府注意力分配的体现。在这次通知要求下，各地经贸委系统增加编制人数共1960人（见表4-1）。在地方上，安全生产管理部门的地方专职机构也陆续建立起来。

例如，劳动人事部和国家经贸委下达湖北经贸委系统新增安全编制85人，省经贸委分别下达到各地市（部分县）经贸委，从而使省地市经贸委成立了安全专职机构。[1] 1984年，武汉市经济委员会设安全生产处，负责监督、检查、指导全市工业企业开展安全管理工作，督促企业健全安全组织机构，建立和健全厂、车间、班组安全生产三级管理网络。劳动专职和兼职监察人员也开始设

---

[1] 湖北省地方志编纂委员会：《湖北省志·工业》（下），湖北人民出版社1995年版，第1795页。

立,不过存在专职人员太少的问题。例如,1984年,湖北省各级劳动部门任命了263名专职劳动监察员,各主管部门和企业任命了1767名兼职劳动安全监察员。①

表 4-1　1984 年劳动人事部和国家经贸委分配各地安全生产管理人员编制情况

| 北京 23 人 | 天津 15 人 | 河北 90 人 | 山西 110 人 |
| --- | --- | --- | --- |
| 内蒙古 60 人 | 辽宁 83 人 | 吉林 53 人 | 黑龙江 92 人 |
| 上海 30 人 | 江苏 83 人 | 浙江 60 人 | 安徽 59 人 |
| 福建 51 人 | 江西 62 人 | 山东 93 人 | 河南 95 人 |
| 湖北 85 人 | 湖南 87 人 | 广东 86 人 | 广西 65 人 |
| 四川 135 人 | 贵州 66 人 | 云南 78 人 | 西藏 20 人 |
| 陕西 81 人 | 甘肃 66 人 | 青海 40 人 | 宁夏 25 人 |
| 新疆 67 人 | 合计 1 960 人 | | |

这一时期对劳动部门政府能力的提升突出在建设专业队伍上。除了人员编制的增加,新时期机构改革对安全生产管理人员的专业素质也提出了新的要求。《关于增加各地经委安全生产管理人员编制的通知》提出,选调安全生产管理人员的条件,要体现革命化、年轻化、知识化、专业化的精神。应该从作风正派、坚持原则、身体健康、熟悉安全技术知识的工程技术人员和有实际工作经验、专业知识、工作能力较强的生产管理干部中选调配备。可见,对专职安全生产管理人员的要求,更强调专业知识、工作经验、工作能力。

尽管上级部门提出了选拔一批有专业知识和工作经验的安全监察人员,但完成这一任务并不轻松。从当时的组织建设和人员配备的资料看,这一时期安全生产管理组织和人员的能力仍然非常有限。这种能力不足的现实和当时国家对劳动人事部门的职能定位有关。1982年,在劳动人事部成立大会上,时任国务院副总理万里作了题为《争取劳动、工资、人事制度改革的胜利》的讲话。虽然机构改革重新成立了劳动人事部,但中央对劳动人事部工作重心的安排主要是搞好"三大改革",即工资制度改革、劳动制度改革和人事制度改革,

---

① 湖北省地方志编纂委员会:《湖北省志·经济综合管理》,湖北人民出版社 2002 年版,第 537 页。

核心在于激活工人、干部、知识分子的积极性，赋予企业更多的自主性，根本目的在于激发发展活力、推动经济建设。然而，在万里的讲话及之后的改革中，对劳动安全监察没有多加强调。在1988年新一轮机构改革之后，时任劳动部部长罗干在全国劳动会议上作《认真治理、整顿，积极稳妥地推进劳动、工资、保险制度改革》的报告时，劳动制度主要涉及劳动力转移、工资基金、童工，唯一直接涉及安全生产的一点是"严格控制职工个人劳动防护用品的发放"[①]。从上述发言看，20世纪八九十年代的机构改革是为了服务于建立社会主义市场经济，核心目的是促进社会生产的活力、促进经济发展，而对安全生产管理的关注着实不多。

除了中央层面，在地方层面，在各级经贸委的领导下，劳动安全监察的组织建设更是受到经济建设等方面的影响。可以说，安全监察作为保护职工权益和国家财产的重要工具，在有限提升专业性的同时，独立性没有得到提升。安全监察机构作为劳动安全的综合管理部门，不仅组织位阶低于其他部委，而且深受当时经济管理部门的政策影响。

## 第三节 安全生产标准的内容开始多元化并规范化

在安全标准制定上，这一时期改变了计划经济时期以企业管理为中心的弱标准状态，开始建立起规范行政权力的法律性标准、强化属地领导责任的行政性标准、干预企业经营的管理性标准、干预企业安全投入的经济性标准。这一系列安全标准的确立，使得安全生产治理体制发生了与计划经济时期以企业单位为中心的体制完全不同的转变，政府、企业的安全责任得到明确，但这时安全标准的制定权仍然由政府牢牢掌握。

### （一）法律性标准：规范行政权力与监管法治化

安全生产管理相关法律体系的逐步完善，改变了政府部门无法可依、推脱责任的情形，也由于以法律的形式赋权政府部门行政处罚权、司法审判权等，使规范和约束政府行为成为安全生产治理的重要工作。

---

① 《中国劳动年鉴》编辑部：《中国劳动年鉴（1988—1989）》，中国劳动出版社1991年版，第45—51页。

在行政执法机构设置之前，行政执法主体大都由行政管理部门兼职担任，有些甚至没有兼管部门；执法方式往往是在党委和政府领导下的突击检查和运动式执法，没有形成常规性和持久性的执法机制，执法程序和自由裁量也较为随意。① 安全生产执法也是如此。为了约束政府安全生产管理的权力，这一时期出台了一系列约束行政权力的法律法规。

1987年，党的十三大报告提出，要制定行政诉讼法，加强对行政工作和行政人员的监察，追究一切行政人员的失职、渎职和其他违法违纪行为。1989年4月，第七届全国人大第二次会议通过了《行政诉讼法》。该法的确立，为保护公民、法人和其他组织的合法权益提供了保障，为监督行政机关依法行使行政职权提供了依据。

随着政府管理权的扩张，行政处罚行为越来越频繁，日益成为政府管理工具。规范行政处罚权也成为改革时代的发展要求。1996年3月，第八届全国人大第四次会议通过《行政处罚法》，目的在于规范行政处罚的设定和实施，保障和监督行政机关有效实施行政管理，维护公共利益和社会秩序，保护公民、法人或者其他组织的合法权益。《行政处罚法》对行政处罚的种类、实施机关、管辖和适用、处罚决定、处罚执行、法律责任等内容作了详细说明。例如，行政处罚包括七大种类：警告，罚款，没收违法所得、没收非法财物，责令停产停业，暂扣或者吊销许可证、暂扣或者吊销执照，行政拘留，法律、行政法规规定的其他行政处罚。同时，《行政处罚法》对行政处罚决定的程序、要求等作了细致的规范要求。《行政处罚法》规范了行政权对市场经济的干预，有助于企业经济发展。

1990年11月，国务院常务会议颁布实施《行政监察条例》。1997年5月，第八届全国人大常委会第二十五次会议通过了《行政监察法》。和《行政诉讼法》一样，监察权也是对执法权的制约，不过两者的主体不同。行政监察归根还是行政部门的权力，是政府内的权力监督。行政诉讼是公民、法人或者其他组织对行政部门的监督。同样是为了防止和纠正违法的或者不当的具体行政行为，保护公民、法人和其他组织的合法权益，保障和监督行政机关依法行使职权，1999年4月，第九届全国人大常委会第九次会议通过了《行政复议法》，

---

① 吕普生：《中国行政执法体制改革40年：演进、挑战及走向》，《福建行政学院学报》2018年第6期。

使行政复议有法可依。这一时期关于行政权的立法为规范安全生产执法工作提供了依据,也为追究安全生产管理中政府部门及其工作人员失职失责、滥用职权等问题提供了保障。

法治是国家治理不可或缺的要素。与计划经济时期法制缺失不同,改革开放之后的法制建设不断发展。法治化为国家对安全生产管理提供了制度化的手段,提供了稳定的制度环境,也为企业、个体发展经济提供了稳定的预期。从这一阶段的立法来看,涉及安全生产的立法,通过明确各级政府及企业自身的安全生产责任,重塑了安全生产管理的格局。法治也是国家治理格局的调整。在各项立法之中,可以清楚地看到各级人民代表大会开始参与到安全生产治理之中。除此之外,最高人民法院、最高人民检察院、公安部等也联合出台了一些司法解释、法律规定等。从安全生产管理格局的变化,我们也能看到国家治理格局的不断调整和优化。

## (二)行政性标准:强化安全生产监管中的属地责任

责任政府是现代政治的基本要求。责任政府的基本要件是政府负责任地履行其应负的公共服务责任。而哪些责任是政府应负责任,在不同体制下存在显著的差异,这也造成了积极政府、消极政府的对比,大政府、小政府的对比。责任的合理与否,即责任与权力的匹配程度受到政府上下级间的权力博弈及政府与市场、社会之间的互动。改革开放之后,中国政府责任出现的一个明显变化,就是强化地方政府,尤其是强化地方党政领导在安全生产管理中的责任。

改革开放的核心内容之一是经济分权。在党政干部"下管一级"和"财政包干"等重要制度变革下,地方政府获得了经营地方发展的巨大自主权。除了经济发展的重任,社会安全稳定也是地方政府的重要工作。中央政府为了强化各级地方政府对社会安全稳定的重视,抓住党政干部这一重要群体,强化了地方政府领导在各项工作包括安全生产中的责任。

邓小平指出,在各地企事业单位、党和国家的各级机关中,"一个很大的问题就是无人负责",所以急需建立严格的责任制。[①] 早在 1977 年 5 月,国家劳动总局召开的全国安全生产工作会议就提出,各省、区、市,国务院各有关

---

① 《邓小平文选》(第 2 卷),人民出版社 1994 年版,第 150—151 页。

部门，各级计委或工交办，各企业单位及其主管部门，都要确定一位领导同志分管安全生产工作，并要有一定的机构具体抓安全生产工作。然而，这一文件仅仅强调领导干部职责分工之中，要有人分管安全生产工作，缺少对安全生产工作责任的强调。1978年中共中央发出的《关于认真做好劳动保护工作的通知》则以极其严肃的语气指出，"不断改善职工的劳动条件，防止事故和职业病，是一项严肃的政治任务"，"听任职工伤亡，听任职工身体健康受到摧残，而不认真解决，就是严重失职，是党纪国法所不能允许的"。《关于认真做好劳动保护工作的通知》也提出，"迅速把各级的安全生产责任制度建立、健全起来。要做到职责明确，赏罚严明"。

1991年，朱镕基在对煤矿安全管理的批示中强调，明确地方政府就是地方煤矿的安全责任者，特别要明确乡、镇长是安全第一责任者。[①] 这是中国安全生产治理的典型特征，将各级党政领导推到了安全生产治理的台前。各级地方政府在这一阶段也出台多项规定，强调党政领导对安全生产的监管责任。例如，1996年，武汉市发布的《市人民政府关于印发〈武汉市各级人民政府安全生产领导职责规定〉的通知》，明确规定各级人民政府主要领导人和政府有关部门的正职负责人以及企业法人代表是安全生产第一责任人，对本辖区安全生产工作负领导责任；分管安全生产工作的负责人是安全生产管理工作的直接责任人；其他负责人对其分管工作涉及的安全生产工作负管理责任。从这个文件我们可以看到一个非常独特的地方，即安全生产第一责任人是由三个不同身份的人共同担任，包括政府主要领导、政府部门正职负责人和企业法人代表。说明安全生产管理在治理问题设定中不单单是企业自身问题，还是一个政治问题、行政问题。这一特点未随着经济发展而变化，直到今天仍然极为强调政府、部门的领导责任。

### （三）管理性标准：从法律和管理上干预企业安全治理

1. 从法律上明确安全生产中的企业法律责任

改革开放之后，安全生产管理百废待兴，建立一套法治体制是当务之急。而首要解决的问题是安全生产领域长期存在的法制缺失的问题。邓小平深刻感

---

[①] 《朱镕基讲话实录》编辑组：《朱镕基讲话实录》（第1卷），人民出版社2011年版，第20页。

受到法制缺失给中国发展带来的惨痛教训。在 1978 年 12 月 13 日中央工作会议闭幕时的讲话中邓小平强调，"现在的问题是法律很不完备，很多法律还没有制定出来"，"应该集中力量制定刑法、民法、诉讼法和其他各种必要的法律，例如工厂法、人民公社法、森林法、草原法、环境保护法、劳动法、外国人投资法等等，经过一定的民主程序讨论通过，并且加强检察机关和司法机关，做到有法可依，有法必依，执法必严，违法必究"。① 党的十一届三中全会公报也强调，社会主义现代化建设需要集中统一的领导，需要严格执行各种规章制度和劳动纪律。改革开放是以一套新的管理体制、管理理念为基础的，法治化是其中重要的发展趋向。立法机关及其授权机关逐步建立一套安全生产管理法律法规，使得安全生产监管走上法治化道路，立法机关及其授权机关在安全生产监管体制中的地位逐步加强。

1979 年 7 月 1 日，第五届全国人大第二次会议通过了《刑法》，在其第二章"危害公共安全罪"里，详细规定了与危害安全生产有关的法条，使得安全生产管理有法可依，安全生产管理的法治化及强制能力大幅提升。在 1979 年版的《刑法》中，对安全生产责任事故的规定涉及第 113 条、第 114 条、第 115 条，内容主要包括从事交通运输人员违反规章制度，发生重大事故，致人重伤、死亡或者使公私财产遭受重大损失的；工厂、矿山等企业职工，由于不服管理、违反规章制度，或者强令工人违章冒险作业，因而发生重大伤亡事故，造成严重后果的；违反爆炸性、易燃性等物品管理规定，在生产、储存、运输、使用中发生重大事故，造成严重后果的。对于这三种情形，《刑法》规定，处三年以下有期徒刑或者拘役，情节特别恶劣的，处三年以上七年以下有期徒刑。

随着国家经济建设的发展和安全生产形势的变化，《刑法》也在调整。在 1997 年版的《刑法》中，对安全生产责任事故的规定增加了许多，从第 131 条到第 139 条，包括重大飞行事故罪，铁路运营安全事故罪，交通肇事罪，危险驾驶罪，重大责任事故罪，强令违章冒险作业罪，重大劳动安全事故罪，大型群众性活动重大安全事故罪，危险物品肇事罪，工程重大安全事故罪，教育设施重大安全事故罪，消防责任事故罪，不报、谎报安全事故罪。1997 年版的《刑法》对涉及安全生产的法条作了及时、必要的修改和补充，是这一时期

---

① 《邓小平文选》（第 2 卷），人民出版社 1994 年版，第 146—147 页。

安全生产立法上的重要进步，也是对经过近 20 年发展环境变化的回应。《刑法》的制定及其在安全生产领域的规定改变了以往生产安全事故仅仅作为企业内"行政事务"的状况，国家以法律的维护者和捍卫者的身份介入安全生产责任事故之中。同时，刑事处罚的严肃性及较高的惩戒性对于推动企业关注、重视安全生产起到重要作用。

邓小平在 1978 年 12 月中央工作会议的讲话中已经提及《劳动法》立法，1979 年成立了由国家劳动总局和全国总工会建立的"劳动法起草小组"。然而，相比其他法律，《劳动法》的立法工作缓慢得多。1994 年 7 月 5 日，第八届全国人大常委会第八次会议才通过《劳动法》，这是新中国成立以来第一部旨在调整劳动关系、保障劳动者合法权益的法律。《劳动法》第六章专门论述劳动安全卫生问题，对用人单位责任作了详细规定，涉及劳动安全卫生制度、劳动安全卫生教育、劳动安全卫生设施建设与使用、劳动防护用品，这些规定是对企业安全生产责任标准的体现。同时，《劳动法》也对劳动者提出了责任要求，包括特种作业必须取得特种作业资格，劳动过程必须严格遵守安全操作规程，有权提出批评、检举和控告。这些立法要求实质上是安全管理责任的分配，也是为不同主体确立的新的安全标准。同时，《劳动法》明确了"县级以上各级人民政府劳动行政部门依法对用人单位遵守劳动法律、法规的情况进行监督检查，对违反劳动法律、法规的行为有权制止，并责令改正"的权力。如果说《刑法》的制定和修订为司法机关介入安全生产责任事故提供了法律基础，《劳动法》则明确了行政机关对企业生产过程中的违法违章行为进行行政处罚的权力。

在中国的法制体系中，除了立法机关制定的大量法律，立法机关授权机关所制定的行政法规也是法制体系的重要内容。行政法规制定相比立法机关立法来说更加细致，也更加及时回应发展要求和群众呼声。在《劳动法》立法之前我国已经产生了一批安全生产管理的行政法规。

1982 年，国务院发布了《锅炉压力容器安全监察暂行条例》、《矿山安全条例》和《矿山安全监察条例》，建立了锅炉压力容器安全和矿山安全国家监察制度，结束了两个领域安全监察工作无法可依的局面。1983 年 9 月 2 日，第六届全国人大常委会第二次会议通过了《海上交通安全法》，这是中国第一部规范某个行业领域安全生产工作的法律。其后，在民用爆炸物品、民用核设施、内河交通、化学危害物品、铁路运输、航空安全等领域颁布一系列行政法规，使不同领域的生产安全管理法制水平显著提升。随着法律体系的健全，强化政府行政部门、司法部门、生产企业及劳动者个人在安全生产中的法律责任，也为国家管理安全生产确立了合法性。

2. 从管理上干预企业安全生产过程

与计划经济时期国家过多直接干预企业生产过程和管理过程不同，改革开放之后的政府更多以监管的方式干预企业生产过程，以立法、规程的方式规范企业生产过程。1978年之后的改革，很注重法制化和制度化建设。通过法律和制度规范，赋予各级政府监管权力，保护企业和职工的权利。1982年发布的《锅炉压力容器安全监察暂行条例》《矿山安全监察条例》等法律法规赋予各级劳动监察部门执法权力。

锅炉压力容器监察是劳动安全监察的重点之一，其权力机制的建设代表了当时国家对劳动部门赋权的体现，也为劳动部门行使行政权力打下了基础。1982年发布的《锅炉压力容器安全监察暂行条例》规定锅炉压力容器安全监察机构的主要职权包括对设计、制造、安装、使用、检验、修理、改造锅炉和压力容器的单位进行监督检查；发现违法锅炉、压力容器安全监察规程的行为时，有权通知该单位予以纠正；有权制止违章作业和违章指挥的行为；同时，监督有关单位对司炉工、焊工的培训和考试，并负责发放合格证。例如，《锅炉压力容器安全监察暂行条例》规定，购买的锅炉应是国家定点厂的产品；锅炉安装之前，安装布置图及有关资料必须经当地劳动部门审查备案，同意后方可施工；经安装验收合格的锅炉，取得劳动部门颁发的锅炉登记证后，方可投入使用。有关锅炉压力容器监管权力的内容可见表4-2。

表4-2　1982年政府机构对锅炉压力容器监管权力

| 过程 | 事项 | 政府机构权力 |
| --- | --- | --- |
| 设计 | 锅炉定性设计 | 全国性的，须经国务院主管部门和国家劳动总局锅炉压力容器安全监察局审查批准。非全国性的，须经省级主管部门和劳动局（厅）锅炉压力容器安全监察处审查批准 |
| | 压力容器设计单位 | 须经主管部门批准，并报锅炉压力容器安全监察机构备案 |

续表

| 过程 | 事项 | 政府机构权力 |
|------|------|------|
| 制造 | 锅炉压力容器焊接工人 | 必须经过考试，取得当地锅炉压力容器安全监察机构颁发的合格证 |
| 制造 | 锅炉压力容器制造单位 | 须经所在省级主管部门和锅炉压力容器安全监察处审查同意。另有情况，还须报国务院主管部门和国家劳动总局锅炉压力容器安全监察局批准，由国家劳动总局发放制造许可证 |
| 制造 | 锅炉压力容器的安全附件 | 应当由当地锅炉压力容器安全监察机构审查批准的单位生产 |
| 安装 | 安装锅炉压力容器施工单位 | 须经省、自治区、直辖市锅炉压力容器安全监察处审查批准 |
| 使用 | 使用锅炉压力容器单位 | 须向当地锅炉压力容器安全监察机构登记，取得使用证 |
| 使用 | 操作人员 | 对操作人员进行技术培训和考核。司炉工经过考试，取得当地锅炉压力容器安全监察机构颁发的合格证 |
| 监督检验 | 锅炉产品监督检验 | 监督检验工作由当地锅炉压力容器安全监察机构或其授权的锅炉压力容器检查所进行 |
| 监督检验 | 定期检验 | 从事检验工作人员，须经省级锅炉压力容器安全监察机构考核批准 |
| 修理改造 | 修理和改造锅炉压力容器单位 | 将修理和改造方案报当地锅炉压力容器安全监察机构审查同意 |

锅炉压力容器的监察制度改革是改革开放之初政府监管的一个缩影。通过法律赋权的方式，各级行政部门被赋予监督检查权力、强制执行权力、行政惩罚权力、审批权、认证权等。与计划经济时期劳动部门核心在于劳动力就业计划、劳动生产过程等内容不同，在新的管理体制下，劳动部门加强了对企业合规性的监管。例如，1978年，中共中央发出的《关于认真做好劳动保护工作的通知》对国家在劳动保护设施与主体工程"三同时"中规定，各级建委、经贸委或各企业主管部门在新建、扩建、改建企业和挖潜、革新、改造工程项目的设计审查和竣工验收时，必须同时负责审查验收安全卫生设施，并要劳动、卫生、环保等部门和工会组织参加，没有这些部门签字盖章的，不准施工和投

产。与计划经济时期生产部门主导生产建设过程不同，在新的权力体制下，劳动、卫生部门作为安全生产、职业健康的主管部门，也参与到企业的审批建设之中。这种介入是劳动部门权力扩张的一个体现。

劳动行政部门权力在此之后逐渐扩张并规范化，国家干预企业生产和管理过程的权力越来越多，也更有据可循。1993年，劳动部发布《劳动监察规定》，以行政规章的形式确认了全方位的劳动监察权力。然而，《劳动监察规定》并没有将对企业安全生产的监察提到重要位置，更多的是有关签订用工合同、工资、社会保险等方面的内容。安全生产监管并不是劳动监察的重要工作。1994年我国颁布《劳动法》，使得劳动监察的合法性得到更高提升和保障，"国家监察、行业管理、企业负责、群众监督、劳动者遵纪守法"的安全生产工作体制有了法律保障。随后，劳动部出台了一系列规范劳动监察的文件，包括《劳动监察员管理办法》《劳动监察员准则》《劳动监察程序规定》等。

### （四）经济性标准：减少政府经济干预并弱化"社会保护"

在国家公共管理的政策工具中，经济手段是一个重要方面，随着国家的发展理念、发展水平及社会力量的博弈而发生变化。安全生产经济政策是政府为调节安全生产领域各方面经济关系，确保安全生产目标实现，而采取的具有引导扶持、激励约束等作用的经济策略、手段。经济手段的选择受当时国家财政资源、强制能力、发展意愿等方面因素的影响。经济手段最重要的是调动起企业作为安全生产责任主体的积极性，通过市场机制激励、诱导或约束企业进行安全生产管理。

1. 企业评选：从"大庆式企业"到"国家级企业"

1978年，中共中央发出的《关于认真做好劳动保护工作的通知》明确提出"职责明确，赏罚严明"的工作理念，要求对安全、防尘防毒做得好的要表扬或奖励，"大庆式企业"必须是搞好劳动保护、坚持安全生产的模范；凡是工伤事故多、尘毒危害和"三废"污染严重的企业，不能评为"大庆式企业"。"大庆式企业"引发一轮讨论，"劳动保护工作好的企业不一定是'大庆式企业'，但是，'大庆式企业'必须是搞好劳动保护、坚持安全生产的模范"成为讨论的共识。但是在生产第一的发展预期下，安全问题未受到重视。根据一份全国煤矿安全大检查总结报告，在煤矿领域，有些局（矿）在奖励、劳动竞赛和评选"大庆式企业"的条件上根本不考虑安全生产。1979年6月,枣庄矿务局发生了重大煤矿爆炸事故,死亡30多人,过了几天竟被命名为"大庆式企业"。对此提出的整改措施不过是:今后一定要防止把事故多、安全情况不好的单位评为"大庆式企业";一定要把安全好坏作为劳动竞赛、奖励的一个重要条件。①

此后,"大庆式企业"的评选逐步成为历史,但国家对企业评优评先却并未减少。1987年6月8日,国务院发布《关于加强安全生产管理的紧急通知》要求"把安全生产指标作为考核企业的重要指标,达不到的企业不能升级,也不能评为先进"。1988年,全国加强企业管理领导小组、国家经济委员会、劳动人事部联合发布《关于企业升级中考评安全问题的暂行规定》,进一步对企业考核中的升级问题出台细则。其中明文规定,已进入国家级的企业,发生上述事故,达不到安全生产指标要求的,由审批单位提出警告,限期整改,一年内仍达不到安全生产指标的,撤销其"国家级企业"的称号。发生特大事故的,立即撤销其"国家级企业"的称号。

"国家级企业"和"大庆式企业"称谓不同,但都是国家认证的一个体现。这一管理方式广泛应用,例如,湖北省工交系统的安全管理形成"目标管理,一票否决"的模式。具体来说,目标管理对各个行业、企业都以千人重伤率、死亡率、损失率控制指数实行目标考核,凡超过"三率"中一项的,进行对企业升级、评选、产品评优等方面的全面否决。② 企业的升级、评优评先等是向市场释放信号,而国家通过一票否决的方式,倒逼企业在安全生产上的投入。这与计划经济时代直接干预生产过程有显著区别。

从企业评选来看,国家安全标准在经济性上非常虚弱,甚至可以说没有经济惩罚之类的举措。

2. 工伤保险:低覆盖、低水平的弱社会保障状态

改革开放开启了社会主义市场经济,自然在安全管理上也会运用起市场工具。其中,保险作为市场杠杆的重要体现,在这一时期也被重新激活起来,以

---

① 《一定要把煤矿安全生产搞好——记全国煤矿安全大检查总结汇报会》,《劳动保护》1979年第12期。

② 湖北省地方志编纂委员会:《湖北省志·工业》(下),湖北人民出版社1995年版,第1796页。

发挥保险在事故预防、事故救助等方面的作用。

改革开放之后，企业所有制形式、劳动用工形式发生变化，不再是计划经济时期的简单模式。与多样化企业形式和用工形式一起，劳动保险规定也应时而改。这种改革首先从外资企业、中外合资企业开始。1980年，国务院颁布《中华人民共和国中外合资经营企业劳动管理规定》，1986年，劳动人事部颁布《关于外商投资企业用人自主权和职工工资、保险福利费用的规定》，其劳动保险标准基本上要求按照中国政府对国营企业的有关规定执行。对于规模更大、范围更广的私营企业，1989年劳动部颁布《私营企业劳动管理暂行规定》，其中并未规定私营企业劳动保险的内容。1994年7月，国家颁布《劳动法》，将工伤保险作为我国社会保险的五项基本制度确立起来，明确要求用人单位和劳动者必须依法参加社会保险，缴纳社会保险费。1996年，劳动部颁布了《企业职工工伤保险试行办法》，我国工伤保险制度正式建立起来。2003年4月，国务院正式颁布了《工伤保险条例》，标志着我国工伤保险制度的完善。

在社会主义市场经济建立初期，工伤保险可以说是缓慢前行。1994年，全国参加工伤保险的人数仅为1 822.1万人，《劳动法》颁布之后参保人数小幅上升，到2000年，工伤保险参保人数也仅达到4 350.3万人。工伤保险制度的成效体现在工伤保险对伤亡事故的补偿范围、补偿水平上。1994年，享受工伤保险待遇的人数仅为5.8万人，之后缓慢增长。到2002年，人数增长到26.5万人。工伤保险基金的支出水平也经历了类似的变化。从1994年到2002年，支出金额小并且增幅很慢，从0.9亿元到19.9亿元。1994年享受工伤待遇人均支出11 724元，2002年为30 604元（见图4-4）。

不仅劳动保险如此，顾琳对20世纪90年代高阳工业区乡村工厂的企业福利调查发现，没有一家工厂有养老金制度，医疗保障也只对员工上班期间受到的损伤提供治疗方面的优惠。其他所有疾病或损伤只能由工人自己负责。没有一家工厂有诊所或专职的医疗专家。[①] 可以说，对于企业职工的社会保障在这一阶段要么严重缺失，要么严重不足，企业职工健康、安全方面的利益在快速推动地方经济的战略下被企业和监管部门所忽视。企业所承担的经济性标准明

---

① ［日］顾琳：《中国的经济革命》，李进霞等译，江苏人民出版社2009年版，第248—249页。

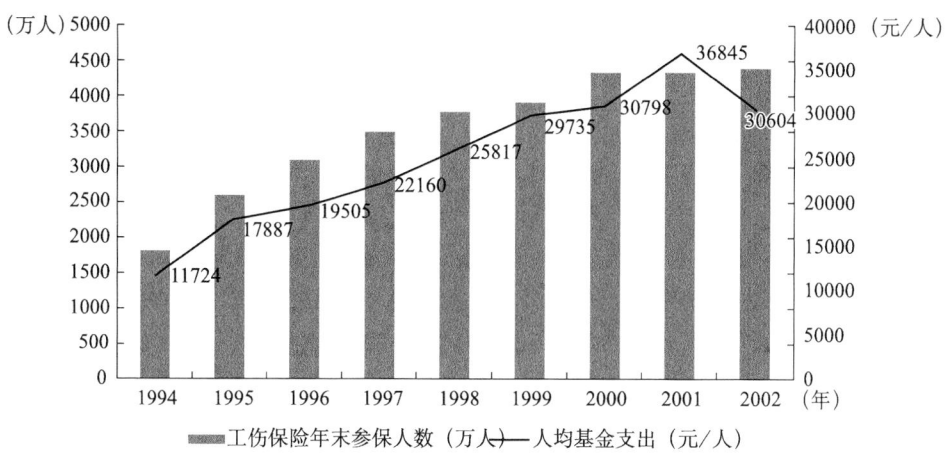

图 4-4 全国工伤保险年末参保人数与人均基金支出（1994—2002 年）

**数据来源** 国家统计局数据中心，网址：http：//data.stats.gov.cn/index.htm。

显不足，且滞后于发展需要。

政府对企业经济性安全标准的软约束体现了发展优先的理念，但也阻碍了安全生产治理进步，尤其是难以从经济性标准上激励企业更多关注安全生产治理。这方面随着市场经济的进一步发展，有所好转。

## 第四节 行政性与企业专业性安全生产检查的兴起与规范化

### （一）常规性安全生产行政检查

工业化的起步及其高歌猛进带来的是企业数量的野蛮生长，不仅包括企业类型、企业规模，还包括新流程、新工艺、新手段的工业生产方式。随着劳动部门机构改革，以及劳动部门安全生产监管的职责明确，行政部门开始了常规性的安全生产检查。然而，与工业化的快速推进不同的是，国家规模保持着稳定。即使随着行政国家的成长，国家规模的增长也是有限度的。这种深刻的监管任务与监管规模之间的矛盾决定了安全生产的监管方式必然具有选择性、针对性。当然，这并不是中国独特的场景，而是任何工业化国家理所当然的选择。

为应对这种挑战，常规性安全生产行政检查代替了计划经济时期的群众性安全生产大检查。常规性安全生产行政检查是政府机关常态化的行政行为，是行政执法主体依据国家现行法律法规、管理规定及标准，采取听汇报、查资料、看现场等方式，对客体进行督察的一种行政管理行为。

## （二）运动式安全生产行政检查

安全生产大检查是中国安全生产管理方式中最为频繁的一种方式，可以看作一种运动式安全生产行政检查。虽然是运动式的，但也有明确的规律，表现在何时发起检查、发起检查的规模。这种运动式安全生产行政检查也因其独特优势，适应了中国社会主义初级阶段的生产模式和生产水平，一直延续下来。

1977年，国家计委在全国开展春季安全生产大检查，此后这一形式延续下来，成为常规化的监督检查方式。1977年的春季安全生产大检查由国家计委部署，从2月开始，先由各地区、各部门自查，4月开展省级互查，到5月上半月检查全部结束。从检查形式和内容来看，全国共派出24个省、区、市安全生产检查团，组织干部1 400多人；国务院有15个部、委、局派干部参加了检查，共抽查2 800多个企业单位。

1979年9月初到10月下旬，全国劳动总局、中华全国总工会、煤炭工业部联合组织了全国煤矿安全生产大检查。同样是采取互检和自检的方式。通过大检查发现各种问题36 911件，已整改27 804件，占总数的75.6%。更为重要的是，通过大检查取得了大量数据和第一手资料，为把安全生产纳入煤炭工业调整、整顿工作提供了可靠的依据。①

对改革开放之初的两次安全生产大检查的分析可以看出，第一，从检查性质看，这种检查不再是群众性安全生产大检查，取而代之的是行政性大检查，突出了行政部门的检查权力，检查人以政府部门工作人员为主。第二，从检查形式看，有自检、互检、派检等多种形式，其中核心在于自上而下地推动各级政府开展检查工作，履行其检查权。派检和互检有着破除地方自我包庇的考量，防止地方政府在安全生产检查上"不作为"。我们看到，安全生产大检查依赖行政力量，同时又以制度安排的方式制约行政力量，规范检查行为。第三，从检查效果看，行政性安全生产大检查充分发挥了社会主义"集中力量办大事"的体制优势，将动员能力及与此相关的国家能力调动起来，发挥出良好

---

① 《一定要把煤矿安全生产搞好——记全国煤矿安全大检查总结汇报会》，《劳动保护》1979年第12期。

的安全检查效果。当然，这一判断还需慎之又慎。

行政检查并非仅仅只有安全生产大检查这一种形式，在安全生产专项治理、安全生产月等政府履责中也多有体现。安全生产大检查是其主要形式，并且也是各级政府部门行政履责方式的集中体现。在其后的行政履责中，安全生产大检查模式一直被延续下来，并通过程序性、技术性的改进得到优化。

### （三）企业内常规性安全检查能力：基于部门和人员分析

从安全状态检查权的实践看，改革开放后的 20 年内安全检查发生了明显变化。表现在行政检查的常规化机制和运动式行政检查的机制建立起来，适应了改革开放后生产企业大量兴起的发展要求，也是行政部门履行行政职责的必然要求。从计划经济转型到市场经济，企业主体大量兴起，企业主体自身的安全发展意识也在增强。法律所要求的企业安全责任也在明显增多。在此背景下，企业自身安全检查能力有所提高。生产企业自身也开始重视自身安全治理能力，开始从安全部门设置、安全人员配备等方面提升安全能力。传统的依靠发动群众的安全生产大检查不再流行，安全检查走向行政化、专业化的道路。企业内大量安全部门、安全人员兴起。

整体而言，这一阶段的企业内安全检查仍很薄弱，受到发展冲动的影响，安全检查被企业管理者和生产者轻视。整个企业在这一阶段的安全管理的起点很低。以青岛电冰箱总厂劳动纪律管理规定为例，可以管中窥豹，了解当时企业内部管理的混乱。1984 年 12 月，针对青岛电冰箱总厂（海尔集团前身）管理不善，产品质量低下的状况，刚上任的厂长制定了"十三条厂规"，包括不迟到、不早退、不旷工，不准代他人划出勤卡，工作时间不准打扑克、下棋、织毛衣、干私活等，工作时间不准串岗，工作时间不准喝酒，工作时间不准睡觉，工作时间不准赌博，不准损坏工厂的设备，不准偷工厂里的财物，不准在车间里大小便，不准破坏工厂的公物，不准用棉纱柴油烤火，不准带小孩和外人进入工厂。这些规定在今天看来有些可笑，却恰恰反映了当时企业内部管理，包括内部安全管理的混乱，缺乏标准。也正因此，这一阶段的生产事故很多表现在盲目冒进、"带血的 GDP"等。从管理组织看，安全管理部门本身是企业内部门，其自身的独立性、自主性弱。在一些有工会组织的企业内，工会的安全检查、安全维护的能力也受到企业自身的制约。而在占大多数的个体户、小作坊中，更不存在管理安全、维护安全权益的监督者。从人员素质看，这一时期企业内安全人员的专业素质也普遍不高。

## 第五节　政治权力推动事故责罚精准化与压力型问责的兴起

1979年年底，"渤海2号"钻井船发生翻沉事故，造成船上职工72人死亡和重大经济损失。国务院发布《关于处理"渤海2号"事故的决定》将之定性为严重违章指挥造成的、我国石油工业史上最重大的责任事故。在行政处分上，沉船事故后，国务院决定提请全国人大常委会批准解除石油部部长的职务，并给予国务院分管石油工业的副总理记大过处分。这是我国历史上首次因生产安全事故责任解除国务院组成部门负责人职务，首次因生产安全事故由国务院副总理出面检讨错误、承担责任并接受处分。在法律责任上，1980年9月2日，天津市中级人民法院公开审判"渤海2号"钻井船翻沉事故案件的直接责任人。依照《刑法》第187条规定，判处犯有渎职罪的海洋石油勘探局局长、党委书记有期徒刑4年；副局长有期徒刑3年；副总调度长有期徒刑2年，缓刑2年；282号船长有期徒刑1年，缓刑1年。

1979年的钻井船翻沉事故是1978年改革开放后发生的重大生产安全事故之一，国务院对其严肃追究行政和法律责任，使党和国家领导干部及企业领导对安全生产责任有了更多的重视，显示了改革开放初期事故查处中厉行责任追究的特点。

### （一）多部门参与的事故调查新模式

1978年10月，中共中央发布了《关于认真做好劳动保护工作的通知》，对安全生产责任追究提出新的要求，"要做到职责明确，赏罚严明。一个企业单位发生了重大伤亡责任事故，首先要追查厂长、党委书记的责任，根据事故情节轻重，严肃处理，不能姑息迁就。一个部门、一个地区事故多，伤亡严重，要追查部门和地区领导人的责任"。这一重要文件直指之前存在的责任追究的痛点，即企业自主权高而行政责罚权弱，责罚不严肃，法治化程度低。然而，责任追究模式的转换并不是一蹴而就的；相反，计划经济时期形成的追究模式具有路径依赖的特点。

1980年2月，国家经贸委、国家劳动总局、中华全国总工会在《关于工业交通企业加强法制教育 严格依法处理职工伤亡事故的报告》中对安全生产中"不知法、不守法,有法不依、违法不究"的现象进行了深入批判。该报告指出,一些地方和单位发生事故后,不是依法严肃处理,而是"谎报事实,掩盖事故真相,或拖延不报,企图大事化小、小事化了,以种种借口阻挠对有关干部追究刑事责任,马虎草率处理","绝大部分事故特别是一些涉及刑事责任的恶性事故,都没有按国家规定及时上报、严肃处理,政治影响很坏"。一些地方和单位发生事故后,往往是"企业领导检讨几句,不了了之,或凭主管单位领导干部的一句话,以言代法,马虎处理"。1980年4月,国务院批转了上述报告,并提出"对于那些玩忽职守,不负责任,不遵守安全制度,违章作业强迫命令、瞎指挥所造成的重大伤亡事故,要严肃处理。对于负有刑事责任者,必须按照刑法的规定,依法惩处"。

上述报告反映出的责任追究的问题,其核心还在于此时的责任追究仍然是一种"企业事务"的模式。尽管经过改革之后,劳动部等政府部门的权力扩大,并且规范化,但当时将生产安全事故看作责任事故的意识还不强烈。加之法治水平落后,事故追责并没有走上法治化道路,导致企业或其主管部门的领导在事故处理中发挥着关键角色。

随着对责任事故认识的转变及权责关系的调整,改革开放后的责任追究模式也发生了根本性改变。责任事故不再被视为"企业事务""个人命运",而被看作"公共事务""责任事故"。在新的事故责罚模式下,政府部门,尤其是劳动部门、公安部门、检察院、监察部门等都成为事故调查和责罚的关键部门。1989年3月,国务院颁布《特别重大事故调查程序暂行规定》,要求特大事故调查组应当根据所发生事故的具体情况,由事故发生单位的归口管理部门、公安部门、监察部门、计划综合部门、劳动部门等单位派员组成,并应当邀请人民检察机关和工会派员参加。1991年2月,国务院发布《企业职工伤亡事故报告和处理规定》。至此,该规定取代了1956年国务院发布的《工人职员伤亡事故报告规程》。《企业职工伤亡事故报告和处理规定》适应政府市场监管职能的需要,赋予政府安全生产(劳动)主管部门和公安、监察等部门对死亡事故、重大伤亡事故的查处权(见图4-5),从而结束了新中国成立以来企业自己调查自己、自行追究自身事故责任的情况。[1]

从图4-5可以看到,与1956年的《工人职员伤亡事故报告规程》相比,

---

[1] 朱义长:《中国安全生产史(1949—2015)》,煤炭工业出版社2017年版,第329页。

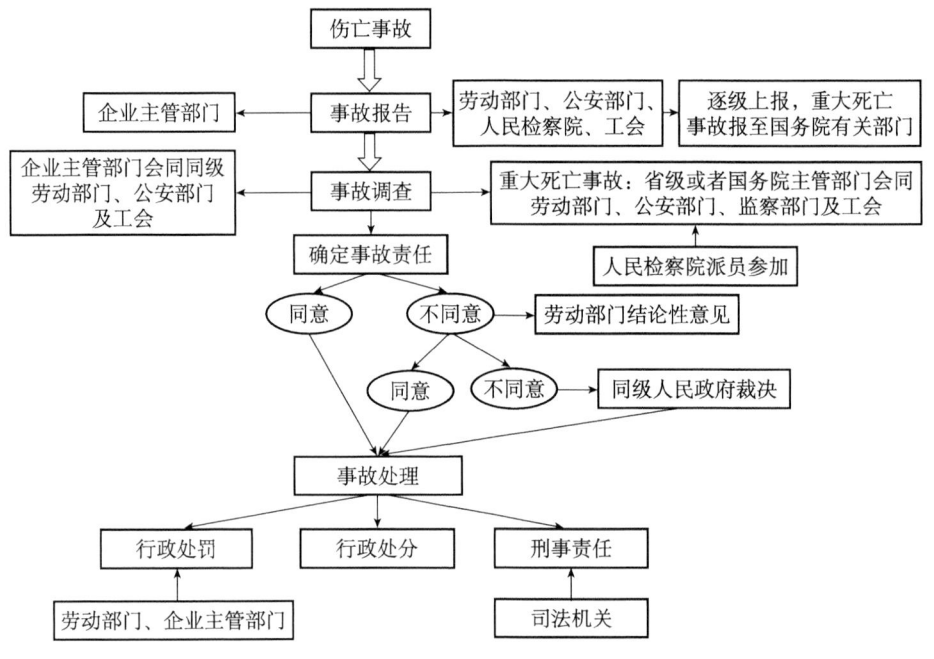

图 4-5　企业生产伤亡事故处理流程

《企业职工伤亡事故报告和处理规定》在事故报告、事故调查、事故责任认定、事故责罚的程序和内容上发生了深刻的变化。

第一，对事故报告作了详细规定，包括事故报告的部门和政府层级。其中要求，公安部门、检察院等成为事故报告的对象，重大死亡事故需要报至国务院有关部门，强化多部门共同管理和相互配合、相互制约，以及高层级政府对下级的监督。第二，事故调查主体发生了结构性变化。除了企业主管部门，同级劳动部门、公安部门及工会必须参加。如果是重大死亡事故，需要省级或者国务院和国务院主管部门会同劳动部门、公安部门、监察部门等调查，同时要求人民检察院派员参加，公安部门、监察部门、检察院等强势部门介入。第三，在劳动事故责任认定上，强化了劳动部门的重要位置，这也是对劳动部门履行国家监察职能地位的肯定。第四，事故责罚的内容更加全面和完备。既包括对企业及事故责任人员的行政处罚，也包括对行政部门责任人员的行政处分，还在需要的情形下涉及司法机关对刑事责任的审理和判决。可见，《企业职工伤亡事故报告和处理规定》构建起多维的事故责罚体系。

## (二) 强调对属地领导的党纪政纪处分

对安全生产管理而言，1978年开启的"改革"就是改变安全治理"无人负责"这种混乱局面，使得各类型主体确立明晰的权责，推动包括各级政府及官员在内的多类型主体行动起来，落实各方责任。通过一系列法律法规的出台，政府安全生产管理的权力有了法制保障，也赋予政府推行各项管理政策的合法性。有权就有责，权责要对等。政府部门所具有的管理权力，也需要相对称的责任安排。邓小平高度强调责任制的重要性，他指出，"各地的企业事业单位中，党和国家的各级机关中，一个很大的问题就是无人负责。名曰集体负责，实际上等于无人负责。一项工作布置之后，落实了没有，无人过问，结果好坏，谁也不管。所以急需建立严格的责任制"。[1] 邓小平还强调责任到人的思想，以提高问责的针对性和精准性。他提出，"现在打屁股只能打计委、党委，这不解决问题，还必须打到具体人的身上才行"[2]。在安全生产管理上，推动政府、企业履行自身责任的一种重要方式是强化法律对各行为主体的约束。

在中国式现代化下，政府在企业安全生产实现中担负着重要角色，也正因如此，中国体制下对事故责任追究一直保有履行公共管理职能的行政部门，而不仅仅是生产经营单位。在2002年5月8日国务院常务扩大会议上，朱镕基针对发生的连续飞机坠毁事故强调，"我们一直在强调责任制，出了事故就要找出事故责任人，出了事故不处分责任人是不行的"，"各部门、各省区市对造成安全事故的领导人员和直接责任人绝不能讲情面"。[3] 由此可见，强化监管的属地责任，尤其是强化对地方领导的责任追究是这一时期事故责罚的一个显著特点。这也得到大量生产事故问责案例的验证。

## (三) 推动追究相关责任人的刑事责任

责任追究的方式、责任惩罚的强度是影响责罚效果的重要因素。在管制金

---

[1] 《邓小平文选》（第2卷），人民出版社1994年版，第150—151页。
[2] 《邓小平文选》（第2卷），人民出版社1994年版，第151页。
[3] 《朱镕基讲话实录》编辑组：《朱镕基讲话实录》（第4卷），人民出版社2011年版，第369页。

字塔理论里，金字塔的塔尖越高，处罚手段越强、越有效，就越能保证管制活动更多地在金字塔的底端进行，也就是说才能保证说服教育和预防措施的有效实施。刑事处罚比民事处罚具有更大的威慑力。① 为了遏制改革开放之后事故多发的问题，中国安全生产责任事故追究的惩罚强度也比以往强了很多。《刑法》的立法及其对安全生产中责任事故的明确规定为刑事处罚建立了合法性基础，但依法用刑还是经过了一个较为缓慢的过程。

1983年，最高人民检察院的一份文件针对"一些死亡十人以上的特大事故发生后，有的检察机关没作反映"这一问题，提出"依法查处重大责任事故案件，是检察机关经常性的任务之一"。劳动人事部转发了最高人民检察院的文件并要求，各地今后企业发生重大职工伤亡事故，要主动与当地检察机关联系配合。1986年3月，最高人民检察院和劳动人事部联合印发了《关于查处重大责任事故的几项暂行规定》，强调人民检察院既要追究职工犯有重大责任事故罪的责任人员的刑事责任，也要追究国家工作人员犯有玩忽职守罪的责任人员的刑事责任。1994年2月，劳动部、监察部、最高人民检察院、全国总工会发出《关于必须严肃查处煤矿重大恶性事故的通知》，其中提到，"当前查处煤矿重大恶性事故，并非无法可依，而是有些单位和地区过分强调特殊性，我行我素，有法不依。在1993年全国煤矿共发生的一次死亡10人以上的56起重大恶性事故中，已经批复结案的只有25起，结案率仅为44.6%，尚有31起未结案"。这一通知一方面显示出行政部门与司法部门的合作需求，也侧面反映出这一时期安全生产监管存在政府不作为的情况。强化司法部门的参与能够对行政部门形成有效制约。司法机关介入生产安全事故调查和处理领域，能够防止地方势力、部门利益、权力俘获等问题，以提升安全事故责罚的公正性。

这些规定突出了司法机关在安全生产管理中的地位和作用，强化法律在管理中的作用，达到以法治刚性约束企业人员、行政人员的行为责任。但是，这一时期司法机关参与安全生产管理的规定还主要是围绕重大责任事故，并且刑事司法也是逐步介入安全生产责任事故惩处之中的。例如，1983年1月，四川会东铅锌矿发生爆炸事故，造成57人死亡、19人受伤，直接损失30多万

---

① 杨炳霖：《回应性管制——以安全生产为例的管制法和社会学研究》，知识产权出版社2012年版，第115页。

元。1984年9月才作出事故调查结果。事故调查发现，这次爆炸事故是一起严重的责任事故。而在事故处理时，一人受到行政撤职处分，两人受到行政降级处分，一人受到行政降职处分，另有一人受到行政记过处分。[①] 这么一起重大责任事故并无人员受到刑事责任的追究。这种情况随着法制体系的完善不断改善。2000年3月11日，江西萍乡上栗县东源乡石岭花炮厂发生特大爆竹爆炸事故，造成33人死亡。对事故处理时认定，石岭花炮厂是不具备安全生产条件的企业。该企业违反国家有关法律法规和花炮用药标准，未建立安全生产责任制，未对从业人员进行安全教育和培训，违章指挥及工人违章操作是造成这起重大事故的直接原因。对事故直接责任人、石岭花炮厂法人代表和非法订立产品购销合同的伟丽花炮厂负责人等4人移交司法机关，依法追究刑事责任。同时，萍乡市及上栗县政府对安全生产工作领导不力，对社会主义市场经济条件下烟花爆竹行业出现的新情况，未能及时结合实际制定有效的安全生产管理办法，有关职能部门监督管理工作严重失职，使事故隐患严重的石岭花炮厂得以长期违章生产，是造成这起重大事故的重要原因。对负有领导责任的萍乡市副市长、上栗县县长和上栗县政府党组成员，以及有关行政管理部门的责任人员等28人分别给予行政记过、行政记大过、撤职、降职和党内警告、开除党内职务等处分。这两起案例折射了20世纪80年代到21世纪初对事故调查、处理的转型。2000年石岭花炮厂特大爆竹爆炸事故的处理有以下特点：第一，属地管理不断强化，每级地方政府都被纳入安全生产监管之中，显示出政府内强的责任范围。行政处分和党纪处分的范围非常广，以此建立起上下级之间的责任关系。第二，与20世纪80年代初期相比，刑事责任惩罚有了更为强制的执行。尤其是1997年版的《刑法》修订本，为安全生产刑事责任追究提供了更为权威、细致的规范。在此之后，安全生产刑事处罚使用更为频繁和规范。

整体来看，在中央政府的推动下，这一阶段司法机关不断加深其在安全生产监管中的作用。司法介入有效推动了各级政府及企业对安全生产的重视，使责任追究更加透明和法治化。然而，安全事故查处中的司法力量仍然有限。在经济快速发展时期，中央政府及地方政府建立起围绕国内生产总值的竞赛，而对企业生产事故的严厉惩罚势必导致资本"用脚投票"。因此，在各地招商引

---

① 《四川省处理会东铅锌矿爆炸事故》，《劳动保护》1985年第7期。

资竞争背景下，地方政府，甚至中央政府存在着减轻事故惩罚，尤其是刑事责任查处的力度，以此实现资本往复循环的再生产。在分权和市场化的背景下，国内生产总值的政绩审核制度激发出地方政府的积极性。司法机关的地方化使地方党委和政府便于干预司法过程。之所以存在责任事故惩处"棉花棒子"的问题，有官员腐败等利益交换等原因，但更为重要的是快速推动经济发展的发展战略及这种战略导向下的激励机制，使得各级政府更看重企业带来的经济收益，尤其是税收、财政贡献，而相对轻视了对安全生产的重要意义。

## 第六节　发展性体制下的安全治理绩效与发展型政府

发展性体制下安全生产治理能力显著提高，但安全生产形势仍然不容乐观。如果说计划经济时期，对安全生产形势的冲击主要是政治波动的话，那么改革开放前20年的冲击主要来自市场经济释放的社会化大生产。这一时期的事故再次达到高发期，重发展轻安全的模式造成事故成为进一步发展的阻力，发展型政府也面临新的问题。

### （一）发展性体制的结构-制度特点

1978年之后，国家层面工业化虽有所进步，基础社会层面却依然保持着相对传统的小农经济模式和小农社会形态。[①] 林毅夫等就计划经济时期的工业增长指出，虽然工业增长很快，但工业结构扭曲严重，而且制造业中粗加工的比例特别高。[②] 以革命化方式推进现代化在中国碰到了严重的障碍。也正因此，在1981年党的十一届六中全会上对国家主要矛盾的新判断仍然围绕着落后的生产力，指出我国所面临的主要矛盾是人民日益增长的物质文化需要同落后的社会生产之间的矛盾。党和国家的经济重心由阶级斗争转向了经济建设为中心，安全生产治理体制也形成了新模式。

与生产性安全生产治理体制不同，1978年之后的安全生产治理体制改革围绕着"去单位化"的路径展开，呈现出一种强化行政权力和行政责任的特

---

[①] 胡宜：《送医下乡：现代中国的疾病政治》，社会科学文献出版社2011年版，第174页。
[②] 林毅夫、蔡昉、李周：《中国的奇迹：发展战略与经济改革》，上海三联书店、上海人民出版社1994年版，第59—63页。

点,"发展优先"构成新型安全生产治理体制的核心理念。随着市场化和城市化的进展,国家所拥有的权力日益广泛,其所能使用的方式也在增多,包括法治化、市场化、社会化等。然而,从这一时期的安全生产治理来看,国家始终以行政权为中心,安全生产治理体制也是以行政权为中心。这种权力分配状态与改革开放之后开启的新型现代化对经济发展的强烈追求有关。可以说,这种权力分配和权力运作有力地推动了"发展优先"的现代化理念,呈现发展性体制的特点。

国家为了实现改革开放的新型现代化之路,需要建立与经济发展相匹配、相契合的政治能力。在这一阶段的安全生产治理体制下,行政能力得到提升,行政权地位牢固。通过增加行政组织的覆盖网络和人员配备,提升了行政组织所具有的能力。在这一阶段我们看到劳动部门以及行业管理部门的组织建设有很大的提高,但是仍然不足以满足迅速发展的工业化产生的监管需求。

在安全标准制定上,改变了计划经济时期以企业管理为中心的弱标准状态,开始建立起规范行政权力的法律性标准、强化属地领导责任的行政性标准、干预企业经营的管理性标准、干预企业安全投入的经济性标准。通过行政扩权赋予了行政组织更高的干预企业安全生产的权力。同时,安全生产大检查由群众性转为行政性,安全生产监管责任的属地化要求也更加突出。国家为给企业生产创造更低的门槛,减少、忽视了对企业安全生产投入的要求,也降低了企业和国家财政对职工劳动保险的投入。在社会标准上,并未建立出特定的安全生产服务的社会组织,也未能挖掘行业协会等组织在安全生产上的功能。社会在安全生产治理中是"缺席"的,而法律手段相比有所提高。从这点来看,行政手段强化很明显。一系列安全标准的确立,使得安全生产治理体制发生了与计划经济时期以企业单位为中心的体制完全不同的转变,政府、企业的安全责任得到明确,但这时安全标准的制定权仍然由政府牢牢掌握。

安全生产治理体制改革还体现在安全事故责罚模式发生了深刻变化,简单来说,是从"单位事务"变成一种"公共事务"。这种转变首先体现在建立起多部门参与的事故调查新模式,尤其是监察部门、检察院等部门的参与并发挥自身作用。也可以看到,这一时期事故责罚的突出特点在于强调对属地领导干部的党纪政纪处分,推动司法机关追究责任人的刑事责任,以此动员政治权力和企业权力对安全治理的重视,发挥监管者、管理者的积极性和能动性。

尽管安全生产治理体制出现结构性、制度性变化,但结构不均衡问题依然突出，以及由此带来的制度空转或制度虚脱问题也不同程度地存在，表现为行政安全治理能力仍然与治理需求不匹配，面临促发展还是保安全之间的张力，尤其是地方政府在政治锦标赛、经济收益等激励机制下，存在明显的发展型政府特点，导致安全标准难以落地、安全检查质量不高、事故责罚约束性弱。由于这一时期安全生产治理体制的核心目标是促进经济高速发展，政府也显示出典型的发展型政府特点，我们将这一时期的安全生产治理体制称为发展性体制。

发展性安全生产治理体制表现在安全标准制定权、安全状态检查权、安全事故责罚权在政治权力、市场权力、社会权力三个方面的分配和运行状态，如表4-3所示。

表4-3 发展性安全生产治理体制分析（1978—2002年）

|  | 安全标准制定权 | 安全状态检查权 | 安全事故责罚权 |
| --- | --- | --- | --- |
| 政府部门 | 主导制标过程<br>管理性标准为主 | 常规性检查与运动式检查并存 | 多部门参与<br>弱问责模式 |
| 企业单位 | 过程性控制 | 企业内专业检查兴起 | — |
| 社会 | 被动参与 | 有限主动参与 | 被动参与 |

## （二）发展型政府下的安全治理和国家建设

安全生产形势的问题实际上是治理体制影响的结果，是这一时期现代国家建设的反映。1978年开启的改革开放，既是经济改革，也是现代政治建设的一个新的历程。从计划经济体制背景下走来，中国现代政治建设有两个同时并行又相互支撑的道路。一是改变计划经济时期的全能主义的国家形态，实现国家、市场与社会的分离，规范国家权力干预的边界和范围。二是强化国家治理，提高国家治理能力，建立一套新的政权组织、规章制度、运作机制。郑永年将之称为党的第一次转型，即从改革前用革命方法治理国家转变为用行政方法治理国家。[①] 具体到1978—2002年这一时期的中国安全生产治理体制发展过程，治理责任行政化的趋势明显。国家试图通过行政压力和司法能动性强化行政责任的履行，同时提高企业经济发展和安全治理能力，实现安全发展。在

---

① 郑永年：《中国模式：经验与挑战》，中信出版社2016年版，第83页。

政企分开、政社分开的背景下，国家行政权力得到了快速扩张，为"积极政府"奠定基础。

从国家建设的角度来看，这一时期是行政权快速生长并稳定起来的阶段，立法权和司法权也不同程度地介入安全生产治理这一公共事务治理过程之中。将安全生产监管责任体制中的行政权、立法权和司法权放在同一个框架内发现，其中存在着明显的权力体系不均衡的问题，即行政权在安全生产治理中发挥着主体作用，立法和司法对行政权起着补充作用，而不同权力之间的分工、制约并不太明显。当然，不论是劳动部门还是行业管理部门，安全生产监管的组织建设在这一时期仍旧滞后。国家组织能力建设的重心是为经济发展"搭台"，甚至是地方政府自己"唱戏"。

从立法权看，通过法律法规的生成和修订，立法机关参与安全生产监管的方式增强了。从立法进展来看，这一时期也是国家立法机关权力重建的过程。立法机关通过对劳动法、行政法、安全生产领域的专门法等相关法律的立法和修订，提升了其在安全生产监管格局中的地位。但这一时期的立法体系仍不完备，行政部门在安全生产监管领域的自由裁量权及法制缺失的空间仍然很大。立法机关在安全生产监管中的作用仍待提升。

从司法权看，在事故责罚上，对生产事故的追究模式发生了根本性转换。责任追究由单位化时期的"企业事务"变为了"公共事务"，劳动部门、司法部门、监察部门等成为责任追究的主体。在加强党纪政纪处分，强化政府监管责任的同时，刑事司法介入安全生产监管之中，对重大劳动安全事故罪、重大责任事故罪、失职渎职罪等依法制裁，增强了责任追究的强制性和震慑力。虽然中央政府及相关部委、司法机关反复强调对生产责任事故强化行政问责和司法责任追究，然而，现实的数据却反映出制度设置的空转或是有限运转。司法机关介入安全生产责任事故处理是重要变化，司法权也代表着与行政权、立法权不同的权力主体和运行逻辑。从这一时期的实际效果来看，司法机关参与安全生产监管存在明显不足：第一，司法机关介入的是重特大事故，而对一般事故和较大事故不予关注。这样导致一般和较大事故的惩处主要是行政处罚和党纪政纪处分。第二，司法机关介入责任事故的覆盖面窄，行政处罚或党纪政纪处分代替刑事责任的情况仍然很多。以上问题进一步消解了对司法机关介入安全生产监管的权威性。这一时期的事故责任追究的覆盖面明显变大，尤其是强化属地责任的原则下，更多党政领导纳入责任体制之中，这也是以行政为中心的责任模式的表现之一。

生产性安全生产治理体制在国家结构上的特点，反映了当时国家治理结构的调整。行政化的责任模式，首先使得经济发展中行政权的行为空间变大，立法、司法等权力部门对安全生产监管介入有限，行政权与企业建立起紧密的发展联盟。这为快速的经济发展提供了环境，这也是不均衡的权力格局所能释放的经济能量。国家对公职人员的政治晋升[①]及物质奖励[②]等都建立在经济发展的基础之上。顾琳的研究表明，20世纪80年代和90年代，各级地方政府与新的企业家之间建立起一种相互依存的关系。地方官员制订目标和计划，企业家负责提供资金。[③] 由于这一时期现代化发展战略，导致发展经济的优先性在一定程度上消解了安全发展的制度安排，也体现在履职方式和责任追究的实际效果之中。哈维济称之为"有中国特色的"新自由主义经济。[④] 这一阶段安全生产治理的整体特点是建立一种以行政权为核心，但弱行政能力的治理体制。

然而，问题也很明显。在行政化的监管责任体制下，国家治理的制度化程度低，政治精英的权力就凸显出来。在企业与政治互动中，企业面对的是具有极大自由裁量权的官员个人，而非制度。行政化的安全治理体制使得制度的约束能力有限，导致安全生产领域事故频发、官商合谋、事故瞒报、贪污行贿及责任追究偏离等问题。这一时期安全生产治理反映出国家建设的得与失。从理论上来看，在国家制度能力不足的时候，国家自主性就面临着问题。

从现代化建设角度理解发展性体制发现，这一时期中国的核心目标是快速发展社会主义市场经济，释放经济活力，这一目标也确实实现了，体现在国内生产总值的增长、国家财政增加、人民群众收入水平提高，但这一时期以发展

---

① 周黎安：《转型中的地方政府：官员激励与治理》，上海人民出版社2008年版。
② 张五常在关于中国经济制度的研究中论述过"分账奖金制"，认为"奖金率足以鼓励县干部东奔西跑"。参见张五常《中国的经济制度》，中信出版社2009年版，第154—158页。
③ ［日］顾琳：《中国的经济革命》，李进霞等译，江苏人民出版社2009年版，第253页。
④ ［美］大卫·哈维：《新自由主义简史》，王钦译，上海译文出版社2016年版，第147页。

为中心的现代化目标，也一定程度上阻碍了安全生产治理能力和水平的提高。此种阻碍表现在生产事故上就是市场经济增长与事故高发并行不悖，到20世纪末期，生产事故又一次达到高峰，成为阻碍现代化发展的因素，面临着再次不断改革的要求。

# 第五章　安全性体制下的生命至上：行政国家与多元共治

20世纪90年代起的中国飞速发展，国企改革、乡镇企业改革等经济领域改革进一步推高了经济发展，扩大了整个社会面的生产规模。然而，这也带来了更加严重的生产事故。到21世纪初，生产事故死亡人数已达到历史最高峰。2001年全国发生各类事故1 000 629起，死亡130 491人，同比分别上升20.5％和10.4％。2002年，全国事故死亡人数继续上升，达到139 393人，比上年又上升了6.8％。如此高发的事故和如此惨重的死亡人数，导致21世纪安全生产治理体制不得不进行改革和调整。

## 第一节　安全发展理念下的新型现代化之路

21世纪，中国现代化建设迎来了新的历史机遇和时代挑战。从机遇来说，社会主义市场经济不断发展，中国加入世界贸易组织，进一步推动了中国经济增长。与之伴随的是中国政府走向服务型政府、责任政府、透明政府、法治政府等建设，政府治理能力显著提升。21世纪以来，机遇与挑战并存，对经济发展提出了挑战，也对如何实现安全发展提出了挑战。

### （一）新型责任型、服务型政府建设

社会主义建设不单单是社会主义市场经济建设，也需要强有力的社会主义政治建设。国家治理兴衰的研究者早就把政治与经济放到了同一个分析框架之中。诺斯等人提出，西方世界的兴起与其保护所有权的环境有关，"这种环境促进了从继承权到完全无限制的土地所有权、自由劳动力、保护私有财产、专利法和其他对知识财产所有者的鼓励，直到形成一套旨在减少产品和资本市场

缺陷的制度安排"①。在诺斯的国家兴衰理论中，有效保护的产权是其关键，这也是对西方资本主义经济发展的经验总结。但很多学者关注到，仅有产权是不够的，法律、政治等因素同样是具有决定性的。这一理论解释的代表性人物之一就是阿西莫格鲁。在其代表性著作中，阿西莫格鲁和罗宾逊提出汲取性制度和包容性制度概念，并指出，"实施产权、创造公平竞争环境并鼓励在新技术和新技能投资的包容性经济制度，更有利于经济增长""包容性经济制度和包容性政治制度是相互支持的，也就是说，以多元主义方式广泛分配政治权力并能够实现一定政治集权以建立法律和秩序的制度是安全的产权和包容性市场经济的基础"②。在阿西莫格鲁和罗宾逊的框架里，国家兴盛就不再单单是经济制度的原因了，也要有与经济制度相匹配的政治制度。

跳出西方学术界的讨论，我们会看到马克思主义中国化的理论成果对政治与经济关系的讨论非常丰富，且极具启发性。在21世纪改革开放持续推进、经济社会体制改革不断发展的同时，党和国家对政治建设同样保持一贯的投入与关注。

2004年2月，时任国务院总理温家宝正式提出"建设服务型政府"主张，并在第十届全国人大第三次会议的《政府工作报告》中，明确阐述了服务型政府的内涵："创新政府管理方式，寓管理于服务之中，更好地为基层、企业和社会公众服务。"2010年，温家宝在有关现代化建设的报告中提出，"我们的改革是全面的改革，包括经济体制改革、政治体制改革及其他各领域的改革。没有政治体制改革，经济体制改革和现代化建设就不可能成功"③。政治体制改革体现在发展社会主义民主，切实保障人民当家作主的民主权利；健全基层自治组织和民主管理制度；依法治国、依法行政；进一步健全法制，特别要重视那些规范和监督权力运行的法律制度建设；创新政府立法工作的方法和机制，扩大立法工作的公众参与。

党的十八大以来，以习近平同志为核心的党中央从战略和全局出发对服务

---

① ［美］道格拉斯·诺斯、［美］罗伯特·托马斯：《西方世界的兴起》，厉以平等译，华夏出版社2009年版。
② ［美］德隆·阿西莫格鲁、［美］詹姆斯·罗宾逊：《国家为什么会失败》，李增刚译，湖南科学技术大学出版社2015年版，第315页。
③ 《温家宝在十一届全国人大三次会议上的政府工作报告（摘登）》，《人民日报》2010年3月6日。

型政府的建设进行了整体部署。党的十九大报告强调了"建设人民满意的服务型政府"的改革目标。党的二十大报告提出,"为民造福是立党为公、执政为民的本质要求"。在服务型政府建设要求下,放管服改革、权力清单制度、"一网通办"、"最多跑一次"等围绕提升政府服务能力的改革实践层出不穷。与此同时,党和国家极为重视责任型政府建设。有权必有责、有责要担当,失责必追究的政治理念深入人心,并建立起日渐完备的法律法规、制度体系。服务型政府和责任型政府的推进为安全治理带来了新的变化。

### (二) 新型工业化和新型城镇化道路

城镇化与工业化是现代化的两大引擎。步入 21 世纪,尤其是中国在 2001 年正式加入世界贸易组织之后,中国市场经济发展也进入新的阶段,社会化大生产规模急剧提高。在经济发展过程中,也为生产事故埋下了诸多隐患。工业化、城镇化的大发展,带来了生产制造、工业加工、城市基建、地下开发、工业园区集聚、油气管道、货运交通等生产类型。这些工业、制造业、商业伴随着经济超速发展,也迅速扩张,使人们日常生活陷入深度的不确定风险之中。对此,我们提出了走新型工业化道路,走新型城镇化道路。

2002 年 11 月,党的十六大报告首次提出,走新型工业化道路,大力实施科教兴国战略和可持续发展战略。其中强调,实现工业化仍然是我国现代化进程中艰巨的历史性任务。信息化是我国加快实现工业化和现代化的必然选择。新型工业化道路是一条科技含量高、经济效益好、资源消耗低、环境污染少、人力资源优势得到充分发挥的新型工业化路子。在此发展理念和发展设计下,我国工业化水平不断提升,科技含量、本质安全水平也大幅提升,为安全发展奠定了工业科技基础。

与新型工业化一样,在城镇建设上,党和国家确立了走新型城镇化建设之路。新型城镇化建设包括城镇安全建设。在 2013 年中央城镇化工作会议上,党中央就对此指出,"建筑质量事关人民生命财产安全,事关城市未来和传承,要加强建筑质量管理制度建设,对导致建筑质量事故的不法行为,必须坚决依法打击和追究"。

### (三) 社会主义和谐社会与社会治理能力建设

经济社会高速发展,社会剧烈变迁,人民群众生活质量普遍提升,但也面临着社会矛盾高发、社会问题突出的挑战。进入21世纪以来，社会建设作为一个重大议题被提上日程。

2004年9月，党的十六届四中全会正式提出"构建社会主义和谐社会"。2005年2月，时任总书记胡锦涛在省部级主要领导干部提高构建社会主义和谐社会能力专题研讨班上指出，构建和谐社会，是我们党从全面建设小康社会、开创中国特色社会主义事业新局面的全局出发提出的一项重大任务，适应了中国改革发展进入关键时期的客观要求，体现了广大人民群众的根本利益和共同愿望。2006年10月，党的十六届六中全会审议通过了《中共中央关于构建社会主义和谐社会若干重大问题的决定》，这是中国共产党自执政以来第一个加强社会主义社会建设的重要文献，成为指导构建社会主义和谐社会的纲领性文件。

该决定指出，我国社会总体上是和谐的，但是，也存在不少影响社会和谐的矛盾和问题，其中就包括就业、社会保障、收入分配、教育、医疗、住房、安全生产、社会治安等关系群众切身利益比较突出的问题。因此提出，加强社会管理，维护社会稳定，是构建社会主义和谐社会的必然要求。在此要求下，必须创新社会管理体制，整合社会管理资源，提高社会管理水平，健全党委领导、政府负责、社会协同、公众参与的社会管理格局，在服务中实施管理，在管理中体现服务。对于安全生产，提出要"坚持安全第一、预防为主、综合治理，完善安全生产体制机制、法律法规和政策措施，加大投入，落实责任，严格管理，强化监督，坚决遏制重特大安全事故"。

到了新时代，我们一如既往地坚持建设社会主义和谐社会，对社会建设提出了新的主张、要求、制度和改革。其中一个重要转折是对社会主要矛盾作了新的判断。2017年，党的十九大报告鲜明指出，中国特色社会主义进入新时代，我国社会主要矛盾已经转化为人民日益增长的美好生活需要和不平衡不充分的发展之间的矛盾。在新的社会主要矛盾下，人民美好生活需要日益广泛，不仅对物质文化生活提出了更高要求，而且在民主、法治、公平、正义、安全、环境等方面的要求日益增长。这样，对党和国家工作提出了新的、更高的要求，即我们要在继续推动发展的基础上，着力解决好发展不平衡不充分问题，大力提升发展质量和效益，更好满足人民在经济、政治、文化、社会、生态等方面日益增长的需要，更好推动人的全面发展、社会全面进步。在安全生产议题上，党的十九大报告提出，树立安全发展理念，弘扬生命至上、安全第一的思想，健全公共安全体系，完善安全生产责任制，坚决遏制重特大安全事故，提升防灾减灾救灾能力。①

2022年，党的二十大就推进国家安全体系和能力现代化、坚决维护国家安全和社会稳定进行战略部署，强调"必须坚定不移贯彻总体国家安全观，把维护国家安全贯穿党和国家工作各方面全过程，确保国家安全和社会稳定"。党的二十大报告提出，坚持安全第一、预防为主，建立大安全大应急框架，完善公共安全体系，推动公共安全治理模式向事前预防转型。推进安全生产风险专项整治，加强重点行业、重点领域安全监管。提高防灾减灾救灾和重大突发公共事件处置保障能力，加强国家区域应急力量建设。②

**（四）新型安全发展理念**

安全发展理念最早于2005年党的十六届五中全会上提出，会议通过的《中共中央关于制定国民经济和社会发展第十一个五年规划的建议》提出"推进国民经济和社会信息化，切实走新型工业化道路，坚持节约发展、清洁发展、安全发展，实现可持续发展"。

从煤矿安全生产的跨国数据比较，以小见大，管中窥豹，可以发现中国安全生产形势非常严峻，尤其是与社会主义现代化道路极不相配。工业化与煤矿工业的发展可以说是亦步亦趋，煤炭是工业化进程的重要燃料。也因此，煤炭领域的安全生产是起步较早、管理更为成熟、更具有比较性的一个领域。基于研究资料的可得性，本文选取了1990年到2004年中国、美国、印度和俄罗斯的煤矿生产安全事故数据，包括事故死亡人数和亿元GDP生产安全事故死亡率，如表5-1所示。

从表5-1可以看到，1990年到2014年，中国煤矿生产安全事故死亡人数居高不下，其中死亡人数最低值为1993年的5 283人，最高值为1990年的7 185人，这一时间段的平均值为6 208人。亿元GDP死亡率尽管从1990年的1.876降到了2004年的0.408，下降幅度很大，但这一相对指标并不能掩盖煤矿安全事故死亡绝对人数居高不下的态势。与中国差异很大，在美国，采矿工

---

① 《十九大以来重要文献选编》（上），中央文献出版社2019年版，第42页。
② 习近平：《高举中国特色社会主义伟大旗帜 为全面建设社会主义现代化国家而团结奋斗——在中国共产党第二十次全国代表大会上的报告》，人民出版社2022年版，第54页。

表 5-1 中国、美国、印度和俄罗斯煤炭生产安全事故数据比较（1990—2004 年）

| 年份 | 中国 | | 美国 | | | 印度 | | | 俄罗斯 | | |
|---|---|---|---|---|---|---|---|---|---|---|---|
| | 死亡人数 | 亿元 GDP 死亡率 | 死亡人数 | 亿元 GDP 死亡率 | 美国对中国亿元 GDP 死亡率 | 死亡人数 | 亿元 GDP 死亡率 | 印度对中国亿元 GDP 死亡率 | 死亡人数 | 亿元 GDP 死亡率 | 俄罗斯对中国亿元 GDP 死亡率 |
| 1990 | 7 185 | 1.876 | 66 | 0.001 15 | 1 631.3 | 166 | 0.051 | 36.8 | 279 | 0.049 | 38.3 |
| 1991 | 6 269 | 1.499 | 61 | 0.001 06 | 1 414.2 | 143 | 0.044 | 34.1 | 252 | 0.047 | 31.9 |
| 1992 | 5 854 | 1.226 | 55 | 0.000 93 | 1 318.3 | 183 | 0.053 | 23.1 | 318 | 0.069 | 17.8 |
| 1993 | 5 283 | 0.970 | 47 | 0.000 77 | 1 259.7 | 176 | 0.049 | 19.8 | 325 | 0.077 | 12.6 |
| 1994 | 7 016 | 1.139 | 45 | 0.000 71 | 1 604.2 | 241 | 0.062 | 18.4 | 282 | 0.076 | 15.0 |
| 1995 | 6 387 | 0.935 | 47 | 0.000 72 | 1 298.6 | 219 | 0.053 | 17.6 | 273 | 0.077 | 12.1 |
| 1996 | 6 404 | 0.852 | 39 | 0.000 58 | 1 469.0 | 146 | 0.033 | 25.8 | 179 | 0.053 | 16.1 |
| 1997 | 6 753 | 0.822 | 30 | 0.000 43 | 1 911.6 | 165 | 0.035 | 23.5 | 241 | 0.070 | 11.7 |
| 1998 | 6 134 | 0.693 | 29 | 0.000 39 | 1 776.9 | 146 | 0.029 | 23.9 | 139 | 0.042 | 16.5 |
| 1999 | 5 518 | 0.579 | 34 | 0.000 44 | 1 315.9 | 138 | 0.026 | 22.3 | 104 | 0.030 | 19.3 |
| 2000 | 5 798 | 0.562 | 38 | 0.000 48 | 1 170.8 | 134 | 0.024 | 23.4 | 115 | 0.030 | 18.7 |
| 2001 | 5 670 | 0.507 | 42 | 0.000 52 | 975.0 | 165 | 0.028 | 18.1 | 132 | 0.033 | 15.4 |
| 2002 | 6 149 | 0.504 | 27 | 0.000 33 | 1 527.3 | 150 | 0.025 | 20.2 | 85 | 0.020 | 25.2 |
| 2003 | 6 679 | 0.498 | 30 | 0.000 36 | 1 383.3 | 145 | 0.022 | 22.6 | 100 | 0.022 | 22.6 |
| 2004 | 6 027 | 0.408 | 28 | 0.000 32 | 1 275.0 | 99 | 0.014 | 29.1 | 148 | 0.031 | 13.2 |

资料来源：颜烨：《煤殇：煤矿安全的社会学研究》，社会科学文献出版社 2012 年版，第 67 页。

作已经成为最安全的职业之一。在数据时间范围内,美国煤矿安全生产已经日趋稳定,近年来每年生产安全事故死亡人数在 30 人上下。从亿元 GDP 死亡率这一相对指标来看,美国是中国的 1 000 多倍。可以说,中国与美国相比,在煤矿安全生产上还有很大差距。

如果说中美之间的差异是因为工业化阶段不同,同处于工业化快速发展的中印之间在安全生产上也存在不小的差距。从表 5-1 可以看出,印度煤矿生产安全事故死亡人数绝对值一直比较低且平缓,到 2004 年时,死亡人数已经降到 100 人以下。从亿元 GDP 死亡率的比较来看,印度依然保持着对中国 20 倍以上的进步。考虑到 2004 年中国 GDP 规模是印度 GDP 规模的 2.8 倍,中国实际安全生产水平更加落后于印度。

作为转型期国家的代表,俄罗斯的煤矿安全生产状况比中国好一些。从生产安全事故死亡人数的绝对值来看,俄罗斯煤矿生产安全事故死亡人数自 1990 年以来有了不小的减幅。其中最大值为 1993 年的 325 人,最小值为 2002 年的 85 人。从相对值亿元 GDP 死亡率来看,俄罗斯也是中国的十几倍,有些年份达到 30 多倍。

一项多国安全生产形势的比较研究指出,中国煤矿生产安全事故死亡率不仅极大高于美国、澳大利亚、加拿大、英国、德国,而且远高于南非、俄罗斯、波兰和印度。中国煤矿生产事故每年平均死亡人数在 6 000 人以上,比全球主要产煤国家生产安全事故死亡人数的总和(不超过 1 500 人)还要多几倍。[1] 从煤矿生产安全事故的数据比较来看,中国煤矿安全生产依然面临着很大的压力。

就是在这样的背景下,安全发展的理念应运而生,而且不断被中央领导强调。胡锦涛在强调安全生产时指出,要坚持把实现安全发展、保障人民群众生命财产安全和健康作为关系全局的重大责任,与经济社会发展各项工作同步规划、同步部署、同步推进,促进安全生产与经济社会发展相协调。[2] 安全发展的理念要求,发展不能以牺牲生态环境为代价,更不能以牺牲人的生命为代

---

[1] 范维唐主编《我国安全生产形势、差距和对策》,煤炭工业出版社 2003 年版,第 18 页。
[2] 胡锦涛:《社会主义国家发展不能以牺牲人命为代价》,《人民日报》2006 年 3 月 29 日。

价。温家宝强调,我们的政府是人民的政府,我们所做的一切都要对人民负责。经济发展必须建立在安全生产的基础上,绝不能以损害人民群众利益甚至牺牲职工生命为代价。"坚决守住安全生产这条红线"是温家宝在2011年甬温线"7·23"特别重大铁路交通事故发生后的国务院常务会议上提出的。会议强调指出,搞建设、谋发展都必须牢固树立科学、安全、可持续的理念,把安全放在第一位。把生命高于一切的理念落实到生产、经营、管理的全过程,坚决守住安全生产这条红线。[1] 温家宝从政绩观的角度提出,必须树立正确的政绩观,抓经济发展是政绩,抓安全生产也是政绩。不搞好安全生产,就没有全面履行职责。[2] 此后,"安全生产红线"作为一个发展原则被党和国家领导人高度重视起来。

习近平总书记在2015年5月中共中央政治局第二十三次集体学习时强调,要牢固树立安全发展理念,自觉把维护公共安全放在维护最广大人民根本利益中来认识。在贵州调研时,习近平总书记再次强调,"公共安全是最基本的民生","人命关天,发展绝不能以牺牲人的生命为代价,这必须作为一条不可逾越的红线"。

从2002年后的发展理念可以看出,历届国家领导人已经高度认识到安全发展是国家治理内在的本义,是中国共产党领导下的社会主义国家建设的历史使命。同时,安全发展与经济发展同样重要,绝不能为了经济而忘了安全。安全作为一种社会权利,体现了国家对公民权的重视。2014年修改后的《安全生产法》第三条规定,安全生产工作应当以人为本,坚持安全发展,坚持安全第一、预防为主、综合治理的方针。安全发展的理念写入法律文本,提高了安全发展的法治化水平和强制性能力。2021年修订后的《安全生产法》第三条在原有表述基础上,增加了"坚持人民至上、生命至上,把保护人民生命安全摆在首位"的要求。

## (五)中国安全生产形势的世纪转折

进入21世纪后,中国安全生产发生了重要转折,可称之为世纪转折。世

---

[1]《温家宝主持召开国务院常务会议 强调坚决守住安全生产这条红线》,《人民日报》2011年7月28日。

[2] 温家宝:《在全国安全生产工作会议上的讲话》,中国政府网,http://www.gov.cn/ldhd/2006-01/25/content_171180.htm。

纪转折具有两层含义,一是时间层,本书指出在21世纪前后中国安全生产形势发生了深刻的转变。中国安全生产形势摆脱了自新中国成立以来的波动曲线,进入真正的生产安全的倒U形曲线。从2002年生产安全事故总量达到最高值以后,2003年出现下降,这一转折至今保持了20多年,并持续向好。二是国家治理模式的转型,从发展型政府转到了具有中国特色的监管型政府阶段。

中国安全生产科学研究院原院长刘铁民在其2009年出版的专著中指出,从宏观层面分析,生产安全事故的直接原因是经济(生产)活动,安全生产状况是国家经济及社会发展水平的反映。在此认识论基础上,他进一步指出,生产安全事故的整体风险水平很难在短时间内有大幅降低。在此他对生产安全事故作出宏观预测,在未来的一段时间内(2008年及以后)我国生产安全事故形势将表现为螺旋式波动下降趋势,即总体会处于下降趋势,但在某些时段会出现波动,甚至巨大的反复。其预测趋势图显示,2010年左右、2016年左右会出现事故上升趋势。[①] 无独有偶,罗云和黄毅在其2005年的著作中也提出预测,认为如果不提出强制性的控制目标要求,根据统计学的事故趋势预测水平,中国各类生产安全事故死亡总人数将在2005年突破15万人、2010年达到20万人、2020年将达到35万人,呈现出不断上升的趋势。同时,作者期望通过科学的安全生产发展战略对策,使各类事故走出倒U形曲线的趋势,从2002年到2012年逐步上涨,到2012年的18万人高峰后逐步下降,到2020年降到14万人左右。[②] 站在今天回看,可以发现这两项预测是错误的。因为他们的分析更多是从事故的规律性进行预测,而缺少对体制能动性的分析。

基于数据的可得性,在2002年之前的数据使用的是工矿企业生产安全事故死亡人数这一指标,而在2002年后,全国各类事故死亡总数的数据常规化的在历年的国民经济和社会发展报告及《中国统计年鉴》中报告。从图5-1可以看到,2002年各类事故死亡人数的最高点,达到139 393人。2003年是我国各类事故死亡人数出现下降的转折点,当年各类事故死亡人数为137 070人,比上年减少了2 323人,下降1.7%。其后,历年各类事故死亡总数稳步下降,到2021年各类事故死亡总数降到26 307人,比2002年最高峰时期死

---

[①] 刘铁民:《中国安全生产若干科学问题》,科学出版社2009年版,第28页。
[②] 罗云、黄毅:《中国安全生产发展战略》,化学工业出版社2005年版,第22—23页。

亡人数减少了 113 086 人，下降了 81.13%。可以说，经过近 20 年的努力，中国安全生产形势得到了较大的扭转并持续向好。

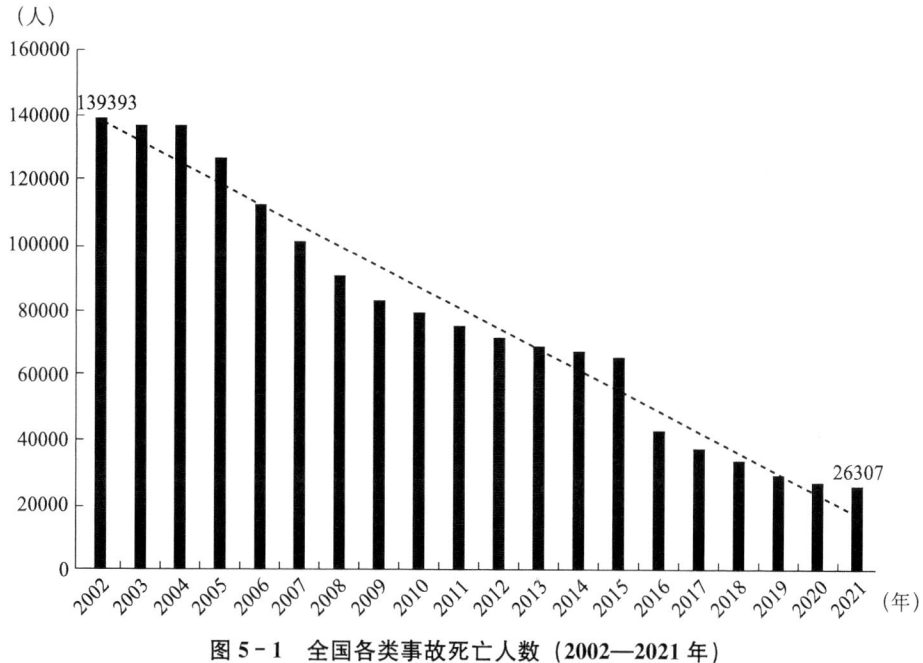

图 5-1 全国各类事故死亡人数（2002—2021 年）

21 世纪以来，中国安全生产形势出现了根本性的转折，生产事故死亡人数实现了连续 20 年的下降。更为关键的是，中国安全生产形势随着现代化发展，走出了波浪线曲线的阶段，而进入倒 U 形曲线的后半段。

从中国、英国和日本的生产安全事故死亡人数来看，随着现代化发展，尤其是工业化和城市化进入一定阶段，生产安全事故开始呈现整体下降的趋势。尽管中国这一趋势来得晚，但结合中国现代化的发展进程来看，这一趋势是明确的。

英国、日本的安全生产实现了稳定、优质的转变，生产安全事故造成的死亡人数已经降低到一个很小的范围内。与英国和日本比较，中国生产安全事故死亡人数绝对值过大，在很长一段时间内，每年生产安全事故死亡总人数在 10 万人以上，经过近些年的努力，生产安全事故死亡人数才下降到较低状态。国际劳动组织提供了世界各国安全生产水平的比较数据，以中国 2016 年数据为例，根据国民经济和社会发展统计公报，全年各类生产安全事故共死亡 43 062 人，年末全国就业人员 77 603 万人。十万就业人口事故死亡人数为

5.55 人。根据国际劳动组织数据，同一年度欧洲发达国家的这一数字分别为荷兰 0.5 人、英国 0.8 人、德国 1.0 人、希腊 1.3 人、西班牙 1.8 人。这些发达国家的十万劳动者生产安全事故死亡人数低于 2 人，安全生产水平远高于中国。与中国十万劳动者生产安全事故死亡人数相近的是俄罗斯（5.0 人）、美国（5.3 人）、乌克兰（5.5 人）等。

尽管如此，我国当前安全生产形势依然面临很大压力。一些领域事故高发，燃气爆炸、坍塌事故、危险化学品事故、重大火灾事故、重大道路交通事故尤为突出。就燃气爆炸来说，近年最为严重的事故之一为 2021 年湖北十堰艳湖社区集贸市场"6·13"重大燃气爆炸事故，事故造成 26 人死亡、138 人受伤。就坍塌事故来说，近几年多次发生重大以上事故。2020 年福建泉州市欣佳酒店"3·7"坍塌事故造成 29 人死亡、50 人受伤，直接经济损失约 5 794 万元。2021 年苏州开源酒店"7·12"重大坍塌事故，造成 17 人死亡、5 人受伤，直接经济损失约为 2 615 万元。2022 年 4 月 29 日，长沙自建房坍塌，54 人遇难。在航运交通领域，特大事故也有发生。2015 年 6 月 1 日，重庆东方轮船公司的客轮"东方之星"号在长江湖北石首段倾覆，死亡和失踪 442 人。2017 年，陕西安康京昆高速"8·10"特别重大道路交通事故被认定为生产安全责任事故，造成 36 人死亡、13 人受伤，直接经济损失达 3 533 万元。2022 年更是发生了一起特大航空事故，即 3 月 21 日东航事故，造成 132 人遇难，事故原因仍在调查之中。安全生产形势虽然有着世纪转折，但安全形势不容轻视，安全事故的基数依然很大，对人民群众生命健康的保护仍是国家治理的大事。

## 第二节　政府安全生产治理能力：组织与专业的提升

经过发展性体制阶段，政治权力依然是治理中的核心力量，与此同时，企业力量、社会力量也逐渐积累强大起来，成为安全生产治理中不可或缺的角色。尽管如此，安全生产治理中的标准制定、安全检查依然以政治权力为主。因此，政府部门的安全治理能力是考量的第一要素。

### （一）监管部门的组织建设和权力位阶

组织是改革的基础性工作，新一轮的安全生产治理改革首先从 2000 年的政府机构改革开始,并经过几年的调整、优化,形成新的组织权力结构。2000年,国家对国家经济贸易委员会着手机构改革,改革的指导思想之一是完善安全生产管理体制,加强安全生产工作。对此,国家经贸委改革内容之一就是撤销国家机械工业局、国家煤炭工业局、国家冶金工业局等九个委管局,在安全生产局基础上组建新的国家安全生产监督管理局。新的国家安全生产监督管理局与旧的国家煤矿安全监察局实行一个机构、两块牌子的组织模式。

撤销九个部管局,延续了之前机构改革中撤销产业部的思路,实质上是剥离了国家职能部门的生产管理职能,强化了国家的监管职能。正如朱镕基所言,从机制上看,工业部门从本行业的利益出发,很难对自己管的企业认真监管,工作重点往往偏于向中央要钱、要政策。总之,改革之后,工业局和企业没有直接关系。①

国家安全生产监督管理局(国家煤矿安全监察局)成为综合管理全国安全生产工作、履行国家安全生产监督管理和煤矿安全监察职能的行政机构。在组织隶属上,国家安全生产监督管理局仍由国家经济贸易委员会负责管理,但国家安全生产监督管理局作为专业监管机构的职能得到强化。2001年3月,党中央、国务院决定恢复成立全国安全生产委员会,全国安全生产委员会主任由时任国务院副总理吴邦国担任,全国安全生产委员会办公室设在国家安全生产监督管理局。这样,1993年撤销的全国安全生产委员会重新恢复职能建设,可见安全生产工作再次受到重视。

2003年,新一轮国务院机构改革明确国家安全生产监督管理局(国家煤矿安全监察局)为国务院直属机构,负责全国安全生产综合监督管理和煤矿安全监察工作。随后经中央编制委员会批准,将1998年机构改革中剥离到卫生部门承担的作业场所职业卫生监督职责重新派回到国家安全生产监督管理局,实现了职业安全和职业卫生的合并管理。2005年2月,国务院下发文件再次作出调整,将国家安全生产监督管理局升格为国家安全生产监督管理总局,为正部级单位,并专设国家煤矿安全监察局,为总局管理的国家局。安全生产监督管理的职能部门的权力位阶、独立性再次提升,可见安全生产监督管理工作在国家治理中的重要性。通过2000年、2003年、2005年的一系列机构改革,

---

① 《朱镕基讲话实录》编辑组:《朱镕基讲话实录》(第3卷),人民出版社2011年版,第30页。

全国安全生产监督管理工作得到显著提升。

首先，设立新的国家安全生产监督管理机构，实现了生产管理与安全监管的真正分离。新的组织机构设置模式改变了机构改革前安全生产管理机构附属于经济管理部门之下的局面，减少了经济管理事务对安全生产监督管理工作的影响。安监工作作为维护生产秩序，尤其是保护企业职工和社会大众生命健康安全的重要手段，其工作开展需要破除经济职能部门的干预。其次，从部际关系看，新的机构改革有助于提升安全生产监督管理部门履职的独立性。国家安全生产监督管理总局升格为正部级单位，与其他行业主管部门，如住建部、公安部、教育部等级别平行，方便其行使安全生产综合管理职能。最后，在新的安监管理格局中，安监部门的组织位阶获得提升，全国安全生产委员会再次恢复，使安监部门所能协商的平台、调配的资源、发动的能力都得到提升。安全生产监督管理工作由分管副总理领导，提升了安全生产管理工作在国家中心工作中的地位。

在中央机构改革推动下，全国建立起一套安全生产监督管理机构，形成专业化的安全生产监督管理组织网络。到 2005 年年底，绝大部分省（区、市）和新疆生产建设兵团建立了专门的安全生产监管机构，各地安全生产委员会及其办公室也逐步予以恢复，其职责权限与国务院安委会及其办公室也逐步一致。到 2010 年年底，省、市、县、乡镇（街道）都成立了安全生产委员会，负责协调指导本地区安全生产工作；所有省（区、市）、市（地）和 95% 的县级政府都设立了独立履行职责的安全生产监管机构（不再由地方经贸委等综合经济部门代管）；那些厂矿企业较多、监管任务较重的乡镇（街道）也建立了安全生产监管站。形成了较为健全的安全生产监管体系和覆盖全国的监管网络。① 至此，新的安全生产管理组织格局形成，大大提高了政府安全生产治理能力（见图 5-2）。

2018 年，中共中央印发了《深化党和国家机构改革方案》，对安全生产治理体制进行了大刀阔斧的改革。时任国务委员王勇在《关于国务院机构改革方案的说明》中指出，我国是灾害多发频发的国家，为防范化解重特大安全风险，健全公共安全体系，整合优化应急力量和资源，推动形成统一指挥、专常兼备、反应灵敏、上下联动、平战结合的中国特色应急管理体制，提高防灾减

---

① 朱义长：《中国安全生产史（1949—2015）》，煤炭工业出版社 2017 年版，第 70 页。

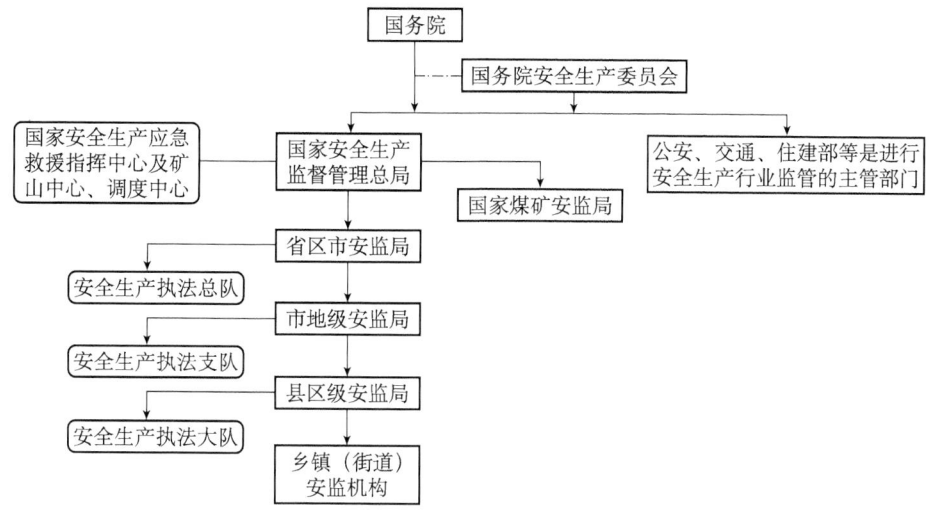

**图 5-2　2018 年国家机构改革之前安全生产监管的组织网络**

灾救灾能力，确保人民群众生命财产安全和社会稳定。方案提出，将国家安全生产监督管理总局的职责、国务院办公厅的应急管理职责、公安部的消防管理职责、民政部的救灾职责、国土资源部的地质灾害防治职责、水利部的水旱灾害防治职责、农业部的草原防火职责、国家林业局的森林防火职责、中国地震局的震灾应急救援职责以及国家防汛抗旱总指挥部、国家减灾委员会、国务院抗震救灾指挥部、国家森林防火指挥部的职责整合，组建应急管理部，作为国务院组成部门。

新组建的应急管理部的主要职责是：组织编制国家应急总体预案和规划，指导各地区各部门应对突发事件工作，推动应急预案体系建设和预案演练；建立灾情报告系统并统一发布灾情，统筹应急力量建设和物资储备并在救灾时统一调度，组织灾害救助体系建设，指导安全生产类、自然灾害类应急救援，承担国家应对特别重大灾害指挥部工作，指导火灾、水旱灾害、地质灾害等防治；负责安全生产综合监督管理和工矿商贸行业安全生产监督管理等。在应急救援队伍上，公安消防部队、武警森林部队转制后，与安全生产等应急救援队伍一并作为综合性常备应急骨干力量，由应急管理部管理，实行专门管理和政策保障，制定符合其自身特点的职务职级序列和管理办法。

需要说明的是，按照分级负责的原则，一般性灾害由地方各级政府负责，应急管理部代表中央统一响应支援；发生特别重大灾害时，应急管理部作为指挥部，协助中央指定的负责同志组织应急处置工作，保证政令畅通、指挥有效。应急管理部要处理好防灾和救灾的关系，明确与相关部门和地方各自职责分工，建立协调配合机制。考虑到中国地震局、国家煤矿安全监察局与防灾救灾联系紧密，将两者划由应急管理部管理，不再保留国家安全生产监督管理总局。[①]

### （二）监管人员规模、专业性与行政下沉

1. 执法队伍的壮大与专业化

政府组织的有效运转离不开有专业知识和技能的政府人员。现代官僚体系是现代国家建设必不可少的一部分。随着国家对社会监管的日益重视，政府监管力量也在不断强大。

根据2016年江苏省安全生产执法人员的配备数据（见表5-2），江苏省执法人员编制人数为1 723人，实际到岗人数为1 369人，平均到岗率约为79%。虽然执法人员到岗率还存在问题，但在岗人数已经远远超过计划经济时期及改革开放后的前20年。从专业化素质看，已成为注册安全工程师的安全生产执法人员人数为493人，通过率达到36%。可以说，安全生产监管管理工作已经形成了一支具有专业知识、监管能力的监管队伍。

表5-2　2016年江苏省安全生产执法人员配备数据

| 序号 | 各市安监局 | 执法检查 | | | 机构人数 | | | 注册安全工程师人数（人） |
|---|---|---|---|---|---|---|---|---|
| | | 计划检查企业总家次 | 实际检查企业总家次 | 完成率（%） | 编制人数（人） | 到岗人数（人） | 到岗率（%） | |
| 1 | 南京市 | 5 513 | 6 235 | 113 | 135 | 88 | 65 | 24 |
| 2 | 无锡市 | 10 531 | 15 468 | 147 | 217 | 132 | 60.8 | 51 |
| 3 | 徐州市 | 9 707 | 10 526 | 108 | 115 | 119 | 103 | 14 |
| 4 | 常州市 | 2 392 | 3 178 | 132.9 | 109 | 92 | 84.4 | 31 |
| 5 | 苏州市 | 17 717 | 23 772 | 134.18 | 314 | 284 | 90.45 | 113 |
| 6 | 南通市 | 5 729 | 8 951 | 156.2 | 139 | 129 | 92.8 | 64 |

---

① 王勇：《关于国务院机构改革方案的说明》，《人民日报》2018年3月14日。

续表

| 序号 | 各市安监局 | 执法检查 | | | 机构人数 | | | 注册安全工程师人数（人） |
|---|---|---|---|---|---|---|---|---|
| | | 计划检查企业总家次 | 实际检查企业总家次 | 完成率（%） | 编制人数（人） | 到岗人数（人） | 到岗率（%） | |
| 7 | 连云港市 | 1 439 | 1 877 | 130 | 77 | 59 | 76.6 | 26 |
| 8 | 淮安市 | 2 083 | 2 588 | 124 | 113 | 69 | 61 | 27 |
| 9 | 盐城市 | 1 594 | 1 818 | 114 | 142 | 115 | 81 | 45 |
| 10 | 扬州市 | 2 686 | 2 868 | 107 | 83 | 62 | 75 | 33 |
| 11 | 镇江市 | 3 208 | 4 486 | 140 | 85 | 63 | 74 | 19 |
| 12 | 泰州市 | 3 035 | 3 235 | 106.5 | 116 | 87 | 75 | 36 |
| 13 | 宿迁市 | 1 939 | 2 806 | 144.71 | 58 | 53 | 91.4 | 10 |
| 14 | 徐州分局 | 82 | 93 | 113.4 | 20 | 17 | 85 | 0 |
| | 全省合计 | 67 655 | 87 901 | 129.9 | 1 723 | 1 369 | 78 | 493 |

**资料来源** 《省安委办关于2016年度全省安全生产执法工作情况的通报》，江苏省应急管理厅网站，http://ajj.jiangsu.gov.cn/。

在实践调研中发现，基层安监人员普遍反映人员配置不足，尤其是一线执法人员。在既有研究之中也有类似观点。中国安全生产科学研究院张森依据2013年全国县、乡级安全生产执法队伍机构的统计数据指出，全国2 862个县（市、区）88.5%设置了专门的执法队伍，设置比例不断提高。但全国2 534个县级执法队伍平均编制数为9.9人。在乡镇一级，全国所有乡镇（街道）执法队伍的平均编制仅为0.23人，已设立执法队伍的平均编制仅为1.99人。[1] 从监管人员的国际比较来看，按安全监察人员与每1万名职工之比计算，2000年年初时中国不到0.83人，而英国为4.5人、德国为3.5人、美国为2.1人。[2]

以上数据有其合理之处，但其反映的问题也不尽然。中国作为一个超大规

---

[1] 张森：《我国安全生产基层执法队伍建设问题与对策》，《中国安全生产科学技术》2014年第8期。

[2] 王显政主编《完善我国安全生产监督管理体系研究》，煤炭工业出版社2005年版，第51页。

模的国家，与相对人口较小的欧美国家相比，不能简单地拿公职人员比例计算。并且作为最大的发展中国家，也不能简单只比较监管人员的规模。

中国政府规模的主要问题在于结构和功能性问题，纵向各级政府之间，横向职能部门之间、机关事业单位之间、党政部门之间配置上不合理。① 因此，对安监执法力量的研究，要从结构上找原因。例如，在1998年机构改革时，原劳动部承担的劳动监察工作一分为四，其中劳动争议和仲裁、女工和未成年保护等监察职能划归为新成立的劳动和社会保障部。劳动和社会保障部在劳动监察的机构设置、人员配置上也在不断扩张。根据2008年年末的数据，全国共有劳动保障监察机构3 291个，劳动保障监察机构组建率为94.7%。各级劳动保障部门配备劳动保障专职监察员2.3万人。在全国范围内重点开展专项检查活动，全年主动检查用人单位180.8万户，对171.2万户用人单位进行了书面审查，调查处理举报投诉案件48.1万件，查处各类劳动保障违法案件48.3万件。除了劳动部门，还有质检部门、卫生部门等分管安全生产监管，这些是曾经同属于一个安全生产监管系统的职能部门。中国安全生产监管的人员由庞大的安全生产监管综合部门和行业部门组成。对此，近些年党和国家对综合执法体制进行改革，各地也开始探索出了"一支队伍管执法""大综合一体化"等执法体制。

其中，一个重要指导性文件是2020年中共中央办公厅、国务院办公厅共同印发的《关于深化应急管理综合行政执法改革的意见》，其主要任务第一条即整合监管执法职责，要求将法律法规赋予地方应急管理部门的有关危险化学品、烟花爆竹、矿山、工贸等行业领域安全生产监管，以及地质灾害、水旱灾害、森林草原火灾等有关应急抢险和灾害救助、防震减灾等方面的行政处罚、行政强制职能进行整合，组建应急管理综合行政执法队伍。同时，要求地方各级应急管理部门内设机构和综合行政执法队伍应建立协调联动机制，联合实施行政检查，减少检查频次，提高监管执法效能。该意见也对健全监管执法体系、加强执法队伍建设、下移执法重心、规范执法行为、完善执法方式等方面提出了具体规定，为提升安全生产监管执法的效能提供了指导性意见。

---

① 李帆、樊轶侠：《中国政府公务人员规模与结构研究：基于国际比较视角》，《国家行政学院学报》2017年第6期。

## 2. 权力向基层下沉：乡镇执法权配置

除了横向职能部门之间的人员配置外，国家也通过改革纵向政府间的人员配置，使权力向基层下沉。基层是党和政府联系人民群众的纽带，也是直面人民群众的工作窗口。习近平总书记多次强调，基层工作很重要，基础不牢，地动山摇，大家都要重视基层基础工作。各级党委和政府要增强责任感和自觉性，把自己职责范围内的风险防控好，不能把防风险的责任都推给上面，也不能把防风险的责任都留给后面，更不能在工作中不负责任地制造风险。①

基层管理水平决定着党执政的社会基础和执政能力、国家治理的根基和水平。在安全生产问题上，习近平总书记也强调，维护公共安全体系，要从最基础的地方做起。要把基层一线作为公共安全的主战场，坚持重心下移、力量下沉、保障下倾，实现城乡安全监管执法和综合治理网格化、一体化。行政力量下沉是提供基层政府调适能力的重要方式之一。② 面对基层安全生产问题，行政下沉显得尤为迫切。

中国个体户数和私营企业在 2000 年分别为 2 571 万户、176 万户，就业人员分别为 5 070 万人、2 407 万人，此后一路上涨（见图 5-3）。到 2016 年，中国个体户和私营企业分别达到 5 930 万户、2 309 万户，分别增长了 2.3 倍、13.1 倍，就业人员也分别达到 12 862 万人、17 997 万人，分别增长了 2.5 倍、7.5 倍。企业及其带动的就业人口的大规模增长对安全生产管理提出了更高的要求，对管理方式也形成了新的改革压力，尤其是对基层安全生产提出了更大的考验。国家在推动政府改革中也一直强调重心下移。

在实践中，各级政府通过两种方式增强乡镇层面的安监力量。一些地方通过对乡镇安监人员开展培训，颁发行政执法证件，赋予一定监管权力。乡镇安监站人员的监管权，一般包括现场检查权、现场处理权、紧急处置权，并不具有行政执法的权力。这套做法一方面通过制度化的手段赋予乡镇安监人员一定权力，增强其工作合法性。另一方面，由于乡镇安监人员并非专职人员，存在能力不足、精力有限、多重任务要求等问题，使得这种改革效果并不能达到预期效果。而且由于安监站的设立以及安监职责的明晰化，乡镇安监人员面临着非

---

① 《习近平谈治国理政》（第 2 卷），外文出版社 2017 年版，第 82 页。
② 梁玉柱：《压力型体制下基层政府的调适行动与社会治理的行政化》，《社会主义研究》2018 年第 4 期。

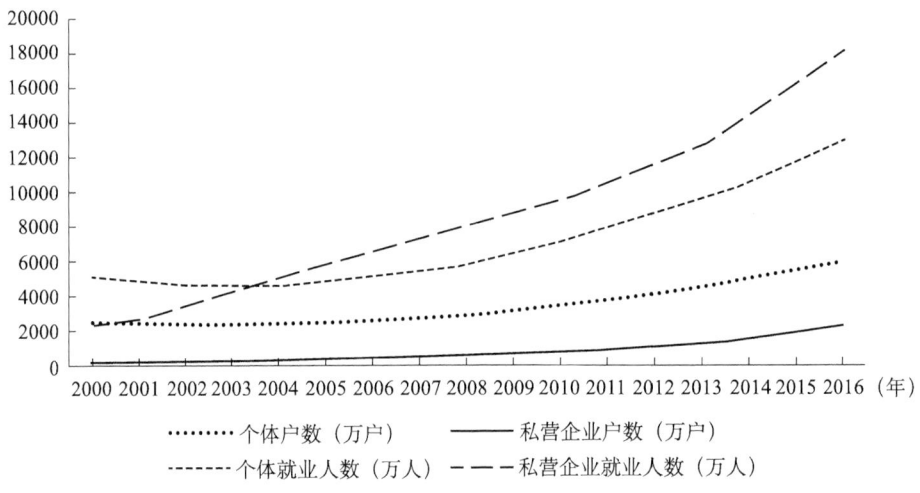

**图 5-3　2000 年以来个体户、私营企业数量及其就业人数发展**

**数据来源**　国家统计局数据中心，http://data.stats.gov.cn/index.htm。

常大的安监任务和问责压力，导致乡镇人员对安监任务的抵触、排斥。安监工作并非独立的监管，还受其他工作的影响，甚至其他工作会决定安监员的发展。例如，基层安监员常常面临着既要监督检查安全生产工作，还要负责招商引资，调解劳资纠纷。这些问题本身早已超过了安监员的工作职责范围。由于地方政府面临的发展经济激励和维持社会稳定的需要，以及由此带来的地方安监部门和地方安监人员面临的多重任务，加之安监人员的专业能力、职权配置，基层安监工作面临着严重的专业化、独立性问题。

作者在 2018 年 7 月和 8 月对湖北省 JS 市一个乡镇的实证调研时发现，乡镇执法改革面临着很大的问题与困境。安全生产实行"属地管理""分级监管"的体制。所谓"分级监管"就是根据企业规模，将企业监管责任分配给省、市、县、乡镇。JS 市下辖永兴镇负责监管的企业包括 107 家"两化系统"（安全生产数字化信息化系统的简称）上的企业和单位，包括 44 家规模企业、13 家商贸企业、6 家矿山、5 家加油站、18 家烟花爆竹点及 21 个村社单位。除了"两化系统"的企业单位，还包括 280 家不在系统内的小规模的个体工商户、私营企业等。在管理组织设置上，永兴镇只设置了一个镇安全生产办公室（简称安办），并在着手建立乡镇安全生产监管站。安办主任由经济发展办公室主任和乡镇人大主席兼任，安办配备了两名工作人员，也身兼安全生产、经济发展和乡镇人大的工作。这样的人员配备与工作责任明显不成正比，又存在风险。

在与永兴镇安办主任访谈时了解到，每次常规化的安全生产大检查，由于检查任务重，整个乡镇由乡镇各领导分片区带队检查。检查工作时调动全镇所有政府人员利用两天左右时间，集中完成任务。然而，由于安监工作要真正做好做细，需要一定的技术和知识门槛，并非乡镇工作人员都有能力参与安全生产检查。因此，在乡镇层面，甚至在一些县级安监部门层面，安全生产大检查仅仅是对制度文本检查为主，如检查企业是否有经营许可证、是否有教育培训记录、是否购买安全生产责任险、是否做了应急预案等。在这种情况下，行政检查的有效性就大打折扣。

另外一种增强基层监管权力的方式是通过增加县级（区）安监部门的人员编制，通过人员下沉，加强对乡镇、街道安全生产的监管。与委托执法的方式相比，这种人员下沉的方式虽然人员身份、权力大小存在一定差异，但究其还是"人海战术"的一种体现。两种方式差异并不明显。权力向基层下沉实质上是扩大政府规模的体现，看似是行政权力的变化，其实不过是组织建设中人员配备的增强。

中国安全生产监督管理工作已经建立起一支颇具规模的监管大军，问题在于，不论是横向部门间，还是纵向政府间，安全生产监管的人员结构都存在调整空间。为了落实监管责任，中国各级政府投入更多的人力、物力、财力等资源到监管组织建设和专业化人员建设之中。中国安全生产综合管理部门和行业管理部门都建立起一套自中央到地方的组织网络，配备了专业的、充足的安监人员。行政系统内"双轨制"的监管体制确立起来，同时综合管理部门的权力位阶也得到了提高。这一套"双轨制"监管体制奠定了全国庞大规模企业的安全生产监管基础。

### （三）制标和检查部门走向专业化

根据中华人民共和国应急管理部官方网站信息，应急部内设机构共22个司局级单位，包括办公厅、应急指挥中心、人事司、教育训练司、风险监测和综合减灾司等。其中，安全生产执法和工贸安全监督管理局的主要职责是：承担冶金、有色、建材、机械、轻工、纺织、烟草、商贸等工贸行业安全生产基础和执法工作；拟订相关行业安全生产规程、标准，指导和监督相关行业生产经营单位安全生产标准化、安全预防控制体系建设等工作，依法监督检查其贯彻落实安全生产法律法规和标准情况；负责安全生产执法综合性工作，指导执法计划编制、执法队伍建设和执法规范化建设工作。

从安全生产执法和工贸安全监督管理局的主要职责看，安全生产规程、标准等安全标准制定由专门行政机构负责。法律作为安全标准的重要方面，由政策法规司承担，其主要职责是：组织起草相关法律法规草案和规章，承担重大政策研究工作，承担规范性文件的合法性审查和行政复议、行政应诉等工作。同时我们也能看到工贸八大行业的执法检查常规工作安排、执法队伍建设、执法规范化建设也进入专业化管理阶段。

## 第三节 政治主导的安全标准及其法制化、规范化和市场化走向

标准是规模治理的基础。在安全生产治理体制中，标准有狭义、广义之分，狭义上指规范生产过程的制度性要求形成的标准规程，广义上的标准不仅指规范生产过程的规程，还包括规范各行为主体履职尽责的要求，包括法律法规、生产规程、市场规范、行政规定等。本书正是在广义意义上分析标准。

在进入21世纪之后，中国社会主义市场经济有了基础性发展。为了深入推进市场经济，提高生产力，中国持续推进标准化建设，为社会主义市场经济建立起良好的发展环境，这种标准化建设就包括行政部门、市场主体、生产者在内的各类主体综合运用法律手段、行政手段、管理手段、市场手段等规范，力图建立责任政府、服务型政府，推进社会主义市场经济建设。在安全生产治理上，这一时期的安全标准更加丰富、多样，展示出新世纪治理手段、治理要求、治理目标的新变化。

### （一）法律性标准：健全安全生产法律法规体系

法治是现代国家的基本要素。2006年，时任国务院总理温家宝在全国安全生产工作会议上提出"做好安全生产工作，根本靠法制"的重要判断。进入新的历史阶段，提高安全生产的法律性标准仍然是安全生产治理不可或缺的内容。

在2000年之前，围绕安全生产已经形成了一批专门性的法律文本，但是一直未形成安全生产的专门立法。2000年12月，国务院法制办将《安全生产

法》列入 2001 年度立法计划，并明确国家经贸委下属的国家安全生产监督管理局为法律草案的起草单位。之后，经全国人大常委会审议通过，《安全生产法》于 2002 年 6 月予以公布，自 2002 年 11 月 1 日正式施行。《安全生产法》的公布和施行对安全生产治理具有重要的里程碑意义。作为安全生产的专门性法律，通过完备、系统的制度规范，为安全生产法治化提供了基础和保障，为 21 世纪以来安全生产发展奠定了良好的法治基础。

在社会飞速变革的背景下，法律滞后性就会更加凸显。经过十多年的发展，安全生产法律体系与经济社会发展要求、新时代的安全生产形势及人民群众安全感的新期待有了一定差距，表现在四个方面。一是部分法规过时，法规面临修订的任务。二是部分法规缺失，尤其是涉及安全生产中介服务、市场准入、应急管理、职业病防治等方面法规缺乏。三是法规质量有待提高，科学、民主立法不够。四是法规之间衔接问题，缺乏统一性。在此背景下，2009 年国家修订了《矿山安全法》，2014 年修订了《安全生产法》。新修订的《安全生产法》共有 52 项具体修改内容，涉及原来法律中 97 条条文的 63 条，占比 65%。主要修改之处在以下几个方面：第一，落实企业主体责任，加大经济处罚和责任追究力度，完善生产经营单位安全生产保障制度。第二，强化监管职责，健全监管体系，完善法律安全监督管理制度。第三，加强民主监督和社会监督，完善从业人员安全生产权利义务制度。第四，加大源头治本力度，完善安全生产综合治理制度。除此之外，还涉及安全生产中介服务制度、责任追究制度等方面。2021 年，根据十三届全国人大常委会第二十九次会议《关于修改〈中华人民共和国安全生产法〉的决定》对《安全生产法》进行了第三次修正。从 2002 年《安全生产法》的制定及其后的修订来看，这一时期尤为重视法律手段的运用。法制水平得到快速提升，法治回应时代发展的能力也在上升。法治是这一时期安全生产水平持续好转的重要动力。

《刑法》对关于安全生产责任事故的修订也是这一阶段重要的发展，2006 年 6 月，十届全国人大常委会第二十二次会议通过《刑法修正案（六）》，对涉及安全生产的第 134 条、第 135 条和第 139 条进行了修订。这一阶段重要的法律立法和修订还包括 2009 年修订的《矿山安全法》、2017 年出台的《职业病防治法》。与法律制定和修订相比，行政法规和部门规章制定更为灵活，是某一行业具体领域的安全生产规定。这一阶段出台了大量与安全生产相关的行政法规。

## (二) 生产性标准：推进安全生产标准化建设

安全标准是安全生产法律体系的组成部分。标准化是现代国家开展市场监管、提升监管能力的手段。通过标准化建设，有助于现代国家中央政府对地方分散市场的控制，强化国家权力对市场各主体的监管。在中国第一部《安全生产法》（2002年版）中，标准出现了28次；在2014年修订的《安全生产法》中，标准出现了34次。2021年最新修订的《安全生产法》再次突出标准的重要性。标准俨然成为安全生产领域的高频词，也是实现安全生产的关键词。

表5-3是对工矿商贸企业中的冶金、有色、建材、机械、轻工、纺织六大行业的现行有效的标准规范的梳理。可以看到，目前企业生产已经形成体系庞大、系统的标准规范，约束和指导着企业的安全生产，也构成了企业安全生产标准化建设的基础。

表5-3 冶金等行业现行有效的标准规范

| 行业 | 现行有效的标准规范（条） | 例子 |
| --- | --- | --- |
| 冶金 | 135 | 标准编号：YB/T 129—2017；标准名称：《塑料模具钢模块》 |
| 有色 | 1 615 | 标准编号：YS/T 450—2002；标准名称：《冰箱用高清洁度铜管》 |
| 建材 | 879 | 标准编号：JC/T 938—2004；标准名称：《水泥工业用多通道煤粉燃烧器》 |
| 机械 | 6 606 | 标准编号：JB/T 82—2015；标准名称：《对焊钢制管法兰》 |
| 轻工 | 2 258 | 标准编号：QB/T 2961—2008；标准名称：《美工刀》 |
| 纺织 | 1 124 | 标准编号：FZ/T 01004—2008；标准名称：《涂层织物抗渗水性的测定》 |

安全生产标准化的基础是操作规程和标准规范，在有了这些基础的情况下，更重要的是推动企业按照标准生产。我国安全生产标准化走过了一个由简单到复杂、由点到面的过程。

最早在20世纪60年代煤矿生产领域就提出过质量标准化的概念，然而由于那个年代以生产为中心，质量标准化没有被很好地落实。改革开放之后，煤矿领域的安全生产问题引发了生产质量标准化的问题。这也是由煤在中国经济发展、能源体系中的重要地位所决定。1986年，原煤炭部针对行业特点，及时总结和推广肥城矿务局的典型经验，作出了在全国煤矿开展"质量标准化、安全创水平"活动的决定，掀起了大搞质量标准化的热潮。到1996年，全国煤矿已建成质量标准化矿务局（县）33个、质量标准化矿井872对。①

2004年国务院发布的《关于进一步加强安全生产工作的决定》提出开展安全质量标准化活动，制定和颁布重点行业、领域安全生产技术规范和安全生产质量工作标准，在全国所有工矿、商贸、交通运输、建筑施工等企业普遍开展安全质量标准化活动。同时，企业生产流程的各环节、各岗位要建立严格的安全生产质量责任制。生产经营活动和行为必须符合安全生产有关法律法规和安全生产技术规范的要求，做到规范化和标准化。其后，在2004年5月国家安监总局发出《关于开展安全质量标准化活动的指导意见》，并提出工作目标，力争到2007年，煤矿、非煤矿山、危险化学品、交通运输、建筑施工等重点行业和领域的国有大中型企业全部达到国家规定的安全质量标准，各类小企业达标率在50%以上；到2010年，各类企业都达到国家规定的标准，企业安全生产基础工作得到全面加强。除了煤炭行业使用安全质量标准的名称外，其他行业使用安全生产标准化。2005年开始，机械行业重点企业开始试行安全生产标准化建设，其中一级达标企业33家。其后，随着政策的调整，申报企业不断增加。图5-4显示了2005年到2015年机械行业安全生产标准化一级达标企业年度数量。

2010年，由国家安监总局发布《企业安全生产标准化基本规范》，标志着安全生产标准化建设工作进入新的阶段。《企业安全生产标准化基本规范》随着实践的发展有所更新，目前更新到2017年版本。《企业安全生产标准化基本规范》的核心内容是对8个要素体系的核心技术要求作出规定，包括目标职责、制度化管理、教育培训、现场管理、安全风险管控及隐患排查治理、应急管理、事故管理、持续改进。其中每项又涉及具体的很多制度安排，如制度化管理包括三个部分：法规标准识别、规章制度、操作规程。其中规章制度包括但不限于目标管理、安全生产与职业卫生责任制、安全生产投入、教育培

---

① 王森浩：《向质量标准化要安全 向质量标准化要效益》，《煤炭经济研究》1997年第12期。

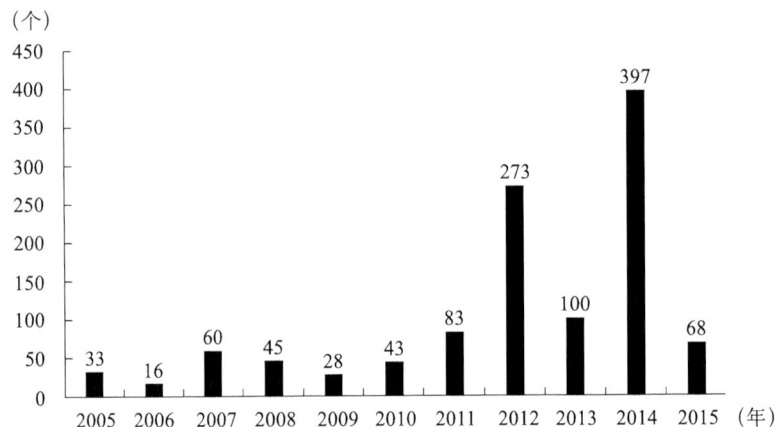

图 5-4 机械行业安全生产标准化一级达标企业年度数量（2005—2015 年）[①]

训、危险物品管理、事故管理等 27 项制度安排。

与 2002 年的《安全生产法》不同，2014 年修订的《安全生产法》第 4 条明确提出，生产经营单位必须遵守本法和其他有关安全生产的法律、法规，改善安全生产条件，推进安全生产标准化建设，提高安全生产水平，确保安全生产。这是第一次将安全生产标准化建设写入法律文本之中，使得安全生产标准化建设有了法律依据。

安全生产标准化是实现安全发展的一项基础工作，也是企业安全生产主体责任履行的体现。然而，自安全生产标准化提出以来都是国家政策及部门政策在推动，就算是 2014 年《安全生产法》提出安全生产标准化建设，其实施依然强制性不足。很多地方政府及企业对安全生产标准化重视不足，标准化在各地推行受到阻力，发展也不均衡。以一级达标企业的省域差异来看，到 2016 年，湖北、江苏、山东三省一级达标企业（有效期内）的数量最多，依次为 61 家、49 家、48 家；海南和宁夏等西北地区达标数量较少，分别仅有 1 家；西藏、青海地区尚无企业开展一级创建。[②]

通过上海市微观数据也能看到城市内部之间的差异。从表 5-4 看到，2016 年上海市工贸行业小企业标准化达标比例总体是 9.67%，其中各区县中

---

[①] 刘宝静、江虹：《企业安全生产标准化建设现状及发展趋势》，《中国安全生产》2016 年第 4 期。

[②] 刘宝静、江虹：《企业安全生产标准化建设现状及发展趋势》，《中国安全生产》2016 年第 4 期。

最低的是徐汇区和虹口区,最高的是青浦区,达标比例达到 29.85%。上海市工贸行业规模以上企业标准化达标比例总体为 43.79%,其中区县最高的为金山区和松江区,分别达到 80.67%、79.07%,达标比例最低的为普陀区和长宁区,达标比例为 10.60%、13.49%。我们看到在上海市内部小企业标准化达标比例和规模以上企业达标比例经过几年的推行仍然存在很大的差距。一方面,不同区县内部差异很大,标准化推行不均衡显而易见。另一方面,总体的企业标准化达标率依然过低,尤其是小企业的达标率。由此可见,政府在企业内推行安全生产标准化建设仍然任重道远。

表 5-4 2016 年上海市各区县工贸行业小企业及规模以上企业达标数及其比例

| 区县 | 小企业(个) | 规模以上企业(个) | 小企业达标(个) | 规模以上等级达标(个) | 小企业达标比例 | 规模以上达标比例 |
| --- | --- | --- | --- | --- | --- | --- |
| 浦东 | 6 674 | 3 050 | 606 | 1 078 | 9.08% | 35.34% |
| 黄浦 | 119 | 914 | 3 | 278 | 2.52% | 30.42% |
| 徐汇 | 248 | 1 049 | 0 | 165 | 0.00% | 15.73% |
| 长宁 | 149 | 756 | 17 | 102 | 11.41% | 13.49% |
| 静安 | 375 | 725 | 6 | 302 | 1.60% | 41.66% |
| 普陀 | 268 | 745 | 4 | 79 | 1.49% | 10.60% |
| 虹口 | 180 | 406 | 0 | 140 | 0.00% | 34.48% |
| 杨浦 | 617 | 460 | 166 | 192 | 26.90% | 41.74% |
| 宝山 | 3 700 | 1 022 | 87 | 388 | 2.35% | 37.96% |
| 闵行 | 1 852 | 1 525 | 302 | 942 | 16.31% | 61.77% |
| 嘉定 | 3 996 | 1 230 | 10 | 651 | 0.25% | 52.93% |
| 金山 | 1 554 | 626 | 241 | 505 | 15.51% | 80.67% |
| 松江 | 3 592 | 1 338 | 38 | 1 058 | 1.06% | 79.07% |
| 青浦 | 4 057 | 892 | 1 211 | 499 | 29.85% | 55.94% |
| 奉贤 | 3 031 | 1 077 | 237 | 504 | 7.82% | 46.80% |
| 崇明 | 732 | 171 | 83 | 118 | 11.34% | 69.01% |
| 合计 | 31 144 | 15 986 | 3 011 | 7 001 | 9.67% | 43.79% |

安全生产标准化之所以在推行中遇到阻力和困难在于激励和约束机制的强度不够。从《安全生产法》的规定看，安全生产标准化并不是安全生产准入制度，不具有强制性。实践中，各地方为了推动企业进行安全生产标准化申报和建设也提出了不同的激励和约束机制。本部分基于上海市的可得资料进行论述，以期展现地方政府在推动企业安全生产标准化建设中的实践逻辑。

安全生产标准化推行机制。上海市标准化建设贯穿的原则是"因势利导，政府购买、中介服务、企业受益"，实行区县安全监管局负责、评审组织分级管理和属地监管有效衔接。通过政府购买服务的方式，减除企业的评审成本。在经费分配上，购买评审服务实行市、区县分担的做法。上海市安全监管局负责 1 250 家规模以上生产型工贸企业和 200 家危化品企业的评审（估）服务费用，各区县安全监管局负责落实辖区内工贸行业全部生产型小企业和部分规模以上企业的评审（估）费用。上海市安监局在 2014 年的文件《市安全监管局关于改进企业安全生产标准化建设管理服务工作的通知》中明确要求，安全监管部门、评审组织单位不得向企业推荐任何有偿服务，不得组织企业接受任何付费咨询。企业人员培训费用纳入标准化统一预算，由安全生产协会统一组织实施。

激励政策是安全生产标准化能够开展的重要基础，上海市安监局 2010 年发布的《关于开展危险化学品企业安全生产标准化工作的通知》中提到两项正激励和三项负激励政策。其一，达到安全生产标准化的危险化学品企业，安全生产责任保险金额可按标准下限缴纳，并在安全生产评优、奖励、政策扶持等方面优先考虑。其二，经过考评达到二级安全标准化及以上的、在安全许可证有效期内不发生生产安全事故的危险化学品生产企业，在安全标准化证书有效期内进行安全生产许可证延期的，可以不进行现场审查。其三，对未积极开展安全生产标准化工作的企业，应取消参加安全生产评优和奖励活动的资格。其四，加大执法检查力度，督促企业积极开展安全生产标准化达标工作。各级安全监管部门要把未开展安全生产标准化或未达到安全生产标准化三级标准的危险化学品企业作为安全监管重点，加大执法检查力度。特别是对未开展安全生产标准化工作、发生危险化学品事故（件）的危险化学品企业，要依法依规从严处理。其五，市安全生产监管局规定对各地区、各单位安全生产标准化工作开展情况进行督查，对于未开展安全生产标准化工作或进展缓慢的地区、单位将予以通报。督查是对下级政府和企业的约束机制，尤其是通报等手段。

除此之外，上海市安监局还提出要求，结合安全生产许可证延期换证、危险化学品建设项目安全许可等工作，充分调动企业创建安全生产标准化工作的积极性。提出危险化学品安全生产许可证延期或换证申请的危险化学品企业，原则上应达到安全生产标准化三级标准。新设立的危险化学品生产、储存企业在通过安全设施竣工验收后，取得安全生产许可之日起，要在一年内达到安全生产标准化三级标准。

国家力量组织制定考核标准和考核办法，将一套标准化的约束强制加给企业。这些标准的形成是企业规范生产，进而达到安全生产的重要条件，尤其是在中国这样一个快速市场化、城市化和工业化的超级大国里。国家治理规模对国家治理能力提出了更高的要求。如何形成标准大致可以通过三种方式：其一，企业自发；其二，行业组织；其三，国家主导。在中国国家治理背景下，企业和行业目前不具有制定行业标准的能力，也不具备强制推行一套标准、规范的能力。因此，国家主导的标准制定过程看起来顺其自然。在目前这套标准制定过程中，国家权力充分尊重了地方经验、行业特点，形成集权与分权的统一。从标准化的实施过程来看，法律手段的有效性也依赖于行政手段、经济手段及社会手段的支撑和辅助。

### （三）管理性标准：以行政许可为主的新一轮审批权力

"预防为主"是安全生产工作的三大方针之一，安全监管部门通过行政审批制度等方式预防生产事故。《安全生产法》规定，负有安全生产监督管理职责的部门依照有关法律、法规的规定，对涉及安全生产的事项需要审查批准（包括批准、核准、许可、注册、认证、颁发证照等）或者验收的，必须严格依照有关法律、法规和国家标准或者行业标准规定的安全生产条件和程序进行审查。对未依法取得批准或者未验收合格的单位擅自从事有关活动的，负责行政审批的部门发现或者接到举报后应当立即予以取缔，并依法予以处理。对已经依法取得批准的单位，负责行政审批的部门发现其不再具备安全生产条件的，应当撤销原批准。《安全生产法》通过行政审批的权力设置，赋予了管理性标准，严格实现安全生产市场准入制度。

2003年8月，十届全国人大常委会第四次会议通过了《行政许可法》，自2004年7月开始实施。行政许可是指行政机关根据公民、法人或者其他组织的申请，经依法审查，准予其从事特定活动的行为。《行政许可法》规定了设定行政许可的具体事项，其中和安全生产直接相关的有如下三类事项：

直接涉及国家安全、公共安全、经济宏观调控、生态环境保护以及直接关系人身健康、生命财产安全等特定活动，需要按照法定条件予以批准的事项；

提供公众服务并且直接关系公共利益的职业、行业，需要确定具备特殊信誉、特殊条件或者特殊技能等资格、资质的事项；

直接关系公共安全、人身健康、生命财产安全的重要设备、设施、产品、物品，需要按照技术标准、技术规范，通过检验、检测、检疫等方式进行审定的事项。

正因如此，行政许可成为安全生产管理一项新的重要方式。2004年国务院发布的《关于进一步加强安全生产工作的决定》提出，建立安全生产行政许可制度。安全生产许可证制度是国家强化重点领域安全生产工作的准入制度。2004年，国务院发布《安全生产许可证条例》，规定国家对矿山企业、建筑施工企业和危险化学品、烟花爆竹、民用爆破器材生产企业实行安全生产许可制度。企业未取得安全生产许可证的，不得从事生产活动。同时，国家对取得安全生产许可证设置了全面、专业、科学的条件，涉及规章制度、管理机构和人员、教育培训、工伤保险、特种作业操作资格、硬件设施条件、安全评价、应急预案等多方面，为企业实现安全生产提供了多方面保障。

《行政许可法》赋予了行政部门更高的监管合法性，为安全生产在预防阶段打好了基础。通过提前干预企业的合规成本，提高安全生产监管的效率和水平。

### （四）行政性标准：强化行政权的监管责任

组织是权力的载体，权力是组织的合法工具。在国家履职功能不断丰富和强化的过程中，现代国家一个普遍情形是拥有了越来越多的干预生产生活过程的权力。在提升国家安全生产监管能力的过程中，监管机构的权力配置是其重要表现，2000年之后的改革之一即扩大政府权力，尤其是行政许可和行政审批的权力。除此之外，抓住党政干部这一"关键少数"得到更高程度的强化，建立目标管理责任制，强化"一票否决"，建立行政约谈等机制。围绕行政权所确立的行政性标准，目的在于强化行政权的监管责任，更大限度内发挥行政系统内的激励-约束机制。

中国在快速的现代化过程中，赋予了行政权力极大的权力和自主性。行政权力的灵活性及其所能发动的资源和力量是解决生产安全事故高发的严重问题的一剂猛药。正是因此，在 2002 年之后的安监责任体制改革中，强化目标管理、一票否决和党政同责等机制成为重要着力点。

1. 强化目标管理制度

属地管理制度赋予了地方权力与责任，然而，地方分权要取得积极效果应该具备一定的条件。第一，中央政府必须有能力通过激励计划诱导地方政府实现它的目标。第二，中央政府必须明确说明它希望地方政府实现的目标，并且提出有效的衡量方法。第三，各地的经济状况应该非常相似，这样它们在实现中央政府提出的发展目标时就具有了可比性。① 在此背景下，目标管理、指标治理成为中央政府推动地方政府落实中央意志的重要工具。目标管理是指上级政府自上而下设定指标，并辅以约束和激励机制，以推动下级政府将注意力集中到指标上。指标并非固定，是中央政府根据其发展意志和阶段判断所提出来的可量化的变量。目标管理和指标治理相辅相成。

在安全生产领域，最常见的目标管理是上级政府对下级政府事故死亡人数等指标的控制。运用目标控制因工死亡事故的办法其实在 20 世纪 80 年代已经开始。根据北京市的资料，1988 年以前以市劳动局的名义下达指标，从 1988 年开始，因工死亡的控制指标以市政府的名义下达，并规定：从市长到各区、县，各委、办、局、总公司，行政一把手是第一负责人，承担指标，以此作为市政府考核各级领导人政绩的一项重要内容，加强控制指标的约束力和严肃性。② 在其他地区也有类似的管理方式，从国家层面确立目标管理制度则是从 2004 年开始的。

2004 年，国务院在《关于进一步加强安全生产工作的决定》中首次提出，建立起安全生产目标管理责任制，把安全生产作为干部政绩考核的重要内容，

---

① 许成钢：《政治集权下的地方经济分权与中国改革》，《比较》2008 年第 36 辑。
② 《中国劳动年鉴》编辑部：《中国劳动年鉴（1988—1989）》，中国劳动出版社 1991 年版，第 338—339 页。

强化对地方政府的考核。上述决定提出，要制定全国安全生产中长期发展规划，明确年度安全生产控制指标，建立全国和各省（区、市）的控制指标体系，对安全生产情况实行定量控制和考核。中央政府的制度要求，给予目标管理责任制以极大的行政合法性，也为地方政府带来强力约束。从 2004 年起，国家向各省（区、市）人民政府下达年度安全生产各项控制指标，并进行跟踪检查和监督考核。同时规定，对各省（区、市）安全生产控制指标完成情况，国家安全生产监督管理部门将通过新闻发布会、政府公告、简报等形式，每季度公布一次。这种公开、透明的机制设计在于压实地方政府安全生产管理责任，强化地方政府在安全生产目标达成上的竞争，解决了地方分权下地方政府对非经济事务的重视和投入不足的问题。同时，公开透明的机制有助于将社会问责压力与政治问责压力相结合。

我们以 2004 年湖北省安全生产指标为例，说明目标管理责任制的运作形态和运作效果。2004 年，国务院下达湖北省安全生产控制指标，湖北省政府也制定了自身的安全生产控制目标。表 5-5 展示了 2004 年湖北省实际安全生产数据。我们发现以下三个特点。

第一，在国务院确定的四项指标中，湖北省政府制定的目标比国务院下达的控制目标数字要小，目标要高，显示出地方政府对中央政府指标的"层层加码"现象。第二，除国务院下达的各类事故死亡人数、工矿事故死亡人数、煤矿事故死亡人数、煤矿百万吨死亡率四项指标外，湖北省政府制定的目标还增加了非煤矿山事故死亡人数、建筑事故死亡人数、道路交通事故万车死亡率、水上交通事故每万吨死亡人数四项指标，将地方政府所重视的控制指标更加细化，强化地方政府对下级政府的注意力分配。第三，目标管理责任制通过数字化的管理方式，使得安全生产领域内"一票否决"的考核机制更加具有约束力。例如，2004 年，湖北省 17 个市州中有 5 个市州，即恩施、林区、宜昌、潜江、十堰，各类事故死亡人数超指标；4 个市州，即宜昌、随州、潜江、十堰，工矿事故死亡人数超指标。对其他各项指标而言，哪个城市未完成指标要求也是一目了然。这种数目化管理尽管饱受诟病，无法结合各个城市的特点和发展阶段，但由于清晰明了，容易管理，更适合作为上级压力责任的工具。

表 5-5 2004年国务院下达湖北省安全生产控制指标、湖北省政府制定目标以及湖北省实际数据

| | 各类事故死亡人数（人） | 工矿事故死亡人数（人） | 煤矿事故死亡人数（人） | 煤矿百万吨死亡率（%） | 非煤矿山事故死亡人数（人） | 建筑事故死亡人数（人） | 道路交通事故万车死亡率（%） | 水上交通事故每万吨死亡人数（人） |
|---|---|---|---|---|---|---|---|---|
| 国务院下达湖北省控制指标 | 3 486 | 710 | 150 | 15 | —— | —— | —— | —— |
| 湖北省政府制定目标 | 3 415 | 690 | 144 | 15 | 214 | 133 | 9.0 | 0.5 |
| 湖北省生产事故实际 | 3 247 | 636 | 139 | 14.19 | 182 | 109 | 8.3 | 0.05 |

2005年，目标管理制度增加了道路交通事故死亡人数和道路交通万车死亡率。2006年再次增设了特种设备万台事故死亡率。2006年3月，《国民经济和社会发展第十一个五年规划纲要》提出，建立安全生产指标考核体系，到2010年单位国内生产总值生产安全事故死亡率下降35%，工矿商贸就业人员生产安全事故死亡率下降25%。2008年目标管理指标又增设了十万人口火灾死亡率、水上交通百万吨吞吐量事故死亡率、铁路交通百万机车总行走公里事故死亡率。在其后又几经调整，逐步形成了以事故死亡总人数、工矿商贸从业人员十万人事故死亡率、煤矿百万吨死亡率、道路交通万车事故死亡率四项指标为主要内容的安全生产控制考核指标体系框架。控制指标的变化，实质上是中央政府基于对国家安全生产形势判断基础上的注意力分配，能够引领中央政府以下的各级政府集中精力于某些安全生产管理内容，实现安全生产形势的好转。这也是在快速现代化过程中，灵活应对安全生产形势的需要，反映了中国体制下，中央政府对地方政府、上级政府对下级政府的控制力。目标管理制度是集权管理的体现之一。

通过目标治理，并将目标和具体指标纳入政绩考核范围，中央政府强化了对地方政府数目化管理的要求。目标管理的制度安排使政治体制中最具动员能力的干部晋升机制更加公开、透明，更能接受社会和政府的监督。从这个角度来看，目标管理责任制是推动政治人事制度理性化的良性安排。

## 2. 强化一票否决制度

为了强化领导责任制，在干部考核中，开始实行安全生产一票否决制，并强化对失责领导的责任追究。根据武汉市资料，早在2000年7月，武汉市江夏区就推行安全生产一票否决制，提出"凡发生重大事故单位不评先进，党政负责人不准提拔"①。

一票否决制度正式化并合法化的标志是2016年8月国务院办公厅印发的《省级政府安全生产工作考核办法》。该考核办法明确提出，按照属地管理原则，强化重特大事故防控情况考核，严格实行一票否决制度，发生特别重大事故的按不合格评定。考核结果经国务院安委会审定、报国务院同意后，以考核结果为依据对省级政府予以表彰。不仅如此，国务院安委会还将考核结果抄送中央组织部、中央综治办、中央文明办，并向社会公开。中央组织部、中央综治办及中央文明办等部门和单位在其分管的考核事宜中将安全生产作为一个重要指标。如中央组织部在干部晋升考核中，中央综治办在"长安杯"的评选及中央文明办在"文明城市"等荣誉称号的评选中都将安全生产作为一票否决的指标。由此可见一票否决制度对地方的威力。一票否决制度作为一种强约束，其约束的条件建立在荣誉称号、职务晋升及背后的经济价值之上。因此，生产安全事故看似只是政府工作的一个方面，其实是和地方政府的整体利益深度捆绑在一起的。安全生产管理看似只是和一些人员有关，实际上这种一票否决的形式将同一层级的利益相关者紧紧结合在一起，形成工作合力，有着"一荣俱荣、一损俱损"的压力。正是因为这个原因，地方政府需要高度重视安全生产工作，动员不同部门、不同身份的人员参与到安全生产工作之中。

## 3. 强化党政一把手职责

党政领导是地方治理中的"关键少数"，深刻影响着一个地区的发展方式和水平。在中国政治经济发展中，我们常常看到城市发展与其关键主政者的个人特质高度契合。在城市化高歌猛进的时代，全国各地涌现出喜好大拆大建重大工程等项目的地方领导。而这种"时空压缩"的现代化对安全生产也带来了更大的压力。党政领导因其重要作用也成为地方治理中的"关键少数"，深刻影响着一个地区的安全生产工作。对此，我国建立起安全生产党政领导责任，并且不断强化、优化，以此影响着地方领导的注意力分配。

---

① 武汉市江夏区地方志编纂委员会：《江夏区志》，武汉出版社2007年版，第263页。

在改革开放后的很长一段时间内，安全生产责任主要是行政责任。这源于改革开放之初对"党政分开"的改革。在邓小平的领导下，党政之间逐渐有所分离。党内领导职务主要负政治领导责任，而政府领导职务主要负行政责任。1982 年《宪法》明确了行政首长负责制作为我国一项重要行政领导制度，是国家行政制度体系中的一个重要组成部分。在行政首长负责制原则下，行政首长对自己主管的工作有完全决定权并承担由此产生的全部责任。然而，在中国政治发展中，党的领导是基本原则，党内领导职务对行政事务毫无疑问负有重要责任。在此背景下，中国在安全生产责任划分中突出党内领导的责任，并提出"党政同责，失责追究"的责任划分理念。

2013 年 7 月 18 日，习近平总书记在中央政治局第 28 次常委会会议上提出要实行党政同责、一岗双责、齐抓共管，第一次明确党政同责原则。同年 11 月 24 日，习近平总书记在青岛看望慰问爆燃事故中伤者时，第二次重申了党政同责原则。2015 年 7 月 1 日，在中央全面深化改革领导小组第十四次会议上，习近平总书记第三次强调了环境保护的党政同责的要求。2018 年 4 月，中共中央办公厅和国务院办公厅印发了《地方党政领导干部安全生产责任制规定》，这是关于安全生产的第一部党内法规，其对党政领导干部的责任进行了细致的规定。该规定明确了安全生产的责任体系是"党政同责、一岗双责、齐抓共管、失职追责"，各级党委和政府对本地区安全生产工作负领导责任，党政主要负责人负有第一责任人的责任，将安全生产工作上升为"一把手工程"。

安全生产是地方政府为本地发展提供的公共服务之一，就像公共卫生、医疗保障等服务一样属于地方政府职责。目前的安全生产管理中中央与地方关系的职责划分是"国家监察，地方监管"的监管格局。属地管理是在安全管理责任划分中纵向权力关系的制度规定，实际上是对管理责任在纵向层级党政机构间领导责任的划分，是安全生产管理制度的核心制度之一。在安全生产管理中为了紧抓领导责任形成了一种新兴的制度安排，即约谈制度。2018 年 2 月，国务院安委会为推动安全生产责任措施落实，在已有经验基础上，研究制定了《安全生产约谈实施办法（试行）》，并经国务院同意开始实施。根据该试行办法，安全生产约谈是指国务院安全生产委员会主任、副主任及国务院安委会负有安全生产监督管理职责的成员单位负责人约见地方人民政府负责人，就安全生产有关问题进行提醒、告诫，督促整改的谈话。约谈并非行政命令也不涉及司法问题，是一种独特的上下级间施政理念的传递方式，核心在于强化党政领导的安全生产监管职责。在中国社会性监管下,中央或上级政府通过科层约谈调整下级政府的政策注意力①,是中国监管型国家的显著特点之一。

### (五)市场性标准:企业合规中的投入与工伤保险

安全生产监管作为典型的政治经济学问题,离不开经济手段的调整。企业对成本收益分析及对市场分析最为敏感,因此,经济手段能够最为有效地向企业传递安全生产的必要性和重要意义。在安全生产监管责任体制行政化时期,国家过度依赖行政手段,使得经济手段发挥作用空间有限。

1. 安全生产费用:强制企业提取

安全生产费用制度是源于解决煤矿生产中安全欠账严重问题而提出来的解决之策。在改革之前安全生产费用是"维简费"。2002年颁布实施的《安全生产法》明确规定:"生产经营单位应当具备安全生产条件所必需的资金投入,由生产经营单位的决策机构、主要负责人或者个人经营的投资人予以保证,并对由于安全生产所必需的资金投入不足导致的后果承担责任。"该规定为安全生产费用制度的建立提供了法律依据。安全生产费用制度是从煤炭生产企业单独提取安全费用制度起步的。在2004年1月发布的《财政部 国家发展改革委 国家煤矿安全监察局关于建立煤矿安全生产设施长效投入机制的请示》对安全投入欠账问题的说明中指出,根据对山西、陕西、河南等省(区)和新疆生产建设兵团的调查结果分析,如果按照《煤矿安全规程》要求,规模以上煤炭企业累计安全投入欠账300多亿元,全国所有煤矿累计安全投入欠账达500亿元以上,相当于规模以上煤炭企业2002年销售收入的四分之一。②煤矿维简费已经不符其实,存在明显的问题:第一,维简费不按既定标准收取。第二,更为严重的是,维简费只有一小部分用于安全生产事宜。第三,与国有煤矿形成更大差距的是地方上的乡镇和个体煤矿,普遍不提取维简费,从而煤矿技术装备落后,安全生产基础薄弱。③维简费的困境显示出煤矿安全生产经济政策面临改变的需要。2003年8月,国务院在《研究加强煤矿安全生产工作有关问

---

① 卢超:《社会性规制中约谈工具的双重角色》,《法制与社会发展》2019年第1期。
② 财政部经济建设司、国家安全生产监督管理总局办公厅(财务司)编《安全生产经济政策制度汇编》,中国财政经济出版社2007年版,第75—80页。
③ 朱义长:《中国安全生产史(1949—2015)》,煤炭工业出版社2017年版,第200页。

题的会议纪要》中提出，为建立各类煤矿安全生产设施的长效投入机制，可以考虑提高维简费的标准，或提取煤矿安全费用等办法，建立稳定的安全保障供给能力资金渠道，专项用于煤矿安全生产。① 考虑到维简费在之前实施中的困境，国家最终选择建立安全生产费用制度。2004年国务院发布的《关于进一步加强安全生产工作的决定》正式提出，建立企业提取安全费用制度。

安全生产费用制度源自煤矿提取安全费用的经验，在此之后安全生产费用制度从煤矿生产领域，扩展到烟花爆竹生产企业、高危行业企业，最后国家形成基本完善的企业安全生产费用制度。2004年5月，财政部、国家发展改革委、国家煤矿安全监察局颁发《煤炭生产安全费用提取和使用管理办法》和《关于规范煤矿维简费管理问题的若干规定》。该办法指出，为建立煤矿安全生产设施长效投入机制，对中国境内所有煤炭生产企业建立提取煤炭生产安全费用。费用的具体提取方式是企业按原煤实际产量从成本中提取，专门用于煤矿安全生产设施投入。该办法具有四个特点：第一，对大中型煤矿和小型煤矿的提取费用按不同类别分别提出标准。第二，规定安全费用在本办法规定的范围内由企业自行安排使用，专户存储，专款专用。这里可见企业的自主权。第三，安全费用的具体使用范围有明确规定，和安全支出密切相关。第四，企业安全生产费用提取受到多部门的监督管理。该办法提出，企业要制订年度使用计划。年终时企业应将安全费用提取和使用情况报当地主管财政、税务、审计机关、煤炭管理部门和煤矿安全监察机构备案，接受监督。

2006年3月，财政部、国家安监总局联合下发了《烟花爆竹生产企业安全费用提取与使用管理办法》，确定了烟花爆竹企业按照年度销售收入提取安全费用，并对提取标准、使用范围、监督管理进行了一系列规定。2006年12月，财政部、国家安监总局再次联合下发了《高危行业企业安全生产费用财务管理暂行办法》。不同类型、不同层次的高危行业企业在提取标准上有着显著的区别。例如，矿山企业安全费用提取依据是开采的原矿产量，其中石油每吨原油提取17元、天然气每千立方米原气提取5元。建筑施工企业以建筑安装工程造价为提取依据，危险化学品企业以年度实际销售收入为提取标准。除此之外，该暂行办法对安全费用使用范围进行了严格的规定，对监督管理提出相

---

① 财政部经济建设司、国家安全生产监督管理总局办公厅（财务司）编《安全生产经济政策制度汇编》，中国财政经济出版社2007年版，第48—52页。

应要求。

在煤炭、烟花爆竹、高危行业企业的安全生产费用经验基础上，2012年财政部和国家安监总局联合印发了《企业安全生产费用提取和使用管理办法》，可以看作对安全生产费用制度的阶段性经验提升。该办法涉及的安全生产费用提取企业包括在中国境内直接从事煤炭生产、非煤矿山开采、建设工程施工、危险品生产与储存、交通运输、烟花爆竹生产、冶金、机械制造、武器装备研制生产与试验（含民用航空及核燃料）的企业及其他经济组织。安全生产费用坚持"企业提取、政府监管、确保需要、规范使用"的十六字原则。该办法规定，企业在上述标准的基础上，根据安全生产实际需要，可适当提高安全费用提取标准。本办法公布前，各省级政府已制定下发企业安全费用提取使用办法的，其提取标准如果低于本办法规定的标准，应当按照本办法进行调整；如果高于本办法规定的标准，按照原标准执行。地方政府有其自主性，但是国家标准是底线。因此，在中央和地方安全费用提取标准上坚持孰高原则，即哪个标准高按照哪一个。这一方面体现了国家实现安全发展的基础制度建设，另一方面也维护了地方政府和企业的自主权。

2022年11月，财政部、应急管理部联合印发了新版的《企业安全生产费用提取和使用管理办法》，对企业类型、提取标准、适用范围、监督管理作了最新的修订，反映出党和国家对企业安全生产费用制度的延续性和适应性。

2. 企业救灾费用：从"风险抵押金"到"安全生产责任险"

安全生产风险抵押金制度是在国家强化生产安全事故责任惩处的背景下，面对新出现的情况所产生的。从生产安全事故惩罚来看，可谓越来越严厉。2002年《安全生产法》第81条规定：生产经营单位的主要负责人未履行本法规定的安全生产管理职责的，责令限期改正；逾期未改正的，责令生产经营单位停产停业整顿。生产经营单位的主要负责人有前款违法行为，导致发生生产安全事故，构成犯罪的，依照刑法有关规定追究刑事责任；尚不够刑事处罚的，给予撤职处分或者处2万元以上20万元以下的罚款。在这种背景下，在发生生产事故后，多次出现生产负责人"跑路"事件，以逃避法律责任。为了扭转这种"业主发财、政府发丧"，耽搁抢救时机的情况，促使生产经营单位履行事故救援、抢险、善后的责任，国家开始着手建立企业安全生产风险抵押金制度。

2004年，国务院发布的《关于进一步加强安全生产工作的决定》提出，建立企业安全生产风险抵押金制度。提出为强化生产经营单位的安全生产责任，各地区可结合实际，依法对矿山、道路交通运输、建筑施工、危险化学品、烟花爆竹等领域从事生产经营活动的企业，收取一定数额的安全生产风险抵押金，企业生产经营期间发生生产安全事故的，转作事故抢险救灾和善后处理所需资金。2005年12月，财政部、国家安监总局印发《煤矿企业安全生产风险抵押金管理暂行办法》，安全生产风险抵押金制度率先在煤矿企业开展。2006年7月，财政部、国家安监总局、人民银行印发《企业安全生产风险抵押金管理暂行办法》，安全生产风险抵押金制度适用范围扩展到矿山、交通运输、建筑施工、危险化学品、烟花爆竹等行业或领域。

安全生产风险抵押金制度包括以下四点内容：第一，风险抵押金专款专用，是用于企业生产安全事故抢险、救灾和善后处理的专项资金，不得挪用。第二，风险抵押金存储金额具有一定要求，考虑到企业正常生产经营的规模大小、行业特点等因素，但为了不影响企业资金流动，规定了存储上限。例如，煤矿企业风险抵押金上限为600万元。第三，风险抵押金的使用原则上由企业先行支付，确需动用风险抵押金专户资金的，需要经安全生产监督管理部门和同级财政部门批准。这一点与安全生产费用不同，显示出政府部门对企业资金使用的强制性。第四，在特定情形下，安监部门和财政部门可以根据生产事故抢险、救灾及善后工作的需要，直接使用企业安全生产风险抵押金。两类情形，一是企业负责人在生产事故后逃逸；二是企业未在规定时间内主动承担责任，支付所需费用。

安全生产风险抵押金制度在现实运行中具有一定的问题。一份四川省高危行业安全生产责任风险调查报告指出，多数基层政府和企业对风险抵押金制度持否定态度。在政府看来，此制度催缴难，行政成本高，影响中小企业活力，预期效果不理想；而在企业看来，此制度增加了企业资金压力，提高了门槛，增加了负担，而风险并未得到转移和减小。[1]

安全生产风险抵押金制度是政府规范生产企业抢险、救灾、善后行为的制度安排，在一定程度上提高了企业的安全生产责任意识。然而，其运行中的困境也显示出其面临着变革的需要。风险抵押金制度的核心问题是政府对企业资

---

[1] 张胜军等：《四川高危行业安全生产责任风险管理现状调查》，《中国保险》2010年第1期。

金管理干预过多，而自身管理能力跟不上，生产企业在理性选择的逻辑下并不按规执行风险抵押金制度，导致制度虚设和空转。在此背景下，安全生产责任险制度应运而生。2006年6月，国务院发布《关于保险业改革发展的若干意见》，强调将保险运用到安全生产领域，通过发挥市场机制实现安全发展。该意见提出要大力发展责任保险，健全安全生产保障和突发事件应急机制。具体而言，充分发挥保险在防损减灾和灾害事故处置中的重要作用，将保险纳入灾害事故防范救助体系。同时，不断提高保险机构风险管理能力，利用保险事前防范与事后补偿相统一的机制，充分发挥保险费率杠杆的激励约束作用，强化事前风险防范，减少灾害事故发生，促进安全生产和突发事件应急管理。

这个文件强调责任保险在安全生产保障和突发事件应急中的作用，和安全生产风险抵押金旨在回答的问题一致。这一制度与安全生产风险抵押金有着相互重叠的地方，最终安全生产责任险代替了风险抵押金。安全生产责任险有着风险抵押金不能比的优势，体现在以下三点：第一，节省了地方政府的行政成本，推动政府职能转变。第二，发挥市场机制在风险防控和灾后补偿的优势。第三，形成地方政府、监管部门、生产企业、保险机构、劳动者个人之间相互兼容的激励约束机制，社会治理格局出现了真正的转变。

基于上述理由，安全生产责任险成为新时期重要的安全生产经济政策。2006年9月，国家安监总局和中国保监会联合发文《关于大力推进安全生产领域责任保险 健全安全生产保障体系的意见》，提出首先在采掘业、建筑业等高危行业推行雇主责任险、商业补充工伤责任保险试点，取得经验后逐步在其他高危行业、公众聚集场所等领域推广。探索保险与高危行业安全生产风险抵押金相结合的风险管理制度。2009年7月，国家安监总局发布《国家安全监管总局关于在高危行业推进安全生产责任保险的指导意见》，提出以下两点重要内容：第一，坚持立法强制和政策引导相结合。在煤矿、非煤矿山、危险化学品、烟花爆竹等行业推进安全生产责任保险的同时，积极争取通过立法的形式，强制推行。在税收、资金、目标责任考核、行业发展战略等方面，研究制定一些有利于企业积极投保安全生产责任保险的政策，引导企业积极投保。第二，原则上企业可以在购买安全生产责任保险与缴纳风险抵押金中任选其一。已缴纳风险抵押金的企业可以在企业自愿的情况下，将风险抵押金转换成安全生产责任保险。未缴纳安全生产风险抵押金的企业，如果购买了安全生产责任保险，可不再缴纳安全生产风险抵押金。

2016年发布的《中共中央国务院关于推进安全生产领域改革发展的意见》是新中国成立以来第一个以党中央、国务院名义出台的安全生产工作的纲领性文件。其中强调安全发展必须发挥市场机制的推动作用。在制度上，明确提出取消安全生产风险抵押金制度，建立健全安全生产责任保险制度。同时要求，在矿山、危险化学品、烟花爆竹、交通运输、建筑施工、民用爆炸物品、金属冶炼、渔业生产等八大高危行业领域强制实施安全生产责任险制度，切实发挥保险机构参与风险评估管控和事故预防功能。至此，安全生产风险抵押金制度被安全生产责任保险制度代替。2017年，国家安监总局、保监会、财政部联合印发了《安全生产责任保险实施办法》，对安责险进行了细致规定。然而，有研究指出，作为"准政府组织"的中国保险行业在煤矿安全生产中发挥的作用不明显，保险行业缺乏合理分担风险的机制和能力，化解风险、应对危机的市场化手段不足，无力督促企业加强安全生产管理、强化责任意识、规避风险。[1] 可见，安全生产责任保险作为新兴的市场手段，其在安全生产监管中的作用机制还需进一步改革。但这不能否定作为经济手段的安全生产责任保险的进步意义。

3. 强力推动工伤保险制度

2003年《工伤保险条例》颁布之后，参保人数开始快速增长。2006年，出台的《国务院关于解决农民工问题的若干意见》强调，高度重视农民工社会保障工作。该意见要求，依法将农民工纳入工伤保险范围。各地要认真贯彻落实《工伤保险条例》。所有用人单位必须及时为农民工办理参加工伤保险手续，并按时足额缴纳工伤保险费。未参加工伤保险的农民工发生工伤，由用人单位按照工伤保险规定的标准支付费用。同时，要加快推进农民工较为集中、工伤风险程度较高的建筑行业、煤炭等采掘行业参加工伤保险。到2017年，工伤保险参保人数已达到22 723.7万人（见图5-5）。国家通过各项政策制定和落实，使工伤保险不再只是依据"身份"，而成为一种公民权利。[2]

到2008年，享受工伤保险待遇的人数突破100万人，达到117.8万人。

---

[1] 颜烨：《煤殇：煤矿安全的社会学研究》，社会科学文献出版社2012年版，第153页。

[2] 梁玉柱：《国家规划如何有效保护社会？——基于改革开放40年中国社会保险发展历程的研究》，《浙江社会科学》2018年第7期。

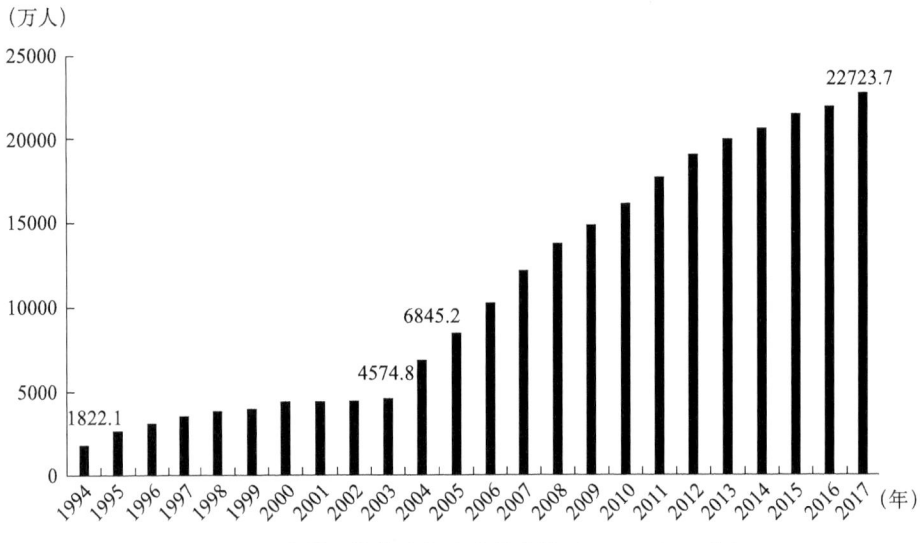

图 5-5　全国工伤保险年末参保人数（1994—2017 年）

数据来源　国家统计局数据中心，http://data.stats.gov.cn/index.htm。

到 2012 年，人数到达 190.5 万人，并且总数在其后几年稳定下来，人数保持在 190 万人到 200 万人。其后发生了大跨步的增长，到 2017 年，工伤保险基金支出已经达到 662.3 亿元（见图 5-6）。享受工伤待遇的人均支出水平明显提高，2017 年这一数值达到 83 345 元。

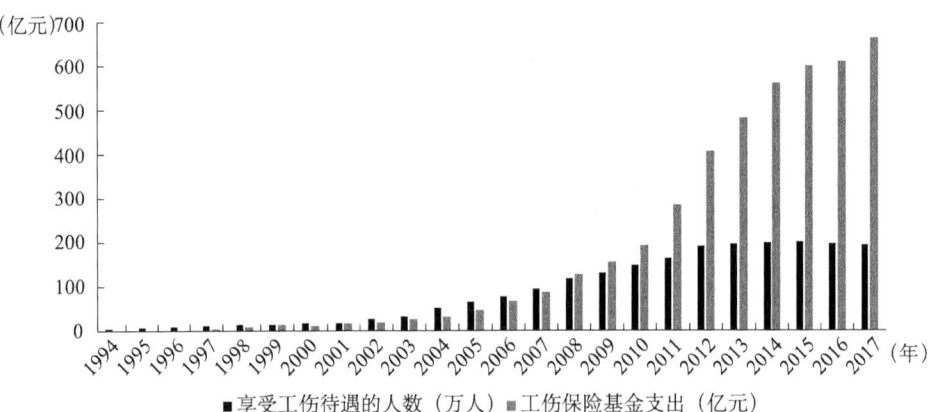

图 5-6　享受工伤待遇的人数和工伤保险基金支出金额（1994—2017 年）

数据来源　国家统计局数据中心，http://data.stats.gov.cn/index.htm。

在看到社会保障进步的同时，我们也要看到问题所在。虽然工伤保险的覆盖面扩大了很多，工伤保险的受用人数及保障水平也提高了不少，但特定群体的工伤保险水平一直存在着问题，尤其是容易遭受生产安全事故影响的农民工群体。长期以来，农民工工伤保险参保率低的问题，并未得到妥善解决。2008年，国家统计局建立了农民工统计监测调查制度。对于社会保险，尤其是工伤保险有着专门的调查。图5-7展示了2009—2014年中国各地区的工伤保险参保比例。可以看到，2009年全国雇主或单位为农民工缴纳工伤保险的比例为21.8%，其中，中部地区仅为14.3%。此后几年，工伤保险缴纳比例并未显著起色，到2014年，全国参保率仅有23.2%。2014年之后，农民工监测报告不再列入社会保险的内容。农民工的工伤保险只是农民工群体利益保障不足的一个表现，与此相关的还有农民工的劳动合同签订问题。劳动合同制度是劳动关系法制化的一个体现，也是国家意志的展现。劳动合同是安全生产工作的要求，维护职工权益，倒逼企业主体责任的履行。没有合同很难追究企业主的责任，这也是为何在一个阶段里，劳动工伤事故造成的生命代价是可以买的，而企业主能够逃避法律责任。然而，劳动合同制度在一定时期内并未有效推行，尤其是对安全生产风险更加突出的农民工群体。一份研究指出，在珠三角，2005年签订正式劳动合同的农民工占48%，2008年《劳动合同法》实施后，农民工劳动合同签订比例大幅提高，接近60%。[1] 劳动合同制是安全生产管理的基础性工作，可以看出，国家在推动劳动合同制上仍然有着不小的提升空间。

首先，改变了前一阶段弱行政化的问题，通过以行政许可为主的新一轮审批权力的扩张来扩大行政权力；基于中国政治和行政体制的特点，强化了目标管理、一票否决和党政同责等机制，以此推动行政权力的履责；在扩权、改革的过程中，也通过规范执法过程等方式规范行政权力，以此制约行政权对市场主体和社会的非法干预；在中央政府继续自上而下推动行政性的安全生产大检查的时候，重塑行政检查机制，通过"检查-督查-回头看"的方式监督、制约下级政府。其次，强化经济手段的运用，包括强制企业在安全生产上的投入，国家主导的强力推动工伤保险制度的落实及强势发挥市场机制倒逼企业认真对待安全生产。经济手段中既有前一阶段使用过的政策工具，如工伤保险、安全

---

[1] 孙中伟、刘明巍、贾海龙：《内部劳动力市场与中国劳动关系转型——基于珠三角地区农民工的调查数据和田野资料》，《中国社会科学》2018年第7期。

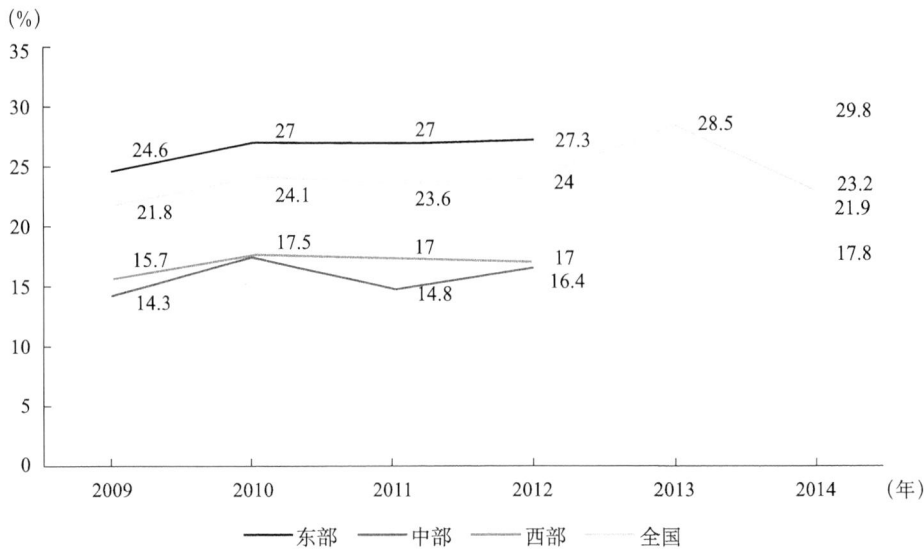

图 5-7 中国东中西部地区农民工参与工伤保险比例（2009—2014 年）

生产费用，更多的是新增的政策手段，包括安全生产责任保险、黑名单、联合惩戒等。强硬的市场手段是中国安全生产监管中的特色之一，展示了中国政府制度化介入企业生产的深度，其背后依赖的是国家日益增长的基础权力及国家对重要市场资源的掌握。再次，法律手段的延续和完善。通过制定和完善《安全生产法》等法律、行政法规和安全标准，安全生产监管形成了稳定的法治化、制度化的监管。法治是最具有强制性，又比较低成本的治理方式。推动法治是中国安全生产管理走向理性化的必经之路。最后，逐渐恢复并发挥作用的社会手段。政府利用社会力量参与安全生产管理一度消失，而新形势的治理需要及社会组织的成长，尤其是专业资质组织、行业协会、新闻媒体等主体的壮大，为安全生产管理带来了新生力量。专业资质组织开始以组织化形式、专业化水平、规范化程序参与到安全生产管理之中，社会媒体发挥舆论监督的重要作用，行业协会的服务能力仍有所欠缺，而群众参与收效甚微，依赖奖励举报制度等社会手段无法有效激发社会活力。社会力量已然兴起并成为安全生产管理领域的一支新兴力量，但是总体看来仍很虚弱，其所合法掌握的安全生产管理权力受到各级政府的政策影响，仍不是安全生产责任网络中稳定的权力主体。

概述而言，2003 年之后的安全生产管理改革，在于政府部门通过发挥多类型履责方式，调动多主体参与安全生产管理，形成新的责任网络。新的责任网络与以往相比，责任主体范围更广，类型更多，科层管理、专业知识、科学管理、社会信息等以制度化方式介入安全生产管理过程。

### （六）美国职业安全和卫生标准制定过程及其比较

美国安全生产标准制定由劳工部负责，部长颁布、修改、废除任何职业安全或卫生标准，有着严格的程序要求。

第一，在部长收到来自有关当事人，或任何雇主或雇主组织的代表，或一个在国内被承认的标准制定组织，或卫生、教育、福利部长或国家职业安全卫生研究所，或一个州或它的行政分支机构的局面报告，或由部长整理加工或其他为他所准备的材料的基础上，为了实现职业安全与健康法令的目的，决定必须颁布一项法则时，部长可要求咨询委员会提出建议，同时将一些建议案和恰当而又真实的情报资料，包括研究结果、论证和实验，提供给咨询委员会。咨询委员会应在被任命后90天内，向部长提出所要颁布法则的建议案。对于时间，可以调整，但最长不超过270天。第二，在法则建议草案制定后，部长应在联邦注册本上公布关于颁布、修改或废除职业安全卫生标准的法则草案，有关人员在30天的限期内提出书面意见、论据或评论。第三，任何人员可根据上述第二项要求，提出书面意见或评论，向部长就法则草案提出异议，并要求就此异议举行公开听证会。部长应在30天内在联邦注册本上刊登通知，说明有人对职业安全或卫生标准持有异议并公布为此召开的公开听证会的时间、地点信息。第四，部长需要在提出书面意见或评论期限告终后的60天内，或公开听证会结束后的60天内，发布关于职业安全或卫生标准的颁布、修订或废止法则，或决定不发布该规则。

部长对颁布标准的考量，目的在于对雇员达到最高限度的健康和安全保护，应考虑的是本领域可用的最新的科学数据、标准的可行性，以及本领域的经验。

任何雇主可向部长提出申请发布临时命令，准许暂时变动根据本节所颁布的标准或条款。当然这种申请临时命令是有条件并能得到证实的，包括：他不能在标准生效日达到标准要求是由于找不到专业或技术人员，或达到标准所需的材料和设备，或所需要的设施的建造或改建不能在标准生效日完成。同时，要证明他正在采取一切可以办到的方法保护他的雇员免受标准所述及的危害。他也有一个有效计划尽可能快地符合标准。

任何一个受到影响的雇主都可以向部长申请一个裁定或命令。准许他根据颁布的标准有所变动，应使受到影响的雇员得知每一个这样的申请，并有机会参加听证会。部长经过视察和听证会，如果有证据证明雇主所采用，或计划采用的环境、步骤、手段、方法、操作或手续将为雇员提供的工作和工作场所，与雇主遵照和符合标准要求时同样安全与卫生，可以决定出这样的裁定或命令。

部长颁布任何标准，作出裁定、命令，或决定、批准任何豁免或延长，或调解、减轻惩罚时，应附一项声明说明采取此行动的理由，并在联邦注册本上公布。

颁布的某一项标准使任何人受到不利影响时，他可以在这一项标准颁布后60天内的任何时候向他住所地或主要买卖所在的美国上诉法院提出请求，如要求对此标准的合法性作司法复查，法院书记官应立即把请求书的副本转给部长。这种请求不能使标准延期执行，除非法院另有命令。如果部长的决定总的说来是有重要证据支持的，则他的决定是结论性的。[①]

从上述对美国职业安全与卫生标准制定过程的分析可以发现，美国标准制定有着广泛的参与主体，咨询、议事过程程序化、透明化突出，异议表达和裁决机制明确。美国这种多元治理的安全标准制定模式与其国家建设中对权力制约、民主参与、透明政府的要求有关，也与其漫长现代化过程中形成的强势的市场主体力量及其专业能力、强势的劳工组织及其集体行动能力有关。多元治理的安全标准制定体制是其上层建筑的反映，背后是美国资本主义经济体制的反映。

## 第四节 安全生产检查走向多元化与规范化

这一时期，安全状态检查出现了新的变化，日益走向多元化和规范化。

### （一）规范常规的行政性安全检查

发展性安全生产治理体制时期的权力不均衡，使得政府监管机构拥有很大的自由裁量权和自主空间。孟德斯鸠在《论法的精神》中说："自古以来的经

---

① 詹瑜璞、詹士杰：《中外安全生产法比较研究》，知识产权出版社2019年版，第118—121页。

验表明，所有拥有权力的人，都倾向于滥用权力，而且不用到极限决不罢休。"① 随着安监领域行政扩权的发展，安监领域腐败问题日益严重。基层安监部门曝出：山西省一年内 7 名安监局局长落马；浙江省海宁市 30 余人的安监局半年揪出 6 个贪官；湖南省郴州市苏仙区安监局群体性违纪问题多发，3 年共有 18 名科级干部受到处理。在高层也出现两任国家安监总局局长接连落马的腐败问题。腐败问题严重影响了监管部门的公信力，销蚀国家政权的合法性，必须"把权力关进制度的笼子里"。对于安监部门来说，行政执法是其核心工作，以规范执法过程为核心的过程监督是规范行政权力的中心。

行政执法是指具有法定权限的国家行政机关依法执行行政法律法规，并对违反行政法律法规的行为依法进行监督检查、行政处罚及行政强制等一系列行为的统称，其中重点是行政检查、行政处罚和行政强制。行政执法本质上是在调整政府与市场关系，是国家与社会关系的反映，目的在于实现公共利益，维护市场发展秩序和公民权利。

在安全监管部门执法的规范性上，建立起一套安全监管部门执法工作制度，包括执法依据公开制度、年度监督检查计划制度、执法公示制度、行政许可办理和监督检查制度、行政处罚全过程管理制度、执法案卷评查制度、执法统计制度、执法人员管理制度、行政执法评议考核和奖惩制度、行政复议和行政应诉制度、安全生产行政执法与刑事司法衔接制度。除了监管部门执法外，为了防止执法不当，对执法权同样建立起监督制度，即安全生产监管执法监督。

行政执法责任追究的前提是对地方安全生产监管部门的职责的清晰化。安全监管执法计划是安全监管部门的职责清晰化的表现。在我国安全监管管理中规定，安全监管监察部门需要依照《安全生产法》和其他有关法律、法规、规章和本级人民政府、上级安全监管监察部门规定的安全监管监察职责，根据监管监察权限、行政执法人员数量、监管监察的生产经营单位状况、技术装备和经费保障等实际情况，制订本部门年度安全监管或者煤矿安全监察执法工作计划，并按照执法工作计划进行监管监察。在执法工作计划的程序上规定，安全监管执法工作计划应当报本级人民政府批准后实施，并报上一级安全监管部门备案；煤矿安全监察执法工作计划应当报上一级煤矿安全监察机构批准后实

---

① [法] 孟德斯鸠：《论法的精神》，许明龙译，商务印书馆 2014 年版，第 185 页。

施。安全监管和煤矿安全监察执法工作计划因特殊情况需要作出重大调整或者变更的,应当及时报原批准单位批准,并按照批准后的计划执行。

安全监察执法工作计划包括监管监察的对象、时间、次数、主要事项、方式和职责分工等内容。根据安全监管监察工作需要,安全监管监察部门可以按照安全监管和煤矿安全监察执法工作计划编制现场检查方案,对作业现场的安全生产实施监督检查。例如,湖北省J市(县级市)安监局直接监管的生产企业95家,其年度工作检查计划见表5-6。

表5-6 2018年湖北省J市安全生产监督管理局监督检查计划

| 企业性质 | 企业数量(个) | 检查次数要求 |
| --- | --- | --- |
| 非煤矿山 | 20 | 每季度一次 |
| 建材企业 | 2 | 每半年一次 |
| 重点监管的危险化学品生产经营企业 | 8 | 每季度一次 |
| 日常监管的危险化学品生产经营企业 | 17 | 每半年一次 |
| 烟花爆竹生产经营单位 | 4 | 每季度一次 |
| 烟花爆竹配送服务中心 | 15 | 每半年一次 |
| 工商贸规模企业 | 19 | 每半年一次 |

如此详细的计划似乎与属地管理的自主性不太符合,一方面目前的管理体制强调属地管理;另一方面,国家又在管理的细节上进行规范,而不仅仅是对结果的考核、问责。原因在于通过对过程的控制,监督执法人员的履责。同时通过透明、公开的制度安排,规范执法过程,约束执法权力。2009年7月,国家安全生产监督管理总局第24号令《安全生产监管监察职责和行政执法责任追究的暂行规定》颁布,并在2013年、2015年两次修正。其中,行政执法责任追究是指对作出违法、不当的安全监管监察行政执法行为或者未履行法定职责的安全监管监察部门及其内设机构、行政执法人员,实施行政责任追究。

2015年版上述暂行规定,要求安全监管监察部门要按照年度计划和现场检查的方案,对生产经营单位的安全生产条件进行监督检查,其中重点监督检查事项包括20条,例如有关人员的安全生产教育和培训、考核情况,危险物品的生产、储存单位及矿山、金属冶炼单位配备或者聘用注册安全工程师的情况,重大危险源登记建档、定期检测、评估、监控和制定应急预案的情况,对承包单位、承租单位的安全生产工作实行统一协调、管理，定期进行安全检查，督促整改安全问题的情况等，内容极为丰富。如果每一条都做到建档立卡，满足管理要求，对生产经营企业来说，无疑是高昂的合规成本，尤其是对中小型企业。而国家之所以建立一套如此细致的合规要求，是因为国家要推动企业理性化，使组织趋同，便于进行清晰化的管理。①

## （二）重塑运动式行政性安全检查

2006年，一份关于德国安全生产监察的调研报告指出，在德国黑森州有就业人员287万人、5.3万家企业，而黑森州共有132名劳动保护监察员。②通过计算我们看到，平均每一个监察员要负责402家企业的监管。有限监管力量与大量监管工作的矛盾是共性问题，并不仅仅是中国的问题。如何设计监管机制才是最重要的。安全生产大检查作为中国安全生产监管中常用的方式，面对2002年之后新的监管形势，也在不断调整、优化。

进入新的阶段，随着安监组织网络的健全及安监队伍的壮大，安监工作开始常态化开展。同时，市场经济下，以往的群众动员机制已经不复存在。安全生产大检查变成行政性的检查，而在检查机制上形成了"检查-督查-回头看"的环形机制。下文以2017年全国安全生产大检查为例展示这套行政性安全生产大检查的运行特点、效果及问题。

2017年6月30日，国务院安委会发出《国务院安全生产委员会关于开展全国安全生产大检查的通知》，提出为严格落实各项安全防范责任和措施，有效防范和坚决遏制重特大事故，为党的十九大胜利召开营造稳定的安全生产环境，2017年7月到10月在全国范围内开展安全生产大检查。安全生产大检查包括两个层面：企业层面和政府层面。检查企业层面的内容是地方政府日常监管的范围，包括安全生产管理责任落实、安全生产管理制度建立和执行、安全风险管控、隐患排查治理等内容。除此之外，全国安全生产大检查工作也提出了一些重点内容，以引导地方监管部门的注意力。例如，上述通知在安全生产

---

① ［美］詹姆斯·斯科特：《国家的视角：那些试图改善人类状况的项目是如何失败的》，王晓毅译，社会科学文献出版社2019年版。
② 杨华：《双轨制背后的辩证思维——德国劳动保护管理体制观察》，《吉林劳动保护》2018年第9期。

管理制度建立和执行方面强调重点开展安全生产标准化建设情况,从业人员安全培训和持证上岗落实情况,新建、改建、扩建项目依法履行"三同时"制度情况等。这些重点内容的确立根据安全生产形势的发展而确定,具有灵活性、及时性等特点。2017 年 8 月底,国务院安委会发出通知,将于 9 月在全国开展安全生产大检查综合督查,推动大检查深入开展。国务院层面的督查和检查一样,也在全国层面铺开。国务院安委会组织了 31 个综合督查组,由国务院安委会成员单位负责人担任督查组组长,分赴全国 31 个省(自治区,直辖市)和新疆生产建设兵团,对地方各级政府及其有关部门及重点企业的安全生产大检查工作进行督查。2017 年 10 月中旬,国务院安委会开始部署安全生产大检查的第三个阶段,即"回头看"。通过组织 31 个检查组,深入 31 个省(自治区,直辖市)及新疆生产建设兵团检查地方和企业的整改情况(如图 5-8 所示)。

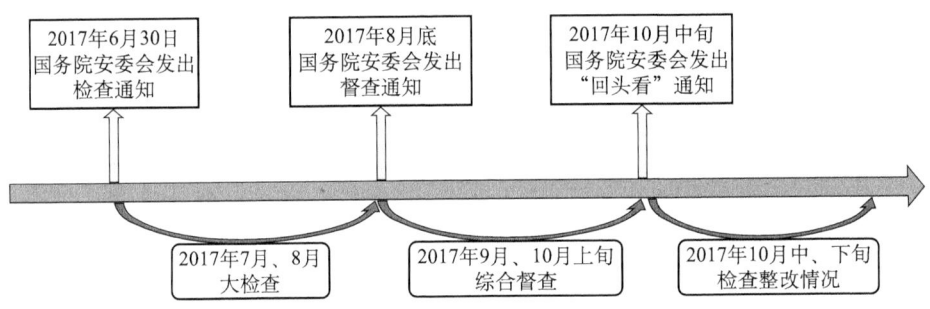

**图 5-8　2017 年全国安全生产大检查"检查-督查-回头看"阶段过程**

2017 年国务院安委办的安全生产大检查的通知中提出,各地区、各有关部门要采取突击检查、明查暗访、随机抽查、回头检查、交叉检查等多种方式,深入开展督查检查。突出在安全生产任务重、事故多发的地区、重点行业领域和高风险企业进行重点检查,对停产整顿、关闭取缔企业进行跟踪复查。对各地区开展大检查各项任务措施落实情况进行综合考评,考评结果作为 2017 年度省级政府安全生产工作考核的重要内容(占年度考核总分的 10%)。考核是重要的推动力量,没有激励和约束机制难以调动地方政府的工作积极性。全国安全生产大检查具有强大的组织能力,在 2017 年全国安全生产大检查期间,共组织各类检查执法组 97 万余个,检查各类企业 435.3 万家次。同时,全国安全生产大检查更加注重严格执法,2017 年的大检查共停产整顿企业 6.3 万家,罚款 28.1 亿元,追究刑事责任 3 543 人。其中,煤矿、金属非金属矿山、危险化学品、工贸行业违法违规行为处罚次数同比分别上升 96%、

61%、53%、97%,上升幅度巨大。大检查期间,各地各部门依法严厉打击各类违法违规行为26.7万起;排查治理隐患547.2万项,整改率达94.75%,其中重大隐患3.2万项,整改率达87.7%;关闭取缔违法违规和不符合安全生产条件的企业3.1万家;联合惩戒严重失信企业1429家;问责曝光责任不落实、措施不力的单位和人员7441家、2614人。①

全国安全生产大检查作为自上而下发起的常规化的政府运动,实质上是间歇性调动地方政府的注意力。这样的安全生产大检查具有以下特点。

第一,自中央逐层复制,调动起整个国家的行政力量,具有强大的组织动员能力。中央发起的安全生产大检查传递到地方政府时,整个行政体系都会被运作起来参与到这一"中心工作"②之中,而不仅仅是安监部门的工作。第二,大检查的内容根据安全生产形势进行调整,具有现实性和灵活性。同时,这种调整的方向源自科学管理和专业知识的判断。第三,大检查强调上级政府对下级政府的检查、督查,依赖于科层制之间的权威关系。

中国安全生产监管是以结果为考核导向的。这就导致很多地方抱着"不出事就没事"的心态。然而,一旦出事,尤其是如果大面积的地方政府抱着这种心理,生产安全事故出现也会是大面积的综合性风险,这就会严重伤害到政府的执政合法性。从安全生产大检查的实践看,政府层面是安全生产大检查的重要内容之一,和企业层面并重,这正显示了安全生产管理上"双管齐下"的特点。这也是中国安全生产监管中的独特现象。行政手段作为履责方式的重要内容,也就面临着对自身的不断优化和调整。中国安全生产管理面临的监管规模与监管能力的差距使得政府在监管过程中生发出具有许多中国特色的方式。这些监管方式是政权机关"扬长避短"的理性选择,即在治理资源不足的情形下,发挥自身所具有的强有力的动员能力和学习能力,以强调中央政府所确立的发展理念。

## (三) 企业制度化的安全检查

2021年修订的《安全生产法》第3条对安全生产责任体制进行了充分概

---

① 范荣义:《全国安全生产大检查取得明显成效》,《中国安全生产报》2017年12月6日。

② 欧阳静:《论基层运动型治理术——兼与周雪光等商榷》,《开放时代》2014年第6期。

括，即安全生产工作实行管行业必须管安全、管业务必须管安全、管生产经营必须管安全，强化和落实生产经营单位主体责任与政府监管责任，建立生产经营单位负责、职工参与、政府监管、行业自律和社会监督的机制。"管生产经营必须管安全"是对企业主体责任的法律界定，生产经营单位负责也是安全生产责任体制的首要之事。安全生产检查离不开企业自身安全检查能力和水平的提升。

中国经济的腾飞，基础是中国企业规模、企业质量的提高。在此过程中，企业自身安全治理能力显著提升。企业安全检查成为企业预防事故的基本方式，也是企业向前大发展的生命线。正是在此意义上，很多企业自觉建立起制度化的安全检查方式，有着专门化的安全部门和安全管理人员。但由于企业数量巨大、层次不一，企业专业化的内部安全检查的覆盖率仍是个问题。纵观近些年引发重大生产事故的典型案例，企业内专业检查仍很欠缺。

2019年3月21日下午，江苏省盐城市响水县发生了天嘉宜化工有限公司"3·21"特别重大爆炸事故，造成78人死亡、76人重伤，640人住院治疗，直接经济损失近20亿元，是近些年化工领域生产事故典型案例。根据国务院事故调查组发布的调查报告，天嘉宜化工有限公司无视国家环境保护和安全生产法律法规，长期违法违规贮存、处置硝化废料，企业管理混乱。在安全检查方面，违反《安全生产法》第43条，即生产经营单位的安全生产管理人员应当根据本单位的生产经营特点，对安全生产状况进行经常性检查；对检查中发现的安全问题，应当立即处理；不能处理的，应当及时报告本单位有关负责人，有关负责人应当及时处理。检查及处理情况应当如实记录在案。在天嘉宜化工有限公司，内部安全检查弄虚作假，未实际检查就提前填写检查结果，3月21日下午爆炸事故已经发生，但重大危险源日常检查表中显示当晚7时30分检查结果为正常。这一典型案例反映出企业自身安全检查仍存在很大漏洞。天嘉宜化工有限公司作为有着重大危险源、重大安全生产隐患的化工企业，却有着如此不专业、非制度化的自我检查，可以想象更多中小型企业的安全生产检查效果如何。

### （四）专业资质组织参与治理

2005年10月，党的十六届五中全会通过的《中共中央关于制定国民经济和社会发展第十一个五年规划的建议》中，在过去"安全第一、预防为主"的安全生产方针基础上加上了"综合治理",要求"坚持安全第一、预防为主、综合治理,落实安全生产责任制"。2014年9月新修改的《安全生产法》明确规定,安全生产工作应当"坚持安全第一、预防为主、综合治理"的方针。在我国社会治理语境下,综合治理适用范围不断扩大,但其核心意旨在于强调全社会的参与。只有动员全社会的力量,发挥各个方面的作用,形成一种综合治理的态势,形成各个部门联合执法的机制,才能有效地治理安全生产当中的一些突出矛盾和问题,从而真正构建政府统一领导、部门依法监管、企业全面负责、群众监督参与、社会广泛支持的安全生产工作格局。因此,在新的安全生产责任网络中,社会手段成为政府培育、发动的重要方式。突出表现在专业资质组织、行业协会、新闻媒体及社会群众等主体参与安全生产管理之中。

随着社会建设的提升,专业资质组织在中国开始发展起来,成为安全生产管理领域一支重要组织力量。2004年,国家安全生产监督管理局颁布的《安全生产许可证条例》规定,取得安全生产许可证的条件之一即依法进行安全评价。除此之外,重大危险源检测、评估及应急预案的专家论证等要求都为安全生产专业资质组织的发展和壮大提供了基础。2004年年底,国家安全生产监督管理局、国家煤矿安全监察局颁布《安全评价机构管理规定》,提出国家对安全评价机构和安全评价人员实行资质许可制度。安全评价机构应当取得相应的安全评价资质证书,并在资质证书确定的业务范围内从事安全评价活动。安全评价人员应当取得相应的资格,方可执业。安全评价机构分为甲级、乙级两个层次,其中安全评价机构申请甲级资质证书,应当具备下列条件:

具有独立法人资格;有与其申请业务相适应的固定场所和办公设施;注册资金或者开办费300万元以上;有健全的机构章程、管理制度、工作规则和质量管理体系;有12名以上取得安全评价人员资格的专职安全评价人员,其中至少有5名具有高级专业技术职称或者注册安全工程师资格,并且从事安全工作3年以上;有与其申报从事安全评价业务范围相适应的基础专业的评价人员;安全评价机构的法定代表人应当通过相关安全生产培训、考试,并且从事安全工作3年以上;安全评价机构专职技术负责人有安全评价人员资格,具有工程类高级专业技术职称和安全评价工作经历,并且从事安全工作5年以上;法律、行政法规规定的其他条件。

从上述甲级资质的安全评价机构条件来看,安全评价机构作为安全监管的第三方组织,在组织建设规范性、组织能力、组织合法性等方面具有很高要求。其所具有的专业条件是安全生产监管格局中必不可少的内容。其独立于安监部门和企业的身份,为安全生产管理的独立性和自主性提供了保障,这也增强了安全生产管理的公正性、透明度,是现代治理体系的必然要求。国家推动安全生产管理中专业资质组织的发展,提高了安全生产管理水平的社会化、专业化及规范化。既弥补了政府内部监管力量不足的现状,也有效发挥专业知识的作用,安全生产管理的科学化水平得到提升,是安全生产管理工作进步的重要支持力量。

2009 年,国家安全生产监督管理总局颁布第 22 号令,即新修订的《安全评价机构管理规定》,同时废止 2004 年版,2013 年、2015 年相继修订新的版本。

表 5-7 显示了目前全国各地甲级资质安全评价机构的数量。整体来看具有以下特点:第一,总量仍然较少,安全评价机构仍待进一步发展。截至查询日期,全国甲级资质安全评价机构共 220 家。根据江苏省应急管理厅信息查询,江苏省乙级安全评价机构共 30 家,外省来江苏省甲级安全评价机构共 19 家。查询日期为 2019 年 1 月。与中国庞大的安全评价市场相比,缺口还很大。第二,安全评价机构的分布非常不均衡。其中,北京市集聚了全国最多的甲级资质安全评价机构,达到 34 家。排名第二的山东省共有 20 家。排在最后的一些省份,如青海省、海南省、广西壮族自治区等只有一家甲级资质安全评价机构。甲级资质安全评价机构的分布不均衡也显示出不同地区专业资质组织发展的不均衡,尤其一些落后地区在安全监管第三方治理上仍然有很大空间。

表 5-7 各地甲级资质安全评价机构数量

| 地区 | 甲级资质安全评价机构(个) | 地区 | 甲级资质安全评价机构(个) | 地区 | 甲级资质安全评价机构(个) |
|---|---|---|---|---|---|
| 北京 | 34 | 浙江 | 7 | 上海 | 4 |
| 山东 | 20 | 四川 | 7 | 江西 | 4 |
| 河北 | 12 | 云南 | 7 | 重庆 | 4 |
| 河南 | 12 | 陕西 | 7 | 宁夏 | 4 |
| 山西 | 11 | 新疆 | 7 | 吉林 | 3 |
| 黑龙江 | 9 | 安徽 | 6 | 福建 | 3 |
| 广东 | 9 | 甘肃 | 6 | 湖南 | 3 |

续表

| 地区 | 甲级资质安全评价机构（个） | 地区 | 甲级资质安全评价机构（个） | 地区 | 甲级资质安全评价机构（个） |
| --- | --- | --- | --- | --- | --- |
| 辽宁 | 8 | 湖北 | 5 | 青海 | 1 |
| 江苏 | 8 | 贵州 | 5 | 西藏 | 暂无数据 |
| 内蒙古 | 7 | 广西 | 1 | | |
| 天津 | 5 | 海南 | 1 | | |

当然，以上只是从安全评价机构的标准、数量方面进行的分析，在实践中安全评价机构运行的成绩和限度是更为重要的方面。例如，2018年8月，在湖北省J市安监局通过政府购买服务的形式，与北京W安全评价机构签订协议，聘请安全评价机构协助安监局排查隐患工作。笔者在与专家共同排查隐患过程中发现，专业知识是高度复杂社会里良好治理的一种必要权威，因此，如何对待专业知识及其背后的专家团体是现代治理必须回应的问题。胡某（高级工程师）对化工产业的特点及各项国家标准了然于胸，因此，提出了很多之前检查没有提到的问题。与管理制度、应急预案评备等管理资料相比，更大的安全隐患还在于流程设计以及操作规范。

安全评价机构作为专业资质组织，提供的专业知识也面临着其他考量的消解。在与安监局总工程师王某谈到专家检查提出的整改意见时，他强调："专家是按照国家标准提意见，专家没有错。但是地方不能完全照这样做，不现实。"

同时，在胡某向企业管理人员反映检查出的问题时，一同检查的安监局执法员高某不断为企业解释，甚至替企业与排查专家讨价还价，涉及哪些问题能写进《专家安全检查情况确认书》，哪些问题不好解决，最好不要写进确认书里。作为长期工作在安监部门的干部，深深地嵌入企业家织的社会关系网中，面临着人情、关系等因素的干扰。地方干部同样受到地方发展经济的客观要求的影响，一张无形的压力网使其无法严格按照要求进行执法。因此，安全生产管理面临的不仅是快速的工业化发展与落后的工业管理水平的差距之间的矛盾，还有科层制的要求与前现代的管理水平之间的矛盾。为了解决以上矛盾，国家通过各项措施进行干预。例如，在企业抽检中的"双随机、双公开"。通过外来力量的介入，打破地方关系网。通过专业知识消解社会网络的力量，并通过对专家力量的问责等方式严肃专业知识的作用。这种机制类似于外来干部交流、空降干部等方式。当然，除了上述方式之外，国家还通过其他措施进行干预，如事故报告技术的改进、强化领导干部问责等。

从目前来看，中国安全生产管理中的专业资质组织已经发展起来，并且成为安全生产中的一支专业力量。专业资质以其专业知识承担起其所具有的服务责任，并且为其履行责任承担后果。这一点显然改变了安全生产责任网络中的格局。然而，有一点需要强调的是，随着国家对安全评价、检测等机构的重视和要求，各类生产事故中这些中介组织的责任事故也在增多。例如，在2019年江苏盐城响水县发生的"3·21"特别重大爆炸事故调查中发现，中介机构弄虚作假，出具虚假失实文件导致企业硝化废料重大风险和事故隐患未能及时暴露，干扰误导了有关部门的监管工作。这些中介机构涉及5家环境影响评价机构，1家安全评价机构，5家设计、施工、监理、设施检测维保机构。对其他一些责任事故考察发现，也存在不同程度中介组织失职失责的情形。因此，如何通过制度设计来监督、监管中介组织的服务责任是新的责任网络下日益重要的现实问题。

2019年应急管理部令第一号就是公布并施行《安全评价检测检验机构管理办法》，2015年修订的《安全生产检测检验机构管理规定》《安全评价机构管理规定》同时废止。与旧的《安全评价机构管理规定》相比，新的《安全评价检测检验机构管理办法》有了很大的变化。安全评价机构不再分为甲级、乙级两种类型。申请安全评价机构资质应当具备的条件也发生变化，要求：独立法人资格，固定资产不少于800万元；工作场所建筑面积不少于1 000平方米，其中档案室不少于100平方米，设施、设备、软件等技术支撑条件满足工作需求；承担矿山、金属冶炼、危险化学品生产和储存、烟花爆竹等业务范围安全评价的机构，其专职安全评价师不低于本办法规定的配备标准；承担单一业务范围的安全评价机构，其专职安全评价师不少于25人；每增加一个行业（领域），按照专业配备标准至少增加5名专职安全评价师；专职安全评价师中，一级安全评价师比例不低于20%，一级和二级安全评价师的总数比例不低于50%，且中级及以上注册安全工程师比例不低于30%；健全的内部管理制度和安全评价过程控制体系；法定代表人出具知悉并承担安全评价的法律责任、义务、权利和风险的承诺书；配备专职技术负责人和过程控制负责人；专职技术负责人具有一级安全评价师职业资格，并具有与所开展业务相匹配的高级专业技术职称，在本行业领域工作8年以上；专职过程控制负责人具有安全评价师职业资格；正常运行并可以供公众查询机构信息的网站；截至申请之日3年内无重大违法失信记录；法律、行政法规规定的其他条件。

新的《安全评价检测检验机构管理办法》从资质认可、技术服务、监督检查、法律责任等方面对安全评价机构作了更细致规定，为安全评价行业健康发展，发挥其专业能力提供了指引，也赋予政府监管更为明确的权力、责任和义务。

## （五）行业协会参与和普通群众举报机制

行业协会在安全生产管理中同样发挥重要作用。行业协会职能的发挥，主要是作为一种组织化的力量参与教育培训、知识共享、资源共享、引领、学习的过程。以行业协会发达的温州地区为例，温州市瓯海区在发挥行业协会职能时，实现了行业协会与政府部门、专业安全生产技术服务机构、行业内企业、安全生产对接企业及企业职工等多方面的合作、交流。这解决了单一企业在学习和管理上的高成本，有效提高企业的安全生产管理能力。然而，目前中国的行业协会的权威是建立在企业自愿参与、政府指导关系的基础上的，并不具有约束性。而且由于行业协会的非政府组织的组织性质，其不具有法定权威，导致其管理缺乏刚性约束，管理范围也非常有限。

与德国行业协会在安全生产监管中的作用相比，中国行业协会有很大的改进空间。德国安全生产管理体制被称为"双轨制"或者"双元化"管理，即政府和行业协会发挥着同等重要的监管作用。在德国，强制要求企业加入其所从事业务的行业协会，并交纳工伤保险金。因此，德国各个行业都有其行业协会。行业协会的组织形式赋予了其权威。行业协会是由雇主和雇员各自推选代表人组成的，双方人数相等，劳资双方轮流主持行业协会工作。行业协会主要履行两项职能：一是根据劳动保护法律制定实施细则及一些劳动保护规定。当然，行业协会所制定的细则和规定要经官方劳动保护局审批并接受政府和社会监督，这反过来也强化了其合法性。二是履行职业事故保险工作，对职业事故进行登记和调查。行业协会可以通过发挥保险的经济杠杆作用，来监督企业的劳动保护工作。例如，对生产安全事故频发的企业提高其工伤保险金或进行经济罚款。德国行业协会发挥着预防事故、公共医疗救助、事故赔偿和协调冲突及安全教育培训等作用。根据一份数据显示，2002年德国职业事故险共有93

亿欧元，其中，事故预防支出6.6%、公共医疗救助支出28.6%、事故赔偿53.8%、法律咨询和上诉等其他费用支出11%。[①]可见，德国行业协会承担了很多中国安全生产监管政府部门的职责，并且其利用自身组织优势，很好地履行职责。中国的行业协会推进安全生产监管发展，除不断提升行业协会自身能力外，还需要政府主动进行职能转变，加强其服务能力和监管能力。

群众路线一直是中国共产党的一套治理方式。在安全生产上，与新中国成立之初安全生产管理中热衷的群众安全生产大检查不同，新的管理体制下更注重发挥专业监管力量的安全生产大检查及专项治理运动。然而，群众并没有从管理体制中退去，在一些政策文本中一直在强调发挥群众的积极作用。例如，2004年国务院发布的《关于进一步加强安全生产工作的决定》依然强调，强化社会监督、群众监督和新闻媒体监督，努力构建"政府统一领导、部门依法监管、企业全面负责、群众参与监督、全社会广泛支持"的安全生产工作格局。

2005年国家安全生产监督管理总局、财政部联合出台了《举报煤矿重大安全生产隐患和违法行为的奖励办法（试行）》。2012年，国家安全生产监督管理总局、财政部出台了《安全生产举报奖励办法》。2018年，国家安全监管总局、财政部印发了《安全生产领域举报奖励办法》。三个文件的比较见表5-8。

**表5-8 安全生产监督群众举报制度的文件比较**

| 文件名称 | 2005年《举报煤矿重大安全生产隐患和违法行为的奖励办法（试行）》 | 2012年《安全生产举报奖励办法》 | 2018年《安全生产领域举报奖励办法》 |
|---|---|---|---|
| 适用范围 | 煤矿重大安全生产隐患和煤矿有关安全生产的违规违法行为 | 安全生产重大事故隐患和非法违法行为，适用于煤矿、非煤矿山、道路交通、危险化学品、烟花爆竹、冶金机械等行业和领域涉及的安全生产事项 | 适用于所有重大事故隐患和安全生产违法行为 |

---

[①] 科学技术部专题研究组编《国际安全生产发展报告》，科学技术文献出版社2006年版，第59页。

续表

| | | | |
|---|---|---|---|
| 奖励金额 | 受理的举报经调查属实的，受理举报的部门或者机构应当给予实名举报的最先举报人1 000元至1万元的奖励，依法免交个人所得税 | 对举报安全生产重大事故隐患、安全生产非法违法行为的，奖励1 000元至1万元。对举报瞒报、谎报一般事故的，奖励3 000元至5 000元；对举报瞒报、谎报特别重大事故的，奖励3万元 | 对举报重大事故隐患、违法生产经营建设的，奖励金额按照行政处罚金额的15%计算，最低奖励3 000元，最高不超过30万元。对举报瞒报、谎报事故的，按照最终确认的事故等级和查实举报的瞒报谎报死亡人数给予奖励 |
| 举报人保护 | 受理举报的部门或者机构应当依法保护举报人的合法权益并为其保密。举报人受到打击报复的，有关部门应当依法查处 | 受理举报的安全监管部门应当依法保护举报人的合法权益并为其保密。严禁泄露举报人的姓名、工作单位、家庭住址等情况；严禁将举报材料和举报人的有关情况透露或者转给被举报单位和被举报人 | 参与举报处理工作的人员必须严格遵守保密纪律，依法保护举报人的合法权益，未经举报人同意，不得以任何方式透露举报人身份、举报内容和奖励等情况，违者依法承担相应责任 |

自2005年，国家安监总局和财政部联合发文推行煤矿领域的安全生产举报奖励制度以来，2012年、2018年举报奖励办法也在不断修改。第一，安全生产举报奖励的领域不断扩大，从最早的煤矿重大隐患和违法行为，到重点行业和领域的重大隐患和非法违法行为，再到所有领域的重大事故隐患和安全生产违法行为。第二，举报奖励金额不断上升。第三，对举报人的保护要求不断完善。举报制度的关键之一是建立举报保护制度，保护举报人的利益，因为企业安全生产中的举报者多是利益相关者。如若没有好的保护制度，会打击举报人的信心，甚至带来打击报复。第四，举报的并不只是安全监管部门没有发现的，还包括安监部门发现了但却未按规定依法处理的。2012年和2018年的文件中都提到，举报人举报的重大事故隐患和安全生产违法行为，属于生产经营单位和负有安全监管职责的部门没有发现，或者虽然发现但未按有关规定依法处理，经核查属实的，给予举报人现金奖励。从这个角度来说，举报制度并不

只是利用广大群众、企业职工及专业组织的力量参与安全生产管理,还是对权力部门监督的一种形式,是以权力制约权力的体现。这说明整个治理结构在不断变化。尽管国家在安全生产举报奖励制度上不断完善,但是收效甚微。2018年7月25日,在《危险化学品安全警示教育专题会》上,湖北省安监局副局长提到,本年度举报奖励奖金20万元的预算,至今一分钱也没有用出去。要尽快修订举报奖励办法,提高可操作性,让全社会参与到安全生产工作中。

随着安全生产举报系统的广泛应用和举报奖励政策的力度加大,安全生产举报成为安全生产社会共治的重要手段。2022年,全国共收到安全生产举报20.9万余件,同比增加2.4倍;查实13.1万余件,同比增加3倍,查实率创出新高,达62.6%,同比增加10.5个百分点;发放举报奖励3 291.9万元,同比增加1.2倍。通过举报及时查实解决了一大批安全生产重大隐患和违法违规等突出问题,有效防范和遏制了事故发生。

### (六)检察院公益诉讼机制

检察院参与安全生产治理是近些年检察机关推动公益诉讼之后的新形势,有其区别于行政检查、企业检查、社会检查的独特性。最早在2016年发布的《中共中央 国务院关于推进安全生产领域改革发展的意见》中就提出"研究建立安全生产民事和行政公益诉讼制度"。2021年颁布的《安全生产法》第74条提出,"因安全生产违法行为造成重大事故隐患或者导致重大事故,致使国家利益或者社会公共利益受到侵害的,人民检察院可以根据民事诉讼法、行政诉讼法的相关规定提起公益诉讼"。从法律上规定了检察机关参与安全生产检查工作的权利。2021年发布的《中共中央关于加强新时代检察机关法律监督工作的意见》再次强调人民检察院作为保护国家利益和社会公共利益的重要力量,作为国家监督体系的重要组成部分。新时代要积极稳妥推进公益诉讼检察,除了要加大生态环境和资源保护、食品药品安全、国有财产保护、国有土地使用权出让和英烈权益保护、未成年人权益保护等重点领域公益诉讼案件办理力度,还要积极稳妥拓展公益诉讼案件范围,探索办理安全生产、公共卫生、妇女及残疾人权益保护、个人信息保护、文物和文化遗产保护等领域公益损害案件。安全生产公益诉讼检察成为近几年安全生产检查最新的方式,有着权威性、公益性、专业性等多重优势。

2022年3月,最高人民检察院向应急管理部制发了安全生产溯源治理方面的检察建议,也是最高人民检察院第八号检察建议,因此也被称为"八号检察建议"。"八号检察建议"指出,近年全国安全生产形势总体向好,但重特大生产安全事故仍有发生,并提出了四条具体解决建议:第一,充分发挥应急管理部对全国安全生产工作综合监督管理职能,督促协调各地区各部门认真落实党中央、国务院关于安全生产工作的决策部署。第二,把抓早抓小抓苗头作为保障安全生产的重中之重,并提出增加企业违法成本,建立安全生产信用体系,完善安全生产举报投诉机制等举措。第三,加大对执法监管人员失职渎职等违法违纪行为的调查追责力度。第四,督促企业切实履行主体责任,增强企业安全生产内生动力,切实提升企业本质安全水平。在最高人民检察院向应急管理部制发检察建议的同时,"八号检察建议"同时抄送中央纪委国家监委、国务院安全生产委员会、公安部、交通运输部等11个相关部门。

在地方上,检察院参与安全生产检查工作,并公布了大量典型案例推动安全生产公益诉讼工作。这些典型案例包括2020年最高人民检察院、国铁集团联合发布铁路安全生产领域公益诉讼典型案例10例。2021年最高人民检察院、应急管理部联合发布安全生产领域公益诉讼典型案例9例,所涉违法类型多样化,包括自备成品油、轻循环油、燃气等危险化学品、易燃易爆物品;尾矿库污染、违规采矿导致地面坍塌;违法建设、违法施工带来的消防、交通安全隐患,及加油站扫码支付安全隐患等新问题。同时,为了突出预防性司法理念,公益保护采取多元化手段,包括圆桌论坛、调解、协商、诉前检察建议、正式诉讼等方式,实现了双赢多赢共赢的办案效果。2021年最高人民检察院发布了第二十五批指导性案例。

安全生产领域严肃的事后问责状况,使安全生产监管领域成为安监人口中的"高危行业"。强化事后问责走不通了,而要注意事前、事中的监管、检察机关的优势。检察院对安全生产公益诉讼功能的开发能够发挥本地化优势,解决信息不对称的问题。同时,检察院所具有的独立性优势,能够解决一些利益共同体的问题。安全生产检察机关公益诉讼的功能在于发挥检察机关的威慑力,利用检察监督的独立性与在地化便利。同时,监管的深度走向实质合法性层面,而不仅是形式合法就行。[①]对行政自由裁量权的监督恰恰是美国行政自

---

① 林鸿潮、赵艺绚:《论安全生产行政公益诉讼——从"3·21"响水爆炸事故暴露的监管短板说起》,《西南民族大学学报》(人文社科版)2020年第1期。

由裁量权所解决不了的问题。风险防控的及时介入，充分利用诉前程序，发挥检察建议的功能，能够有效开展溯源治理，真正做到预防为主、防治结合。

## 第五节 安全事故责罚：党政责任与市场力量

进入21世纪之后的中国政府建设，突出强调责任政府和法治政府的建设，安全生产监管领域的责任追究也发生了显著的变化。安全生产责任追究的转型始于2003年国务院机构改革明确国家安全生产监督管理局为国务院直属机构，负责全国安全生产综合监督管理工作。经过一系列机构改革和调整后，国家安全生产监督管理局提升为正部级的安监总局，监管的独立性和专业性显著上升，为安全生产责任追究转型打下组织基础。通过一系列立法建制，安全生产责任追究中对党政干部领导责任、政府部门监管责任和生产企业主体责任进行了更为细致的规定，责任追究的法治水平、程序性和科学性显著提升。责任追究形式上延续了上一阶段建立起的行政处罚、党纪政纪处分、刑事责任三种不同的方式，但在内容上有了更多的调整。

### （一）不断增强的行政处罚力度

行政处罚是行政执法部门对违反安全生产法律法规的生产经营单位所作的惩处。与上一阶段的行政处罚相比，这一阶段行政处罚强度加深。对于重大事故，不仅对涉事企业和事故责任人处以经济处罚和企业职务的处罚，还要吊销企业的许可证及相应人员的资格证书。通过加大对企业及责任人的行政处罚，使企业真正重视安全生产工作。

与英国、美国等国家相比，中国企业生产事故的行政处罚有所差异。例如，2005年3月23日，英国石油公司在美国得克萨斯的炼油厂发生爆炸事故，造成15名承包商及员工丧生、170余人受伤，是美国近30年最为严重的工业生产事故。在事故处理上，英国石油公司承诺对生产事故负责，拿出7亿美元支付受害者的赔偿款。同时，针对美国职业安全与健康管理局提出的300多条违反监管的指控，交付2 130万美元的罚金。除此之外，英国石油公司宣布将在未来5年内投入10亿元美金以提升自己的安全水平。[①] 通过这个典型案

---

[①] 苏国胜、李文波、王志强：《BP德克萨斯炼油厂爆炸事故》，《安全、健康和环境》2007年第1期。

例可以看到，美国在生产安全事故处罚上，对事故赔偿提出了极高的要求。

## （二）不断强化的党纪政纪处分

强化党政同责成为新时代调动各级党政领导干部关注、重视安全生产问题的重要方式。在这一阶段的责任追究中不同于"弱行政化"阶段的行政处分，而变成党纪政纪处分，在处分的范围、情形、强度等方面发生了显著的变化，显示出安全生产监责任模式公共化时期的责任追究特点。

从政策文本分析看，2001年4月，国务院颁布实施《国务院关于特大安全事故行政责任追究的规定》，提出"地方人民政府主要领导人和政府有关部门正职负责人对特大安全事故的防范、发生，依照法律、行政法规和本规定的规定有失职、渎职情形或者负有领导责任的，依照规定给予行政处分；构成玩忽职守罪或者其他罪的，依法追究刑事责任"。其中，"发生特大安全事故，社会影响特别恶劣或者性质特别严重的，由国务院对负有领导责任的省长、自治区主席、直辖市市长和国务院有关部门正职负责人给予行政处分"。例如，2008年4月28日，铁道部原部长刘志军因胶济铁路列车脱轨相撞特别重大事故受到行政记过处分。2008年9月8日，山西省原省长孟学农因临汾新塔矿业公司尾矿库垮坝事故辞去省长职务，并被免去省委副书记、常委和委员的职务。随着责任追究制度化水平的提高，对安全生产违法违纪行为政纪处分的法治化水平也提出了要求。2006年11月，国家监察部和国家安全监管总局联合颁布实施了《安全生产领域违法违纪行为政纪处分暂行规定》，是我国第一部关于安全生产领域政纪处分方面的部门规章，列举了安全生产违法违纪行为的类别和表现，其中国家行政机关及其工作人员涉及7类25种，国有企业及其工作人员涉及5类18种，还包括事业单位及中介组织人员的违法违纪行为。2007年10月，中共中央纪委发出《安全生产领域违法违纪行为适用〈中国共产党纪律处分条例〉的若干问题解释》（以下简称《若干问题解释》）。这是中央纪委第一次针对某一具体领域的违纪行为如何适用《中国共产党纪律处分条例》作出解释，是安全生产党纪处分的标准和依据。《若干问题解释》基本涵盖安全生产领域发生违纪行为的各类主体，既包括党组织负责人，也包括行政机关和各类企业、事业单位、社会中介组织中的党员。同时，归纳概括了十类违纪行为，30种具体表现形式。包括利用职权干预安全生产相关事项类；不贯彻执行党和国家在安全生产方面的方针政策类；违反规定实施行政许可类；

违反规定批准提供危险物资类;不按照规定组织审查验收安全设施类;违反规定进行安全生产作业类;违反规定使用安全生产证照类;违反规定进行生产、经营、管理类;违反规定投资入股或者经商办企业类;出具虚假报告等与事实不符的文件材料类。之所以出台《若干问题解释》这一党内文件,是因为现实中存在着问责过程中违反权责一致原则的现象。有些党委作出重大决策,一旦出了问题,却往往是行政首长负责制名义下对行政首长问责,对于党委决策的责任不予追究。①《若干问题解释》是关于安全生产领域违纪行为的党纪处分规定,《安全生产领域违法违纪行为政纪处分暂行规定》是关于安全生产领域违纪行为的政纪处分规定,二者相辅相成,构成党纪政纪处分的有机整体。

2009年7月,中共中央办公厅、国务院办公厅印发《关于实行党政领导干部问责的暂行规定》,意在增强党政领导干部的责任意识,尽职履责,实现权责一致。其中关涉安全生产的有两条:其一,因工作失职,致使本地区、本部门、本系统或者本单位发生特别重大事故、事件、案件,或者在较短时间内连续发生重大事故、事件、案件,造成重大损失或者恶劣影响的;其二,政府职能部门管理、监督不力,在其职责范围内发生特别重大事故、事件、案件,或者在较短时间内连续发生重大事故、事件、案件,造成重大损失或者恶劣影响的。该暂行规定还对问责程序、问责方式及问责后果进行了详细规定,使得问责具有可操作性,也便于政府和社会监督。法律的权威在于实施,对负有监督管理责任的各级领导干部进行党纪政纪处分是推动安全生产发展的重要手段,受到党和国家的大力推动。以2016年发生的天津港特别重大火灾爆炸事故为例,事故调查组对123名责任人员提出了处置意见,其中建议对74名责任人员给予党纪政纪处分,包括省部级5人、厅局级22人、县处级22人、科级及以下25人,处分方式包括撤职处分21人、降级处分23人、记大过及以下处分30人。党纪政纪处分的展开依托于责任体制中对主要领导责任、部门监管责任等责任的清晰化界定,摆脱了问责不清晰、不精准的问题。领导责任追究的逐层展开也与属地管理相匹配,能够最大限度地促使不同层级负有责任的领导干部重视安全生产监管工作。

2018年,中共中央办公厅和国务院办公厅联合出台的《地方党政领导干

---

① 张贤明:《当代中国问责制度建设及实践的问题与对策》,《政治学研究》2012年第1期。

部安全生产责任制规定》对地方党政领导干部安全生产工作责任的责任追究作出了更为权威、全面、细致的规定。除了问责情形、问责方式,还强调严格落实安全生产一票否决制度。对于被追究领导责任的地方党政领导干部,在规定的时限内,取消各类评优评先的资格,并且不能晋升职务、级别或者重用。除了从重追究情形,该规定还对从轻、减轻追究责任及不予追究责任的情形进行了说明。当地方党政领导对职责范围内的有关职责全面履行,并全面落实了党委和政府有关工作部署之后,对其职责范围内的生产安全事故不负责任。当地方党政领导干部主动采取补救措施,减少事故损失,挽回社会不良影响时,可以从轻、减轻追究责任。在此规定出台之后,各地方政府相应出台了实施细则。"照单履职、尽职免责"的中央精神有了法规支撑,逐步改变着"安全生产无限责任"的模式。从这个角度来看,关于党纪政纪的责任追究也在不断地调适,更加符合安全生产监管实际和科层制运作规律。

安全生产责任模式公共化阶段决定了问责力度的增强。围绕安全生产的主体愈加广泛,责任体制更加健全。在关于全国人大常委会执法检查组检查《安全生产法》实施情况的报告中有一组数据:2014年初到2015年10月底,全国重特大事故80起,其中已结案的75起。在75起结案的重特大事故中,受到党纪政纪处分的共1483人,平均每一起20人受到处分。移送司法机关处理的645人,其中每起8.6人。可以看到,受党纪政纪处分的人远超移送司法机关处理的人。这个数据佐证了目前安全生产问责的特点之一,即党政问责力度很大。

### (三)持续推进的刑事司法追究

安全生产责任追究中最有中国监管体制特点的是党纪政纪处分和刑事司法的广泛使用。属地管理原则下广泛的党纪政纪处分是监管责任体制高度依赖行政权的又一体现,也显示了行政权在国家治理结构中的关键地位。刑事司法对生产责任事故的规范化、强制化介入,是司法机关以法律威慑力保护社会权益的体现,也是对存在的"以行政处罚或行政处分代替刑事责任"的纠正,显示出监管责任体制中司法权的成长。根据2018年3月最高人民检察院检察长在第十三届全国人大会议上对过去五年工作经验总结时的数据,检察院系统同步介入天津港特别重大火灾爆炸事故等生产安全事故调查,起诉重大责任事故、危险物品肇事等犯罪1.4万人,查处事故背后失职渎职等职务犯罪4368人,较前五年分别上升10.4%和80.1%。持续推进责任追究中刑事处罚是责任追究法治化的重大进展。

自上一阶段起，国家对生产安全事故责任追究就强调责任人的刑事责任。在安全生产监管责任体制转型到公共化时期，刑事责任追究提到了更为关键的位置。尽管如此，与民营企业等企业形式不同，现实中存在着国有企业利用体制内的地位，以党纪行政处罚规避法律法规的情形。[①] 例如，2005年11月3日，中石油吉林石化分公司双苯厂发生爆炸事故，造成8人死亡、60人受伤，直接经济损失6 908万元，并引发了松花江水污染事件。国务院事故调查组认定，这是一起特大生产安全责任事故和特别重大水污染责任事件。在事故处理上，给予12名事故责任人相应的党纪政纪处分，其中在中石油系统内，吉化公司董事长对事故负主要领导责任，给予行政撤职、撤销党内职务的处分，吉化公司双苯厂厂长和厂长助理对事故负主要责任，给予行政撤职、党内严重警告处分。中石油集团公司的负有领导责任的相关人员给予行政警告或者行政记过处分。在行政系统内，吉林市环保局局长负有领导责任，给予行政警告处分，吉林省环保局局长、党组书记给予行政记大过、党内警告处分。国家环保总局局长也因此次事件引咎辞职。在行政处罚上，吉林石化因松花江水污染事故被处以最高100万元的罚款。可以看到，这样一起举国关注的安全生产责任事故，最终责任处理是以党纪政纪处分和行政处罚结束的。

现实的发展及党纪政纪处分代替刑事责任追究的情形，使新时期改革的方向之一是行政执法与刑事司法相衔接。安全生产领域的违法违纪行为对社会危害极大。最高人民检察院反贪总局的一位领导提到，民营企业腐败犯罪的风险点主要包括企业融资、财务管理、安全生产、工程建设、产品质量、办理各种执照批文等。安全生产、执照批文等成为民营企业腐败犯罪的风险点，和企业融资、财务管理等方面上升到一个层面。说明这一领域的法律要求严格，执法更严。为了有效打击安全生产领域的违法犯罪行为，推进行政执法与刑事衔接是新时代安全生产监管的重要任务之一。行政执法与刑事司法衔接早在1996年发布的《行政处罚法》里就有提及，其第7条明确提出，"公民、法人或者其他组织因违法受到行政处罚，其违法行为对他人造成损害的，应当依法承担

---

① 黄冬娅、杨大利：《市场转型中国有企业与环境监管中立性——以大型国有石油石化企业为例》，《社会发展研究》2018年第3期。

民事责任。违法行为构成犯罪的,应当依法追究刑事责任,不得以行政处罚代替刑事处罚"。在2001年7月,时任国务院总理朱镕基发布国务院令《行政执法机关移送涉嫌犯罪案件的规定》,目的在于保证行政执法机关向公安机关及时移送涉嫌犯罪案件,依法惩罚破坏社会主义市场经济秩序罪、妨害社会管理秩序罪及其他罪。该规定对行政执法机关移送的案件条件、移送要求、移送内容、移送流程、移送的监督和惩罚及在移送中公安机关、人民检察院的责任、程序、权力等作了详细说明。在《行政执法机关移送涉嫌犯罪案件的规定》实施之后,行政执法与刑事司法衔接工作得到加强,但仍然存在一些行政执法领域"有案不移、有案难移、以罚代刑"等突出问题。最高人民检察院的一位副厅长提供的数据显示,2006—2008年某市公安机关受理刑事案件417 264件,由行政执法机关移送的案件40件不到0.01%,且呈逐年递减趋势。2010年10月底,国务院部署开展全国打击侵犯知识产权和制售伪劣商品专项行动,截至同年11月底,工商部门查处假冒侵权案件3 010件,移送司法机关12件;质检部门立案查处1 655起,移送公安机关17起。① 另一项研究基于多地的数据,基本判断目前行政执法机关移送涉嫌犯罪案件的比例也仅占其查处案件的1%左右。② 为了持续推进行政执法与刑事司法衔接制度,2011年,中共中央办公厅、国务院办公厅转发国务院法制办等部门印发的《关于加强行政执法与刑事司法衔接工作的意见》,要求严格履行法定职责、完善衔接工作机制、加强对衔接工作的监督等内容。2016年12月,中共中央、国务院印发的《关于推进安全生产领域改革发展的意见》对安全生产依法治理提出,"研究修改刑法有关条款,将生产经营过程中极易导致重大生产安全事故的违法行为列入刑法调整范围"。依据目前《刑法》,只有导致人员伤亡和一定数额经济损失等严重后果才能追究刑事责任,而对未导致重大后果的严重违法行为难以追究刑事责任,导致这样的违法行为屡禁不止。该意见是借鉴"醉驾入刑"、制售食品药品违法行为入刑的立法思路,通过修改刑法相关条款,可将无证生产经营建设、拒不整改重大隐患、强令违章冒险作业、拒不执行安全监察执法指令等具有明显的主观故意、极易导致重大生产安全事故的典型违法行为列入刑法调整

---

① 元明:《行政执法与刑事司法相衔接的理论与实践》,《人民检察》2011年第12期。
② 刘福谦:《行政执法与刑事司法衔接工作的几个问题》,《国家检察官学院学报》2012年第1期。

的范围,直接追究其刑事责任。① 这种变革是发挥强化刑事责任的惩戒作用的重要体现。

2019年4月,应急管理部、公安部、最高人民法院、最高人民检察院联合印发了《安全生产行政执法与刑事司法衔接工作办法》,进一步提升行政执法与刑事司法衔接工作的权威性和法治化。随着国家对安全生产监管法治化的提升,监管责任体制必然要求严格按照法律法规进行刑事责任追究。随着国家对安全生产监管法治化的提升,监管责任体制必然要求严格按照法律法规进行刑事责任追究。

### (四) 发挥市场机制倒逼企业

经济手段的强效发挥,基础在于国家对市场资源的掌握。从中国政治经济发展来看,国家建立起对相关稀缺资源的垄断,如土地、国有银行。政府除了掌握"用地""用钱",还掌握着"重大项目""国家荣誉"等与经济手段相关的政策工具。这为国家强势发挥市场机制倒逼企业重视安全生产奠定了基础,这也是中国安全生产监管特色之处。

2011年11月,国务院在《关于坚持科学发展安全发展促进安全生产形势持续稳定好转的意见》这一重要文件中,强调要形成企业安全生产与企业信誉、项目核准、用地审批、证券融资、银行贷款等方面相挂钩的安全生产约束机制。这一新的机制特点在于,用更深的市场力量倒逼企业对安全生产的投入。在这种思想指导下,2015年4月,国务院办公厅发布《关于加强安全生产监管执法的通知》,要求实行安全生产"黑名单"制度,并通过企业信用信息公示系统向社会公示。对被列入"黑名单"的企业,在经营、投融资、政府采购、工程招投标、国有土地出让、授予荣誉、进出口、出入境、资质审核等方面依法予以限制或禁止。同时要求,相关部门要加强联动,依法对失信企业进行惩戒约束。在此背景下,2015年国务院安委办发布《生产经营单位安全生产不良记录"黑名单"管理暂行规定》,对生产经营单位进入"黑名单"的五种情形、"黑名单"管理的基本程序、重点监控"黑名单"的举措及对"黑名单"单位的惩戒方式进行了更为详细的规定,使得"黑名单"管理制度具有

---

① 《安监总局:沪津青深重特大安全事故事件冲击人民群众安全感》,财新网,http://china.caixin.com/2016-12-19/101028593.html。

更好的可操作性、更强的约束力。

2016年，国家发展改革委、中国人民银行、国家安监总局、财政部等18个部门联合印发《关于对安全生产领域生产经营单位及其有关人员开展联合惩戒的合作备忘录》，规定联合惩戒的对象为在安全生产领域存在失信行为的生产经营单位，及其法定代表人、主要负责人、分管安全的负责人、负有直接责任的有关人员等。具体惩戒措施包括：加强安全监管监察；依法暂停审批其新的重大项目申报，核减、停止拨付或收回政府补贴资金；依法限制参与建设工程招投标；依法限制取得政府性资金支持等29项惩戒措施，惩戒内容极为广泛，惩戒程度极为严厉。2017年5月，国家安监总局印发了《对安全生产领域失信行为开展联合惩戒的实施办法》，进一步细化了联合惩戒的内容，增强其可操作性。除了联合惩戒，安全生产也建立起联合激励的方式。2017年12月，国家发展改革委、国家安全监管总局等26个部门联合印发《关于对安全生产领域守信生产经营单位及其有关人员开展联合激励的合作备忘录》，对纳入安全生产守信联合激励对象的生产经营单位的条件、激励措施、操作流程等进行了说明。

安全生产监管政策的有效性还依赖于地方政府的实施。2018年11月16日，沪深交易所宣布正式发布实施《上市公司重大违法强制退市实施办法》，新增了社会公众安全类重大违法强制退市情形，这一条对应的是证监会2018年7月27日发布的《关于修改〈关于改革完善并严格实施上市公司退市制度的若干意见〉的决定》中，"上市公司构成欺诈发行、重大信息披露违法或者其他涉及国家安全、公共安全、生态安全、生产安全和公众健康安全等领域的重大违法行为的，证券交易所应当严格依法作出暂停、终止公司股票上市交易的决定"等新增内容。生产经营单位在安全生产领域的重大违法行为也被证券系统所监管。

### （五）新闻媒体的监督和问责力量

互联网时代，尤其是智能产品的普及，加速了信息流动和民意传播，对安全生产关注显著加强，社会问责成为安全生产管理中的重要力量。在国家与媒体监管上，一方面，国家主动曝光。国家对生产安全事故，尤其是对引发社会广泛关注的重大事故进行曝光，披露细节，可以引发各级地方政府及相关企业的重视，吸取教训，防患于未然。另一方面，社会舆论监督的兴起成为推动安全生产的重要力量。新闻媒体，如广播、电视、报纸、新闻网站等，基于专业记者的敏锐性和调查能力，能够针对生产事故提出针对性的问题，引领社会大众对责任事故的关注，倒逼政府回应民众关切。例如，2013年11月22日中石化青岛燃爆事故造成62人死亡、136人受伤，直接经济损失高达75172万元。有媒体就发文追问"出事的输油管道两年前就隐患重重，为何两年内风险问题却未得到任何改进"，"为何漏油7个多小时仍未告知公众并采取疏散措施"。① 2014年8月2日，江苏昆山中荣金属公司发生粉尘爆炸事故，造成97人死亡、163人受伤。事故发生后，就有媒体质问"当地安监部门和有关职能部门半个月前是如何开展安全生产专项行动的"，"半年前江苏刚发生的粉尘爆炸事故，是否吸取了教训，是否排查过隐患，是否强化了监管"，"除了事发企业负责人，还有谁要为事故负责"。② 在当今自媒体时代，人人都是摄影师，都是评论员，都是总导演。广大群众通过新媒体平台发声、发文，形成舆论压力，倒逼企业和地方政府回应。新闻媒体成为安全生产，尤其是生产事故监督的重要力量。互联网是当今最为重要的社会交往平台，根据《中国互联网络发展状况统计报告》，截至2021年6月，中国网民规模已达到10.11亿，互联网普及率为71.6%。与实体性的公共空间衰落不同，互联网空间异常活跃。强大的互联网传播功能和广泛的使用群体，把新媒体在社会治理中的地位提升到了一个新的高度。安全生产监管责任体制的转型必然受到互联网的塑造。

与美国、英国、德国等欧美发达国家的生产事故责任追究相比，中国责任事故追究具有以下特点：第一，中国没有对发生生产事故的企业采取"破产式"惩罚，而是选择对生产经营单位"有限度"处罚。举例而言，2017年，美国劳工部职业安全健康管理局针对美国新泽西铝型材公司发生的一系列生产安全事故和51项安全隐患，开出了192万美元的罚单。③ 反观中国，对企业生产责任事故的行政处罚金额非常有限。2018年嘉兴市通报的安全生产违法行为典型案例中海盐县精细化工有限公司"8·2"爆炸事故案，造成2人死亡、1人受伤。涉事公司对本起事故的发生负有主要责任，公司法定代表人对本起

---

① 贺军：《追问中石化青岛爆燃事故》，《中国环境报》2013年12月2日。
② 樊大彧：《追问昆山爆炸事故的责任链条》，《天津政法报》2014年8月8日。
③ 《美国一铝厂因事故和隐患多被罚192万美元》，中国安全生产网，http://www.aqsc.cn/news/201708/21/c21298.html。

事故的发生负有主要责任。一方面，海盐县安监局依法对涉嫌重大责任事故罪的公司法定代表人移送司法机关追究刑事责任。另一方面，海盐县安监局依法对海盐县精细化工有限公司作出"罚款人民币50万元"的行政处罚。从制度规定来看，2015年修订后的《安全生产违法行为行政处罚办法》中最高处罚是涉及生产经营单位转让安全生产许可证的情况，对生产经营单位的处罚为没收违法所得，并且吊销安全生产许可证。行政处罚强度可分为三种情形，其中最严重的是，如果接受转让的单位和个人发生了人员死亡安全事故，处罚40万元以上、50万元以下的罚款。

第二，中国生产事故责任追究的重点之一是对各级党政部门责任人员进行党纪政纪处分。中国企业安全生产的形势很依赖于各级政府的监督检查、教育培训等，因此，在责任追究上也强调对属地领导干部的问责。从大量的事故处理案例可以看到，事故问责的范围和事故严重后果高度相关。一些重特大事故发生后，党纪政纪问责可以达到省部级正职领导干部，而且其下的属地管理干部都会面临不同程度的问责。这一特点与国外的事故责任追究相比非常突出。

第三，中国生产事故责任追究中刑事责任较为频繁。随着《刑法》对安全生产责任事故相关规定的日益严密及中国社会治理法治化的加强，被追究刑事责任的人员也在不断增多。反观西方一些国家，对事故的处理涉及刑事责任的少之又少。例如，《英国职业安全健康法》实施的43年里，只有189人因违法安全健康法规被判入狱。在安全健康罚款上，2016—2017年企业支付的罚款金额增加了43%，达到5400万英镑。[①] 从这一数据来看，英国法院极少介入安全生产监管之中，对企业职业安全与健康的监管更多依赖于行政执行部门的行政处罚。之所以出现如此大的差异，在于中国生产事故中责任问题较为突出。违反劳动纪律、违反安全生产规定、公职人员失职渎职等行为屡见不鲜。加之生产事故总量大、事故频繁，以刑事责任追究责任人是发挥《刑法》严肃性、惩戒性和威慑力的选择。

总之，中国安全生产责任事故追究不论是追责形式，还是追责力度，都呈现出中国独特之处，与中国经济和社会发展战略高度相关，也影响着中国的现代国家建设。

---

① 克里斯蒂·多尔西、杜孝文：《从伦敦格伦费尔大楼火灾谈起——对英国职业安全现状的反思》，《现代职业安全》2017年第9期。

## 第六节　安全性体制下的安全治理绩效与新型国家治理

在风险社会里，国家能力建设发生了根本性转变。从原来的单向度的能力强化，转变为在风险重构过程中的比较和平衡。① 自 2003 年以来的改革，总的趋势是改变安全生产治理中行政能力弱化的现状，改变安全生产治理体制中"发展优先"的导向，发挥市场经济发展中增强的市场和社会力量，建立起以政治权力为中心的多元共治的安全治理格局。

中国安全治理体制呈现出提升国家安全生产治理能力的同时，强化多主体的责任，呈现出以安全为中心的体制特点，故称之为安全性体制。安全性体制实现了强有力的国家治理能力与多中心治理主体齐抓共管的优势，并且这一体制不断优化，实现了安全生产治理绩效持续向好，安全生产形势出现了"世纪转折"。安全性体制也展现了从发展性政府到均衡政治演进的国家治理结构转型。

### （一）安全性体制下的结构-制度特点

综观 2003 年以来安全生产治理体制所形成的新的权力分配状态，与发展性体制形成巨大差异。

第一，通过加强组织建设，提升行政力量，提高政府安全治理能力。第二，在安全标准制定上，政府主导建立起系统的法律性标准、生产性标准、管理性标准、行政性标准及市场性标准，推动政府主导的安全标准走向法制化、规范化和市场化，以此规范政府官员、生产主体、社会中介及劳动者的安全治理职责。第三，安全状态检查走向多元化和规范化。其一，进一步规范常规的行政性安全检查，重塑运动式行政性安全检查，提高行政检查能力和绩效。其二，推动企业建立制度化的安全检查，推动专业资质组织参与安全治理，推动行业协会参与、群众安全风险举报等机制。其三，发挥检察机关的权威、独立优势，参与到安全生产公益诉讼之中，化解危及公共利益的安全生产重大隐患和风险。其四，增强对失责事故的惩罚，包括以市场机制、行政处罚机制、刑事惩罚机制来提高企业失责的责罚成本，同时，强化对政治权力使用者的党纪

---

① 刘鹏：《中国药品安全风险治理》，中国社会科学出版社 2017 年版，第 189 页。

政务处分，甚至刑事惩罚，以此压实政治权力的安全治理责任。

安全性安全生产治理体制具有以下特点：第一，安全责任的分散性。责任不再以单位或者行政权为核心；相反，形成了不同责任主体构成的安全生产治理网络。在公共化的治理网络之中，各主体能够发挥其自身的履责优势，共同塑造了一个多元治理的责任网络。第二，治理责任的制度化与强制性。安全生产责任形成了制度化的规定，每一类主体对其权利和义务有稳定的预期。失责面临强制性的责任追究。第三，治理主体的平等性。不同主体在治理网络中具有平等的法律地位，履行法律赋予的权利和义务。治理网络内不同主体间的关系更加平等（见表5-9）。

表5-9 安全性安全生产治理体制分析（2003—2022年）

|  | 安全性体制（2003—2022年） | | |
| --- | --- | --- | --- |
|  | 安全标准制定权 | 安全状态检查权 | 安全事故责罚权 |
| 行政部门 | 主导制标过程 标准多元化法制化 | 常规性检查与运动式检查并存 | 事故调查、行政处罚、党纪政务（纪检监察） |
| 立法部门 | 参与制标过程 | | |
| 司法部门 | 缺乏参与 | 检察院公益诉讼 | 深度参与 |
| 企业 | 参与制标过程 | 企业内专业检查 | |
| 社会 | 参与制标过程 | 中介组织、行业协会、群众举报等方式 | 有限参与 |

### （二）安全性体制下的国家治理结构与均衡政治

安全问题具有时代性，不同时代的安全问题波及范围、危害程度具有显著差异。吉登斯指出，现代社会以制度化形式构成的风险环境比前现代社会更为显著。制度化风险环境以多种方式将个体与集体风险联系在一起。[①] 这种制度化的风险环境对国家风险治理能力提出了更高的要求，推动风险的公共治理成为必然。国家治理结构也面临着权力结构的调整。通过对2003年以来安全生

---

① [英]安东尼·吉登斯：《现代性与自我认同》，夏璐译，中国人民大学出版社2016年版，第110页。

产领域的改革发现，不论是安全标准制定权、安全状态检查权，还是安全事故责罚权，安全生产治理体制改革的方向是在提升国家能力基础上，构建均衡的国家治理结构，以改变不均衡的国家治理结构下的治理问题。

从政府治理能力看，可以看到安全生产治理中行政权的扩张性发展及对其运行的规范和约束。在中国快速的市场化、工业化和城市化建设背景下，强有力的行政力量是强国家的必然要求，尤其是在国家治理能力不足的阶段。在安全标准上，安全性体制通过法律性标准、生产性标准、管理性标准、行政性标准、社会性标准的优化，通过多种手段调动不同主体在安全生产治理中的作用。其中，一个重要方面是立法机关和司法机关的作用日益凸显。法律体系的不断健全和完备，既是对企业生产合规成本的干预，也是约束和规范行政权的重要方式，在此意义上，维护了生产企业和社会大众的公共利益。而事故责罚中除行政处罚以外，最有中国安全生产治理体制特点的是党纪政纪处分和刑事司法的广泛使用，尤其是前者的属地化覆盖。属地管理原则下广泛的党纪政纪处分是监管责任体制高度依赖行政权的又一体现，也显示了行政权在国家治理结构中的关键地位。刑事司法对生产责任事故的规范化、强制化介入，是司法机关以法律威慑力保护社会权益的体现，也是对存在的"以行政处罚或行政处罚代替刑事责任"的纠正，显示出安全治理体制中司法权的成长。

从安全生产治理体制看，中国国家治理结构是从立法、司法和行政权之间不均衡逐步走向均衡的过程。不过，虽然这一发展趋势明显，但仍有很长的路要走。从目前来看，这一治理结构仍未达到均衡的局面，安全生产治理过度依赖行政权，司法权和立法权的推动滞后于安全生产监管的需要。在安全生产治理体制中，企业和社会主体的参与仍有很大拓展空间。不同主体之间的合作、协同机制不够完备。这种情况是时空压缩型现代化的必然结果，也是中国谋求在短期内实现经济飞速发展的机制选择。

安全性安全生产治理体制也显示出中国政治的进步之处，国家治理结构有了显著提升。第一，国家权力机关的公共服务能力在提升，同时，对权力的制约和规范也在提升。不论是立法，还是司法及行政机关，参与安全生产治理的深度加深，方式也在优化。同时，权力之间有着分工和制约，为正确划分责任，规范权力运行，维护社会利益提供了制度化、法治化的保障。第二，国家治理体系得以优化，表现在构建起围绕公共事务的多主体责任网络。作为公共事务的安全生产，其有效且持久实现不能依赖于哪一个权力主体的改进，而依赖于全面的组织网络，并能有效发挥不同主体的专业优势。从安全生产治理体制可以看到中国公共事务治理不再仅仅靠政治权力，尤其不再是行政权的"独角戏"，而是加入了企业和社会的科学管理及专业知识共同参与的"集体舞"。

之所以实现这种转型，也在于中国政治整体的进步。政治变革的动力在于政治合法性基础的变化。[①] 随着企业，尤其是私营、外资、合资等企业类型在市场经济中地位的提升，其所拥有的话语权也在提升。企业主体更多地参与政策的形成过程之中，为管理的科学化贡献着独有的智慧。同样的道理，以专业资质组织为代表的社会组织在公共事务中崭露头角，构成治理过程不可或缺的一部分。这些进展为国家治理过程提供了更多的程序合法性，是中国现代国家建设进步的重要表现。与这种国家治理结构转型伴随的是对现代化的理念发生了变革，早就抛弃了计划经济时期全能主义政治下的经济赶超理念，也在调整社会主义市场经济下"发展优先"的导向，从而走向一种安全发展的新理念。

---

① 郑永年：《国家与发展：探索中国政治经济学模式》，《文化纵横》2019年第2期。

# 第六章 经验与反思：中国式现代化下的安全治理

新中国成立 70 余年的历史，见证了安全生产治理体制的深刻转变，背后是中国国家建设、经济体制的深刻变革。在变化之中，我们也看到，70 余年的发展史也是新中国始终坚持赶超型现代化下的奋斗史，为我们提供了分析中国式现代化中如何实现安全治理的历史经验。

## 第一节 中国式现代化下安全治理的实践样态

中国安全治理"走出事故"的历史经验，与西方发达国家经过漫长的工业化、城市化过程进入安全发展阶段不同。在一个社会主义体制国家、经济基础不发达的社会主义初级阶段的背景下，如何实现安全与发展？赶超型现代化下的中国式现代化探索证明中国没法"拿时间换经验"，而只能利用自身优势，在追求经济增长的同时，充分发挥政治体制的特点和优势，调动组织学习能力，发挥组织动员能力，实现高质量增长和安全发展，由此也实现了经济快速增长和社会长期稳定的"两大奇迹"。在中国式现代化推进过程中，安全生产治理呈现出不一样的政治实践样态。

### （一）走向均衡政治：安全生产治理体制转型中的政治结构

从历史变迁看，中国安全生产治理体制经历了以企业单位为中心、以生产为核心目标的生产性体制阶段，以行政权为中心、以经济发展为核心目标的发展性体制阶段，以政治主导的多元主体为中心、以安全发展为核心目标的安全性体制阶段。生产性安全生产治理体制时期是以计划经济为基础。在"单位办社会"的政治体制下，监管乏力。不仅"双轨制"的行政监管机构建立滞后、人员配备不足，而且监管事务成为企业事务，行政权虚弱。更为重要的是，司法权尚未制度化地介入监管之中。因此，在全能主义国家时期，国家吞噬了社会，而社会也遮蔽了国家。由于现代国家建设不充分，导致国家能力，尤其是维持社会秩序的能力较低。政权组织建设极易受到外界事务波动的影响，进而影响国家治理水平，表现在安全生产上就是安全治理绩效水平低、波动大。

改革开放之后的安全生产监管实质上是国家建设中行政权力的专门化及立法权、司法权的成长。伴随着政企分离的改革，行政组织建设，尤其是行政权力的配置开始建立起来。但由于发展阶段的中心安排，安全监管并非发展的重要议程。安全监管的组织建设相比监管需求来说就滞后了许多，组织薄弱、人员不足，更为重要的是，监管组织面临着发展经济与维护生产安全的矛盾困境。而由于政治体制中对晋升机制、权力设置等安排，发展经济的优先性占到了更为优势的地位。也正因如此，法制手段中形式上的进步远远大于执法上的进步，行政手段监管机制也较为弱化，而行政对经济手段运用较少，更多采用放任发展或"政企合谋"[①]的方式。司法权虽有进展，但因国家对行政权的重视，尤其是地方自主权的显著提升，司法的责任追究效果不甚明显。

吊诡之处在于，这一阶段既是行政权快速扩张时期，地方政府公司化[②]等研究充分揭示地方政府深度干预地方经济发展。然而，这一阶段也是行政权的安全监管较为虚弱的阶段。行政权的这种不均衡正是国家对地方经济发展优先性的战略安排。也正因如此，这一阶段既是经济上"中国奇迹"，也是生产事故上的高发期。行政权的扩张及其受法律规范、司法和社会制约的有限性，导致安全生产监管领域腐败问题突出，生产事故高发。可见，**事故高发与官员腐败本身是这套发展体制的"一体两面"**。因此，腐败论不足以解释事故高发，而更重要的是其背后的原因。行政权的这些特点是对经济快速发展所进行的制度安排的"意外后果"。从现代国家建设来看，发展性安全生产治理体制是现代国家针对社会主义初级阶段发展经济需求所作出的理性选择。而这种选择结果也是中国政治中国家权力具有高度自主性的结果，与其相伴的是资本权力虽有成长但仍很弱小，而社会由于其"原子化"的状态呈现出社会权力虚弱特点。这种国家治理结构内权力的调整与成长则是政党权力与地位影响的结果。

---

① 聂辉华：《政企合谋：理解"中国之谜"的新视角》，《阅江学刊》2016年第6期。
② 周飞舟：《以利为利：财政关系与地方政府行为》，上海三联书店2012年版。

安全性安全生产治理体制同样是国家在新发展理念，即安全发展引导下选择的结果。生产事故的高发不仅影响了生产建设、经济发展的效率和成绩，也因其显露出的监管失效和监管腐败等问题影响政权的合法性。因此，国家更加强调安全生产治理的公共事务属性。国家通过"双管齐下"的制度安排强化安全生产治理。所谓"双管"是指安全生产监管制度从两个维度进行制度安排，一是政府内的制度设计，包括安全生产监管履职组织建设、行政权力扩张、规范和改革及加强党政问责。二是政府对企业生产管理制度的干预，包括强制企业安全生产投入、工伤保险和安全责任险购买及实施安全评价和应急管理等。所谓"齐下"是指安全生产治理过程中的权力关系，一方面，政府内关系体现出集权特征，中央政府通过目标管理责任制、一票否决制、党政同责等机制设计推动地方政府政策落实，以实现中央安全发展的意志；另一方面，政企关系上体现出政府对企业的单方面干预，不断以增加安全标准、联合惩戒、"黑名单"等机制加大对企业的合规要求。企业作为安全生产管理的对象，有义务遵照国家的制度安排。国家在"双管齐下"的制度安排中，形成了法治化、强行政化、强市场化和弱社会化的运行特点。从现代国家建设的角度看，国家这一阶段的政权组织建设已经完备，国家的基础性权力也有所提升。通过行政、经济、法律及社会手段的运用，国家围绕安全生产建立起政府主导的多元共治的治理网络，使不同主体发挥优势，各尽其责，实现安全生产形势连续 20 年的好转。

从安全生产治理体制转型来看，中国安全生产治理结构是在中国共产党领导下，从不均衡的国家治理结构走向均衡的国家治理结构。诺斯对制度变迁的研究指出，由于存在"白搭车"问题，制度创新来自统治者而非选民。[①] 这一判断强调了国家核心决策者在推动重大改革中的地位。中国安全生产治理体制中的治理结构转型是国家形态的重要调整，是推动法治政府和责任政府的关键一环。中国共产党所具有的领导地位和能力是顺利实现治理体制转型的基础。政党自主性是转型的重要条件，也是中国政治与西方政党政治重要差异所在。中国国家治理结构中的行政权、立法权和司法权存在分立和制约，但是在党的有效领导之下。外国政党倾向于主要履行间接统治，通过组织政府达到统治的

---

① ［美］道格拉斯·诺斯：《经济史上的结构和变革》，厉以平译，商务印书馆1992年版，第38页。

功能，而中国共产党则起着直接统治的功能。中国所面临的历史遗产是"以党建国""以党治国""党国合一"。① 在党的领导下，行政、立法和司法权从不均衡走向均衡是为了发挥不同权力的特性，以此规训权力，保障权力为公共利益服务。

美国安全生产治理体制中政党与立法、司法、行政的关系呈现出另一种格局。美国安全生产监管具有一个显著特点，即监管体制中处处体现分权与制衡的制度安排。《职业安全与健康管理法》规定各州拥有对本州行使职业安全与健康监察的权力。目前美国有 24 个州采取自主监察的监管体制。自主监察的州不得采取低于联邦法律和标准的规定。与此同时，美国安全生产监察系统除了职业安全与健康管理局负责检查执行以外，还有职业安全与健康复审委员会，负责审查有争议决定的上诉机构。除了行政系统内的分权，司法机关对行政机关的制衡也是其重要特点。法院在检查职安局行使自由裁量权上发挥重要作用。几乎所有由职安局制定的监管法规都要受到司法审查。② 多姆霍夫指出，20 世纪 70 年代，美国建立的职业安全与健康监察局受到企业共同体的院外活动和立法斗争影响，在 20 世纪 80 年代后，职业安全和健康监察局变成一个"政治囚犯"，不仅信息提供上拖拉，还被修改立法限制权力，削减权力和预算，使得监察机构监督能力越来越弱化和表面化。③ 美国的两党政治，尤其是政党极化带来的否决政治，近些年来也愈演愈烈，使得安全生产治理体制陷入难以调整的地步。美国成为资本主义发达国家中生产事故治理绩效极差的国家，这与其僵化的治理体制不无关系，对此还需深入探讨。

与美国安全生产治理体制中立法、司法与行政之间的分权制衡不同，英国安全生产治理体制中司法机关参与安全生产监管极为有限。在英国监管结构中，英国法院更多表现出遵从而非积极的司法角色，"英国的监管者通常并不受到任何司法干预"④。英国是议会主权国家，与美国三权分立的宪政结构存

---

① 郑永年：《中国模式：经验与挑战》，中信出版社 2016 年版，第 90 页。
② [美] 马克·艾伦·艾斯纳：《规制政治的转轨》，尹灿译，中国人民大学出版社 2015 年版，第 133 页。
③ [美] 威廉·多姆霍夫：《谁统治美国：权力、政治和社会变迁》，郦菁、张昕译，译林出版社 2009 年版，第 372 页。
④ Baldwin, R, Cave, M., *Understanding Regulation: Theory, Strategy and Practice*, Oxford: Oxford University Press (1999): p. 298.

在根本差异，这一差异对其监管型国家的特点有重要影响。费恩塔克的研究指出，与法治概念一样被视作英国宪法支柱概念的是议会主权至上，很可能会妨碍法院对政府部门监管活动的规制能力。特别是，英国司法机关对主要立法的实体内容进行审查常常会被视为宪政失当，而这可能引发另一种更宽泛的司法立场，即司法机关会更加关注将其判决限定在行政决策制定的程序上，而非审查决策实体内容。① 即使在确立程序性要求层面，英国的法院所能发挥的影响力也比预想的小得多。监管机构作为"微缩版的政府"，从民主层面讲，也有必要由某些机构通过建立宪政和行政法律框架来为监管机构的行动设定内在结构和外在范围。总之，欧美国家安全生产治理体制及其与中国治理体制的差异，还要从不同国家所处的政治环境，所具有的政治结构寻求解释。

## （二）政党问责之手：从"弱问责"到"强问责"的转型动力

每一套政治体制都有着内生的变迁力量，这也决定了治理转型的过程和方向。在中国政治体制转型中，存在着推动体制转型力量不均衡的问题，尤其是在改革开放初期，社会力量和资本力量弱小。作为改革的主导者，党和国家的核心决策者关注的是"改革、发展、稳定"三者之间的关系。随着市场经济快速发展，国家权力的同步膨胀，社会安全成为国家不得不面对的议题。统筹发展与安全成为党和国家发展的方向。国家发展所需要的政治秩序依托于安全的发展环境，以此提高对党和国家的认同和支持，进而推动党和国家核心目标的实现。

中国事故问责采取实践理性指导下的转型路径，是中国改革开放以来国家发展战略的反映，显示了国家主导下的发展逻辑。国家自主性就其本质不具有价值意义，体现的是政治实践中的权力关系。国家自主性强并不代表有助于维护社会利益，而是说明权力核心更易于实现发展意志。政党偏好对国家权力的时刻纠正，不能以人民生命健康安全为代价发展经济；否则，看似国家自主性在增强，实际上威胁到党的执政地位和国家的长期发展。

改革开放以来，在全能政治"无问责"体制遗产下，中国安全生产监管问责展现出从"弱问责"到"强问责"的体制变迁。在此过程中，政党国家一直

---

① ［英］迈克·费恩塔克：《规制中的公共利益》，戴昕译，中国人民大学出版社2014年版，第85页。

居于变革的核心地位，其自主性体现在中央核心决策者的发展偏好与其国家凝聚力和国家控制力始终相得益彰，并行不悖。①

在"弱问责"体制下，职责安排、部门关系和课责结果符合了国家这一时期以经济发展为中心的定位，得到了地方政治精英和工商业精英的支持。中国政权结构中的行政、立法和司法权力呈现出"非均衡的权力扩张"的发展特点，原因在于党和国家对现代化建设过程的战略判断和路径选择。在发展主义战略下，政权建设侧重于以行政权深度介入经济发展过程，尤其是通过地方分权下的政治锦标赛机制。司法权和立法权的不充分发育，导致行政权与资本密切配合，在演绎了经济高速增长的同时，也造成生产安全事故高发，社会利益严重受损。生产安全事故高发期在一定程度上是这一发展阶段下优先发展经济的结果。监管失效的惩戒展现着国家的发展战略，尤其是国家在发展资本和保护社会之间的平衡。

但"弱问责"体制带来的国家治理合法性压力及发展梗阻使党和国家发展战略也在不断调整。监管问责从"弱问责"向"强问责"转型正是党和国家核心决策者根据国家发展战略和发展背景所作的调整。监管问责体制转型可以被看作党和国家核心决策者针对现代化进程中成绩与问题的调节器。中国共产党的组织使命和超高的政党自主性，使其有意愿并且有能力转变发展模式，转变机制一方面提高司法权在国家治理结构中的地位及相对于行政权的独立性；另一方面强化行政权自上而下的政治和行政压力，以党纪政纪问责推动地方官员尽职履责。中国安全生产监管问责体制转型中，始终存在着对各级党政领导干部责任的强化及对行政权的监督、制约及惩戒。

这种转型并非不受社会因素和地方因素的影响，但这种影响有其局限性。从地方支持与抵抗来说，在从"弱问责"体制转型到"强问责"体制过程中，中央权力一直是变动的主心骨。除了党和国家中央权力的主导，还存在其他利益主体的支持、合作、抵制及规避。从社会支持和服从来说，生产生活的复杂性凸显了监管权在维护公民生命健康与安全上的关键作用，也使得监管权的可问责性具有重要意义。社会作为监管权保护的对象，成为事故问责过程中的一支力量。但从事故问责前、中、后三个阶段社会参与的特点来看，社会力量显

---

① 梁玉柱：《谁的问责之手？——中国监管问责转型的动力机制分析》，《经济社会体制比较》2023年第1期。

现出有限参与和有限压力特征。国家对社会的嵌入与吸纳、回应，使得社会力量在事故处理中成为一支合作、支持的力量。

中国生产安全事故监管问责体制转型根本上是国家核心决策者针对中国现代化建设的理性选择。不同阶段的问责模式适应当时的国家发展阶段及发展诉求。之所以可能在于党政国家下的国家自主性，而为何中央核心决策者选择了这样一条转型路线仍待探讨。从"弱问责"到"强问责"的转型不是没有成本的，面对新挑战如何进一步调适成为核心决策者面临的关键议题。如何保护发展过程中的社会受损是中国责任政府建设所要面临的重要议题。国家意志得以实现在于国家自主性，其展开机制体现在国家通过党纪政纪、法律约束了抵制行为。国家立法是社会反向运动中国家保护社会的关键举措。① 法治虽然也是国家意志的体现，但是是对国家自主性的约束，尤其是对自由裁量权的约束。推动法治既是国家自主性的产物，反过来也约束了国家自主性。对国家自主性的约束是助推国家自主性良性发展的要件，而简单的"强国家，弱社会"不利于国家吸纳社会的支持，也不益于推动其自我变革。国家保护社会需要在约束、考核以保证政策不变形的过程中利用地方政府的积极性。② 因此，强国家自主性下的中国监管问责存在着规训问责权的问题，实质上也是尊重社会声音、尊重发展规律的问题。在转向"强问责"体制中，由于问责压力持续加大，地方上甚至出现了"不敢作为"的现象，这反映了"强问责"体制的副作用。

### （三）政治规范社会：安全生产治理中"社会沉浮"录

新中国成立以来的安全生产治理中，我们看到社会的"沉浮"。社会力量在安全生产治理的不同时期，扮演着不同的角色。例如，在生产性体制下安全生产大检查中群众广泛参与，到了发展性体制下，安全生产大检查被行政性检查和企业内专业检查所替代，以及在安全性体制下，社会以专业化组织和分散化力量，前者如行业协会、安评组织，后者表现为以群众举报的方式参与到安

---

① ［英］卡尔·波兰尼：《大转型：我们时代的政治与经济起源》，冯钢、刘阳译，浙江人民出版社 2007 年版，第 114 页。
② 梁玉柱：《国家规划如何有效保护社会？——基于改革开放 40 年中国社会保险发展历程的研究》，《浙江社会科学》2018 年第 7 期。

全生产治理中来。从安全状态检查看到，社会作为一种权力来源，其权威性和合法性随着体制变迁而发生转变。

"社会沉浮"不仅表现在安全状态检查过程中，也表现在安全标准制定、安全事故责罚中。新中国成立以来，在赶超型现代化下，社会作为与政治、市场协商、对抗的力量一直没能生成，而更多表现为吸纳式参与，体现了在赶超型现代化下政治规范社会的发展经验。

### （四）政治推动企业：安全生产治理中的企业治理能力

安全生产归根结底是社会化生产中的产物，安全生产治理自然离不开生产者的管理，表现为企业治理能力。当然，还有广泛的个体户、小作坊、私人承包等并不以企业的形式，但确实承载着生产管理的职能，同样可以比附为企业治理能力。

在新中国成立之初，中国的生产基础极其薄弱，而到今天大规模机械化生产制造已经遍布国内。企业安全生产治理也建立起专业化的内部监督机制。从发展历程看，我们发现一种政治推动企业的模式。这种模式更多是赶超型现代化下政治权力的广泛性和渗透性所形成的。尤其是在绩效合法性对发展和安全的双重要求下，政治力量推动经济力量投入更多安全治理之中，也是发展需求之一。

周黎安分析指出，在中国"渐进改革"的经济策略下，在政府与市场的关系上探索出极具特色的动态演进路径。中国先是通过一系列政府治理改革重构地方政府激励，形成地方竞争，鼓励地方政府积极培育和创造市场，渐次完成经济转型所需的新型政府与市场的"双重创造"。随着市场化进程加速，政府与市场之间通过"双向塑造"共同克服经济发展中的市场失灵与政府失灵问题。中央政府在塑造中国特色的政府-市场关系过程中起到了关键的引导、协调和纠偏作用。①

## 第二节　中国式现代化下安全治理的政治基础

"中国式现代化，是中国共产党领导的社会主义现代化。"② 中国安全生产

---

① 周黎安：《从"双重创造"到"双向塑造"——构建政府与市场关系的中国经验》，《学术月刊》2023年第3期。

② 习近平：《高举中国特色社会主义伟大旗帜　为全面建设社会主义现代化国家而团结奋斗——在中国共产党第二十次全国代表大会上的报告》，人民出版社2022年版，第22页。

治理体制历史变迁是一个以权责配置为中介，形塑不同主体间关系的过程，也是新中国成立以来中国国家建设的一个缩影。从前文所论述的内容来看，在中国国家建设过程中，国家权力一直处于支配地位，而市场权力经历了消灭到重生，再到被规训的过程。社会权力也经历了被遮蔽、被释放，到重新介入国家建设的成长过程。正是这样一种权力成长格局，使得国家中心主义的学术立场广为流行，国家自主性理论被广泛应用到中国政治分析之中。然而，国家自主性理论作为以西方国家为经验摹本的理论范式，对解读中国模式的适用性是个问题，面临着被修正的理论要求。执政党自主性是转型中国公共秩序建构的基本前提。① 因此，应从政党-国家结构的角度分析，为什么中国能够推行政治权力主导下的权责配置模式，这也是中国式现代化下安全治理的政治基础所在，生成逻辑所在。

### （一）执政党的组织地位与历史使命

安全生产是一国经济持续发展、社会和谐建设的必然要求，也成为政府必须提供的公共物品。从中国安全生产治理体制变迁看到中国现代国家的成长过程，体现在国家治理结构的不断演化，也看到中国现代国家成长的独特之处。中国式现代化下安全治理的政治实践样态，源自执政党的组织地位和历史使命，这是政治基础所在。

中国共产党自1921年建党，距今已有100余年。而自1949年执政，距今已经有70余年。在西方政党政治中，过多强调选举对政党的支配作用，而往往忽视了作为一个有组织、有纪律、有意识形态的长期运行的政党有着自身的政党使命和发展宗旨。在对民主国家政党政治的考察中发现，在利益集团强大的政治制度中，政党主要倾向于聚合各种社团组织所提出的要求。② 政党自身建设，尤其是长期执政的政党自身建设，已经成为权力运行的重要环节。这一特征使得中国国家自主性依赖于党在国家治理结构中的位置，使命型政党才有了研究的意义。正如习近平总书记所指出的，"坚持中国特色社会主义政治发展道路，关键是要坚持党的领导、人民当家作主、依法治国有机统一，以保证

---

① 唐皇凤：《社会转型与组织化调控》，武汉大学出版社2008年版，第268页。
② ［法］让·布隆代尔、［意］毛里齐奥·科塔：《政党政府的性质——一种比较性的欧洲视角》，曾淼、林德山译，北京大学出版社2006年版，第24页。

人民当家作主为根本，以增强党和国家活力、调动人民积极性为目标，扩大社会主义民主，发展社会主义政治文明"①。这是中国共产党对中国政治的权威表述。

党的二十大报告对中国式现代化的本质要求作出清楚明确的界定，其中首位即"坚持中国共产党领导"②。中国共产党领导是中国特色社会主义最本质特征。中西方政治差异，最为关键的首先是政党政治的差异。林尚立在对中西方政党政治比较时提出，中国共产党是因民族救亡图存、国家现代转型的内在需求而产生的，其与生俱来的使命与西方政党不同，是领导人民建设现代国家，并推动国家发展和民族复兴。这种使命的具体实践集中于建构国家制度，确立国家发展战略。③ 中国政治中党的自身建设、自我更新和保持先进性是现代国家建设的重要保障。中国共产党不仅是执政党，更是领导党。领导党区别于执政党的地方在于它更多地承载着国家发展道路、方向的选择。中国共产党在中国国家建设中的地位与西方国家政党的执政是无法相提并论的，这也使得政党自主性在中国政治中显得尤为重要。

西方政党政治中，政党以周期性的竞争性选举获得执政资格，其对国家的领导能力与中国共产党差异甚大。从西方行政权、立法权、司法权的演变与逻辑来看，权力的生长是在不同阶层、阶级群体的对抗、争夺中形成的，最终形成稳定的三权分立，相互制约。中国政治中，作为唯一的执政党，中国共产党必须一定程度上超然于各个阶级的具体利益之上。党不仅是不同阶级的利益代表者，更应该是不同阶级互相冲突的利益之间的协调者。④ 党的领导超越了立法权、司法权和行政权之间的对立，能够在不同的历史发展阶段发挥不同权力的作用，以此保证党的发展战略的顺利实现。中国政治中"政府的政党性"⑤远远高于西方国家政党的地位。陈国权等的研究将党组织内履行国家公共职

---

① 《习近平谈治国理政》，外文出版社 2014 年版，第 139 页。
② 习近平：《高举中国特色社会主义伟大旗帜 为全面建设社会主义现代化国家而团结奋斗——在中国共产党第二十次全国代表大会上的报告》，人民出版社 2022 年版，第 24 页。
③ 林尚立：《当代中国政治形态研究》，天津人民出版社 2017 年版，第 377 页。
④ 郑永年：《中国模式：经验与挑战》，中信出版社 2016 年版，第 83 页。
⑤ 政府的政党性是卡茨提出来的分析概念，与此相对应的一个概念是政党的政府性。政府的政党性是指政党对正式的政府机构的控制。参见 Katz, R. S, "Party Government: a Rationalistic Conception," *Visions and Realities of Party Government* (1986).

能、承担国家公共责任、行使国家公共权力、参与国家公共管理的国家性质党组织带进国家，与宪法意义上的国家机构形成中国特色的整体性国家公权力体制，被称为"广义政府"。正是这种广义政府建立起了决策权、执行权、监督权既相互制约又相互协调的权力结构和运行机制，建立了科学的功能性分权体系。① 这也是中国政治虽然走向均衡政治，但显著不同于西方分权政治之处。

### （二）政党自主性推动当代国家转型

理念是行动的先导，发展理念是否正确，从根本上决定着发展成效乃至成败。② 国家核心决策者的发展理念是中国政治发展中的重要因素。自毛泽东时代开始，党和国家的最高领导人及其他核心决策者的发展理念，就深刻影响着国家发展中的战略选择。这也是中国国家自主性高的一个体现。然而，国家自主性的高低并不代表发展的好坏，还与国家能力有关。当国家发展偏好与国家能力相互契合的时候，才能更好地实现国家意志。因此，从国家发展偏好的角度来看，中国的这一套安全生产治理体制的制度安排受到核心决策的影响非常大。与西方政党选举型国家相比，中国国家领导人的发展战略更加自主，受到各类利益集团的影响较小，同时灵活性更高。

在中国特色的治理体制下，公共政策的发起和制定更多依赖于权力部门，尤其是核心决策者的意志。选举是公民利益表达的一种方式，推动社会不同利益集团展开博弈、竞争。然而，公民利益表达并不以选举为唯一方式。政策制定者的吸纳、学习、试错、纠错等方式也是提升政策制定水平的重要方式。这些方式与选举相比，赋予了政策制定者更大的自主性。

在中国治理体制中，国家权力掌握着最核心的政策制定权力。在中国的政治、资本和社会力量的竞争中，政治因素具有强有力的力量。政府对安全标准的变换、事故责罚的强度等有着更大的灵活性。国家领导人通过治理体制的转型，能够更加快速、自主地应对发展中出现的问题。例如，在2002年之后，面对高企的生产安全事故，党和国家领导人相继提出"安全生产红线""发展绝不能以牺牲人的生命为代价"的发展理念，继而通过强化问责、调整履责方

---

① 陈国权、皇甫鑫：《广义政府及其功能性分权》，《政治学研究》2022年第4期。
② 《习近平谈治国理政》（第2卷），外文出版社2017年版，第197页。

式及加强组织建设的方式，提升国家安全发展的能力。在执政党自身变革的驱动下，政府承担的责任不断扩展丰富，实现责任的体制机制不断调整完善，政府的"公共性"更为明显。① 随着国家能力的提升，尤其是其与国家发展理念相一致时，充分发挥了政党自主性的优势。治理体制的调整依赖于执政的稳定性，通过法治化、制度化的权责制度安排，能够激发政府、企业及社会力量的能力和积极性。正是这样一套强有力的治理体制安排，使得中国安全生产能够在"事故高发期"之后迅速地稳定下来。

中国党政结构所具有的自主性与政权合法性有关。在中国政治中，中国共产党依赖其革命建设年代打造的政权合法性及改革开放年代塑造的高效的绩效合法性，掌握着国家治理发展的方向和格局，成为中国政治中无可争辩的掌舵者。党中央和中央政府掌握着制度设计的权力，使得其牢牢掌握着人事任免、财政分配、国有产权等重要资源。

有关监管型国家的讨论中，有学者提出，监管型国家的特点是由一个中央的官僚机构进行控制，它独立于私营经济和公民社会之外，作为一个中立的"仲裁者"，超然地为国家的社会和经济环境设定结构并维护之，而不是直接参与到这些环境中来。② 国家不再直接生产或提供服务，而是通过非政治化的控制手段——监管来间接起作用。③ 这种界定和分析无疑不适用于中国的监管型国家建设。监管机构的生成及其权力行使并非在真空之中，其权力的维系也需要政权机关的支持。不论中国还是西方国家，监管型国家都是具有"意识形态"的。监管可以是资本主义意识形态下的国家治理工具，也可以是社会主义国家中执政党的治理工具。监管并非"非政治化"的控制手段；相反，从中国安全生产监管责任体制的发展来看，监管是高度政治化的。

监管的组织建设、监管失效的惩戒等都展现着国家的发展战略，尤其是国家在发展资本和保护社会之间的平衡。中国政权结构中的行政、立法和司法权

---

① 杨雪冬：《改革开放40年中国政府责任体制变革：一个总体性评估》，《中共福建省委党校学报》2018年第1期。

② Majone, Giandomenico, "From the Positive to the Regulatory State: Cause and Consequences of Changes in the Model of Governance," *Journal of Public Policy* 17 (1997).

③ Braithwaite, John, *The Regulatory State*, in R. A. W. Rhodes, Sarah A. Binder, Bert A. Rockman, eds, *The Oxford Handbook of Political Institutions*, Oxford University Press (2006).

力呈现出"非均衡的权力扩张"的发展特点,原因在于中国共产党对现代化建设过程的战略判断和路径选择。在发展主义战略下,政权建设侧重于以行政权深度介入经济发展过程,尤其是通过地方分权下的政治锦标赛机制,使得地方政府为经济发展"搭台",而对安全监管重视不足。司法权和立法权的不充分发育导致行政权与资本密切配合,在演绎了经济高速增长的同时,也造成生产事故高发,社会利益严重受损。中国共产党的组织使命和超高的政党自主性,使其有意愿并且有能力转变发展模式,而转变的机制在于提高立法权和司法权在国家治理结构中的地位及相对于行政权的独立性。中国国家治理呈现出党的领导、人民当家作主和依法治国的有机统一。

中国现代化的过程有着适应性渐进改革的特点。中国现代化进程中所出现的转型危机通过"危机-体制改革-适应"的推进模式,实现国家治理体制的转型和发展。[①] 与此相对应的是通过根本性转变责任体制,以"竞争性选举-政策性回应"的循环往复来推动公共政策的转型,推动责任体制的转型。中国安全生产责任模式转型的这一特点,根源在于适应性渐进改革下中国强大的国家自主性。中国安全生产责任模式转型并非不受社会因素和地方政府执行的影响,但更为根本的是国家核心决策者针对中国现代化建设的理性选择。不同阶段的责任模式适应了当时的国家发展阶段及发展诉求。

## 第三节　中国式现代化下安全治理的提升之路

从 70 余年安全生产治理历程看,实现安全发展依赖于提高现代国家的治理能力,也依赖于发挥现代社会和市场经济的优势。安全生产治理作为特殊的公共物品,需要在发展理念与发展基础契合的基础上,发挥多元共治的力量。中国发展到今天,不仅面临着较为严重的贫富差距、地区差距,也存在着风险分配的差距。贝克提出,在现代化进程的连续性中,"财富分配"和"风险分配"各自的社会局势与冲突迟早会在社会史的某个阶段结合在一起。[②] 可以

---

① 徐湘林:《转型危机与国家治理:中国的经验》,《经济社会体制比较》2010 年第 5 期。

② [德]乌尔里希·贝克:《风险社会:新的现代性之路》,张文杰等译,译林出版社 2018 年版,第 5 页。

说，自中国快速发展社会主义市场经济以来，这一结合就开始发生，并随着各种力量的此消彼长而深刻影响着每一个公民的生活状态。面对时空压缩的现代化，现代国家建设需要进行系统的优化和调整。

## （一）辨析监管理论的适用性与本土化

2022年4月，习近平总书记在中国人民大学考察时强调，加快构建中国特色哲学社会科学，归根结底是建构中国自主的知识体系。要以中国为观照、以时代为观照，立足中国实际，解决中国问题，不断推动中华优秀传统文化创造性转化、创新性发展，不断推进知识创新、理论创新、方法创新，使中国特色哲学社会科学真正屹立于世界学术之林。知识体系是学科体系、学术体系和话语体系的核心内涵，是中国叙事体系建构的基础。从中国安全生产监管实践和安全理论来说，建立本土化的监管理论仍然任重道远，而这又关乎中国特色话语体系的形成，背后是中国经验和中国模式的影响力和感召力，是国家形象和国家文化软实力的体现。

在不同国家的现代化进程视角下，思考不同治理理论的适用性问题，是安全治理改革首先要回应的问题。中国安全生产治理体制改革方向大体分为强化国家、合作监管两派。一些学者主张强化国家监管角色，提高国家监管能力，原因在于政府主导有助于推动风险预防集体绩效最大化，[①] 途径在于让监管者反复收集信息、持续科学分析、不断学习。另一些学者主张走向回应型监管、合作监管[②]等强调政社合作的新模式。

对此，中国改革方案设计是个亟待分析的难题。一方面，中国行政集权型安全生产监管体系的确存在着依赖行政力量但行政介入过深、行政检查量高与质量低并存、监管捕获与监管寻租并存等现实矛盾，这是必然要改革的；另一方面，中国式现代化道路的特殊性也意味着后设监管、回应型监管等理论不能简单套用。例如，美国的"企业自我监管＋司法裁判保障"的安全生产监管模式，与其发达的市场经济、小政府传统、法院权力实践等有关。中国的企业安全生产背景能否大力推动企业自我监管，这是存疑的。理念上要首先辨析不同治理

---

① 张海波：《总体国家安全观下的安全生产转型：从"兜底结构"到"牵引结构"》，《中国行政管理》2021年第6期。

② 宋华琳：《论政府规制中的合作治理》，《政治与法律》2016年第8期。

理论的经济基础，进而思考治理理论的适用性、本土化和原创性问题。西方国家从福利国家向监管型国家模式转型，建立在其发达的市场经济和工业化基础之上，并且受到政党交替执政带来的政策变化影响，如 20 世纪 70 年代以来的监管、去监管、再监管的改革路径。西方安全监管理论有着深厚的西方土壤。

在推动中国监管体系改革、推进安全治理体系转型时，我们首先遇到如何对待监管多元主义等西方理论，如何认识寓管于服、行政吸纳等中国监管实践，如何贯彻以人民为中心、统筹发展和安全等理念。这里需要从理念上思考监管理论的适用性、本土化和原创性，在此基础上才能通过权力配置改革推进安全生产监管体系改革。中国监管体系的经济背景是中国仍然处于社会主义初级阶段，政治背景是社会主义国家的政治体制，决定了中国监管体系转型一定有着本土性和原创性。

从新中国成立以来的安全生产治理体制发展历程来看，中国始终处于一种国家权力强力主导安全生产的治理体制，在此过程中通过技术性、程序性方式提高行政治理能力，通过民主监督、权力制约等方式规范行政治理过程，通过政治压力、法治压力等方式动员行政主动性和创造性。与此同时，市场力量、社会力量在安全生产治理过程中的权力有限，包括标准制定、安全检查和事故责罚等几个方面。这种有限参与虽然避免了市场和社会力量的自我庇护，但也无法发挥它们的专业优势、信息优势，以及自主性的廉洁优势。

这种行政集权式安全生产治理体制是安全生产治理要求和发展理念统筹的结果。一方面，中国始终处于赶超型现代化之中，尤其追求经济现代化，这就要求为经济生产提供契合的制度环境；另一方面，中国的现代化是一种时空压缩型现代化，生产的基础、工艺、标准、劳动力素质、应急能力等诸多方面较弱，生产安全事故数量大、伤害重、风险高。学术界流行的自我监管理论、后设监管理论、回应性监管理论等有其优势，但其形成的基础是发达国家经过漫长的工业化、城市化后，建立起系统的生产体系、成熟的生产模式、高质量的生产力，以及长期发展中治理能力强大的市场力量和社会力量。这些是中国时空压缩型现代化所无法提供的。因此，本书明确认为，不能简单套用自我监管理论、后设理论等监管理论所指引的政治治理模式，只能结合中国安全生产的现实思考适用于中国治理模式的监管方式。

中国现有监管理论与监管实践存在一定的矛盾，表现为"两张皮"问题。在理论界和实务界，对于为什么需要政府监管、监管什么、谁来监管、如何监管、怎样评价监管效果等基本问题都存在着较大的分歧。① 刘鹏强调，中国市场监管的理论和学术研究相对滞后，一方面无法及时回应和解释本土化的丰富市场监管改革实践，另一方面也没有与经典主流的市场监管理论形成有价值的对话和交流，尚没有形成比较成熟和自主的知识体系。② 本书认为，当今中国安全生产治理是一种行政集权型安全生产监管体系，但仍停留在结构-功能分析阶段，缺少从中国安全治理的价值本位、历史必然、实践逻辑等方面深入讨论，这是未来仍需推进的地方，然后才能回应习近平总书记提出的"建构中国自主的知识体系"的任务。

## （二）提升国家安全治理能力和法治化

公共物品的供给需要与之匹配的国家能力。与国家发展理念转变的灵活性相比，国家能力建设不是一蹴而就的。一方面，国家能力建设需要国家自身资源的积累，如国家财政能力决定了其投入组织、平台建设的水平；另一方面，国家能力建设依赖于国家对某一领域的重视，将国家建设的注意力集中于此。

国家能力是现代国家建设的重要内容。斯考切波对国家能力与安全发展的具体机制进行了论述，她提出要高度重视国家在处理社会问题时能够做什么且应该怎么做的合理理念的有效性及其适当地运用，同时重视某一自主性国家机构的职权范围与处理某类既定问题所需之行为的规模与力度之间的适配程度。她认为，一个国家现有的能够创建或强化国家组织、雇佣人员、获取政治支持、补贴经济企业及资助社会项目的能力问题，及该国筹集和运用财政资源的手段是衡量国家能力的重要标志。③ 可以看到，斯考切波将国家能力操作看作具体的运作机制，既有国家内部的组织建设和人员配备，也包括国家对企业和社会的支持，以及国家治理理念的有效性等。一些强国家理论者提出，社会经济认证能否在事实与规范两个层面得到加强，针对不同的对象，从不同的方向过渡到强事实、强规范状态，实现适度的强认证能力，直接决定着国家监管政

---

① 王俊豪：《中国特色政府监管理论体系：需求分析、构建导向与整体框架》，《管理世界》2021年第2期。

② 刘鹏、刘高宁：《中国自主的市场监管知识体系：比较特征、情境因素与分析框架》，《管理世界》2023年第3期。

③ ［美］彼得·埃文斯、［美］迪特里希·鲁施迈耶、［美］西达·斯考切波：《找回国家》，方力维等译，生活·读书·新知三联书店2009年版，第19—22页。

策的有效性，决定着国家能否为国民提供更好的公共服务，能否更好地维护公共安全、保障国民的健康及提高普通人的生活质量。①

从中国安全生产治理的进程看，国家能力建设具有集中化与快速化的明显特征。中国的集权体制有利于充分利用政府内的组织和领导权威，集中有效资源，以此快速提升某一方面的国家能力，包括国家汲取能力、国家动员能力、国家再分配能力。从公共安全的角度来看，政府与社会的关系不平衡，政府强，社会弱，通过举国体制、政府主导及对口支援等方式，政府集中了大量的资源，可以在短时间内集中力量应对公共安全的威胁。②例如，安全生产应急救援体系是最近几年国家在安全生产领域的一个重要抓手。到2019年，全国形成了比较完整的安全生产应急救援体系，建设了覆盖矿山、危险化学品、油气田开采、隧道施工等行业领域的85支国家级安全生产应急救援队伍。同时，铁路、民航、水域、海上溢油等行业领域应急救援队伍建设稳步推进。③国家应对各类事故灾害的应急救援能力显著提升，突出表现在危化品爆炸事故、煤矿坍塌事故等方面，受到广泛认可。安全性体制使中央能以权责配置为抓手，推动快速提升国家能力建设。

提升国家安全治理能力离不开安全治理方式的优化。制度化和法治化是中国安全生产治理转型的宝贵经验。通过安全生产治理体制的制度化和法治化，能够建立起稳定的职责关系，提升组织能力和监管水平。任何一个想要获取或利用社会资源的国家，都必须以基础权力作为支撑。④基础权力作为一种集体权力，是国家制度的体现。建立起高效、稳定、兼容的制度体系是提升国家治理的必由之路。从中国安全生产治理的发展来看，也是一个不断制度化的过程。围绕着监管组织、监管手段及责任追究，建立起一套围绕权力与权利的制度安排，使得安全生产形势不断变好。

国家建设要求国家治理结构的均衡，突出表现在立法、司法和行政部门的

---

① 欧树军：《国家基础能力的基础》，中国社会科学出版社2013年版，第189页。
② 张海波：《公共安全管理：整合与重构》，生活·读书·新知三联书店2012年版，第86—90页。
③ 《国新办举行〈生产安全事故应急条例〉政策例行吹风会》，国新网，http://www.scio.gov.cn/32344/32345/39620/39973/index.htm。
④ Michael Mann, "The Autonomous Power of the State: Its Origins, Mechanisms and Results," *European Journal of Sociology*, 25 (1984).

均衡发展上。一个司法不张、立法滞后的国家，要么成为行政权独大的"威权国家"，要么构成"失败国家"。因此，法治国家是现代国家建设的必然要求。中国安全生产治理已经基本形成一套"有法可依、有法必依、执法必严、违法必究"的法治体系，不过依然面临着持续推进、深化的压力，尤其是司法制度在安全生产监管中的运用。在福山提出的现代国家理论中，国家能力是很重要的一部分。有效的现代政府需要找到适当平衡，一边是强大能干的国家，另一边是法治和民主负责制。后者是用来制约国家的，迫使它处处为公民的广泛利益着想。[①] 福山的研究看到了国家能力的陷阱，国家能力是一个很重要的分析概念，也是现代国家建设必不可少的因素，但并非国家能力越高国家治理绩效就越好。强大的国家能力需要法治和民主负责制的制约，以实现对国家权力的制约，达到保护社会的目的。制度化和法治化是约束和规范国家权力的重要手段，是防止"科层制威权主义"[②] 的关键制度安排。未来，围绕中国国家安全治理仍需持续提升治理能力，持续优化治理方式，推动安全生产治理法治化与时代同频共振。

### （三）增强社会的安全治理能力和自主性

发展理念是国家核心决策者意志的反映，也是影响监管效果的重要因素。从中国安全生产治理体制的历史演进来看，不同阶段的发展理念对安全生产的重视程度不一，会影响到不同阶段对安全监管的投入，包括组织建设、人员配备、检查形式、财政支持力度及责任追究强度等方面。因此，树立起安全发展理念，强调安全生产红线意识等应成为新时代安全生产治理的基本理念。现代国家建设中，发展理念的形成越来越依赖于科学、民主的决策过程。这一过程之中，政治考量、专业知识、社会利益等不同发展需求得以在一个讨论框架内充分展开，有助于形成顺应时代的发展理念。同时，决策结果也有助于对发展过程中的利益受损进行弥补。治理格局的调整是实现这一目标的重要一步。

现代社会的复杂化要求利用专家委员会与专业组织的专业知识，以科学管理提升监管效果。社会利益反应机制是责任体制下不可或缺的内容。从社会参

---

① ［美］弗朗西斯·福山：《政治秩序与政治衰败：从工业革命到民主全球化》，毛俊杰译，广西师范大学出版社2015年版，第461—468页。

② ［德］乌尔里希·贝克：《风险社会：新的现代性之路》，张文杰等译，译林出版社2018年版，第90—91页。

与的角度来看,劳动力市场上处于弱势的社会个体缺乏有效的维护自身权益的机制和平台。劳动者的代表组织——工会也处于安全治理中的边缘地位。例如,在煤矿安全监管中,监管的直接受益者——矿工,并没有作为有效参与者捍卫自身的安全权。中国煤炭行业的工会并没有随着煤矿企业的市场化而进行相应的改革,工会的经费主要由企业拨款和会员缴纳的会费组成,而且依附于党的领导(维护社会稳定),这决定了其不能独立维护矿工的合法利益。① 在现代国家建设过程中,后发国家的现代国家体系建设要满足双重需求:一是满足经济与社会对国家权威的需求;二是满足经济与社会发展之后对国家民主的需求。② 可见,在目前的政府决策体制之中,不均衡的政治参与仍然是客观现象。社会治理的提升有赖于社会治理参与机制的进步。

在美国社会性监管兴起的原因中,组织化的社会团体是很重要的因素。20世纪六七十年代,随着美国社会运动的风起云涌,大批的公民团体呈现出爆炸式增长。不仅数量多、增长快,有些重要的公民组织在政策发起、制定及修订过程中也发挥至关重要的作用,它们还在推动监管立法和监管机构建设上发挥了关键作用。在职业安全与健康领域,职安局在制定规则过程中一般会建立起咨询委员会,由健康和人类服务部、州和地方机构、企业和劳动的成员代表及相关专业人员组成。另外,美国职业安全与健康监管过程中采用多种方式,开发出多种安全计划,包括执法、现场咨询、合作计划、安全和健康成绩认证计划、法律援助、标准等,形成一个网状的监管体系。③ 在中国安全生产监管过程中,社会主体的参与缺乏有效的、稳定的、制度化的、法治保障的渠道,导致社会诉求机制弱化,社会自身能力难以完全发挥。在维护社会安全问题上,米格代尔提出,霍布斯想象中的国家要对所有的社会安全负全责,这样的国家覆盖面虽广,但是在每个领域都无法完全胜任,因而显得很单薄。当非政府的机制能够提供一些安全保障时,国家将会更有效地整合与分配其稀缺资源。④ 因此,国家与社会并非此消彼长的敌对关系,应在结合点上进行整合。米格代

---

① 刘亚平、蒋绚:《监管型国家建设的轨迹与逻辑:以煤矿安全为例》,《武汉大学学报》(哲学社会科学版)2013年第5期。
② 林尚立:《当代中国政治:基础与发展》,中国大百科全书出版社2017年版,第111页。
③ 吴伟:《美国的职业安全与卫生监管》,《社会科学》2006年第4期。
④ [美]乔尔·米格代尔:《社会中的国家:国家与社会如何相互改变与相互构成》,李杨等译,江苏人民出版社2013年版,第175页。

尔强调国家治理体制真正实现善治的目标需要与社会的有效整合，发挥非政府机制的作用，这一点对中国安全生产治理来说尤为迫切。

未来一个阶段，中国安全生产治理的责任会更加广泛，任务也更加繁重。与责任相比，目前安全生产治理格局并不能满足治理需求。培育、提高和发展围绕安全生产、职业病防护为核心职责的专业组织是当前和未来急切需要进行的工作。在实践中，我们也看到公益组织参与职业病防护的典型案例。北京大爱清尘公益基金会作为最早关注尘肺病病人群体的公益组织，已经成为中国尘肺病防治组织中最有影响力的社会组织之一。其在专业救援、政策倡导、预防传播、善款募捐等方面形成了非常大的影响力。仅以专业救援为例，大爱清尘是尘肺病患者救助公益机构。截至2021年6月3日，大爱清尘在全国31个省市区累计帮扶近9万名尘肺病农民，累计救治尘肺农民6 575人次、发放制氧机5 643台、助学15 248人次、累计发放爱心包裹87 127件，在全国建设尘肺病康复中心（站）13家。为了从根本上解决尘肺病农民问题，推动国家政策性救助、制度性遏止尘肺病，10年间，大爱清尘持续建言献策，累计动员近200位代表委员提交建议案。2020年以来，各省市区陆续出台政策，逐步成立省长、市长、县长担纲的尘肺病攻坚领导小组，尘肺病农民问题的全面改变正在成为现实。可以说，大爱清尘为尘肺病防护所做的工作推动了中国各级政府责任履行，是政府和公益组织合作、互动的典范。

然而，不得不承认，在安全生产监管、职业病防护方面，中国社会组织目前还没成长起来，其所发挥的作用仍然有限。安全生产治理作为一项公共物品，事关民生福祉、经济发展与政权稳定。通过构建多中心治理格局，在一个促进型政治体制中，实现渐进、持续和自主转化的制度变迁。① 在安全生产领域，培育和发展公益组织，推动安全生产治理格局转型，是各级政府进一步深化改革的必由之路。地方政府与社会组织之间存在差异化的互动模式，受到地方政府维持社会稳定和发展公共服务的双重目标的影响。因此，地方政府通过"积极介入"与"有限分权"的方式发展社会组织。② 这种政社互动模式，在

---

① ［美］埃莉诺·奥斯特罗姆：《公共事务治理之道》，余逊达等译，上海译文出版社2012年版，第162页。

② 梁玉柱：《积极介入与有限分权：养老服务组织发展中的地方政府》，《中国第三部门研究》2017年第13辑。

某些方面，遏制了公益组织的自主性，使其发展空间受限。中国需要的是能够为社会保留自主空间并塑造出"积极公民"的积极政府。积极性来自自主性，自主性又来自体制给予的空间。因此，改革这一方面的制度是进一步优化治理格局、实现安全发展的关键。

### （四）提升行政监管的可问责性

安全生产作为一项公共事务，治理体制的变迁也是权力分配状态的调整。从对历史梳理中可以看到，行政系统内的责任模式安排既有服务于权力部门发展经济、推动社会主义市场经济快速成长的一面，也存在着规范、约束权力部门干预市场和社会的一面。行政系统内的责任制安排展现出责任制度从服务到约束权力的变化。在今天的安全治理责任制度安排中，仍然存在着服务与约束的双重角色。

责任追究在责任体制中具有重要地位，建立公开、公平、理性的责任追究机制是推动政府监管现代化的基本要求。从中国安全生产监管责任体制的转型中可以看到，责任追究的机制变迁是推动不同主体尽职履责的关键制度安排。权责不统一、权责不对称严重影响安全生产监管的效果。

中国目前已经形成了具有中国特色的责任追究体系，但也面临着问题，"责任状满天飞，层层压实责任，实际上层层不负责任"的状况困扰着责任体制的运行。2018年2月，党的十九届三中全会通过的《中共中央关于深化党和国家机构改革的决定》提出，机构改革要坚持优化协同高效的原则，优化就是要科学合理、权责一致，避免政出多门、责任不明、推诿扯皮。可见，权责配置、失责追究依然是中国未来机构改革的一个重点。黄仁宇在对万历年间的行政管理办法研究时指出了"责任"的特殊地位，当时一个地区发生了问题，府县官自然责无旁贷。案悬不结，责任不明，必将破坏文官机构的规律，失去以后赏罚的标准。[①] 这种以属地为追究原则的历史做法是时代局限性的体现，也是当时中央对地方监管能力不足的选择结果。在今天的情况下，已经不再适用，必须根据履责的真实情况来认定责任追究。由于问责压力持续加大，地方上甚至出现了"不敢作为"的现象。一方面，需要优化责任体制，推进尽职免责、容错纠错等改革，不要让好的政策导向束之高阁。习近平总书记反复强

---

① 黄仁宇：《万历十五年》，中华书局2007年版，第51页。

调，要建立健全干部担当作为的激励和保护机制，切实为勇于负责的干部负责、为勇于担当的干部担当、为敢抓敢管的干部撑腰。[①] 另一方面，建立以"人民满意不满意"为重要内容的责任评价制度，增加人民群众和社会力量在事故问责中的话语权和影响力。

### （五）增强国家公共服务供给水平

现代国家因其所掌握的庞大资源及所合法拥有的利益分配权力，已成为维护社会公平、正义、和谐的关键一环。尽管自2003年以来，安全生产形势持续好转，中国生产安全事故每年死亡人数及发生起数进入稳定下行阶段，但中国安全生产发展的压力并没有降低。相反，在一些领域安全生产的压力加大了。

举例而言，在职业病防治方面，目前，全国每年新报告职业病病例近3万例，分布在煤炭、化工、有色金属、轻工等不同行业，涉及企业数量众多。而"职业病对职工的伤害，已经超过了生产安全事故，在一些行业领域和地区，每年因职业病而死亡的人数，已经大大超过事故死亡人数，有的甚至超过几倍"[②]。在中国安全生产监管重心尚未实现从事故监管到职业病防治的阶段，职业病问题已经非常突出。与职业病相关的是工伤事故的维权与治疗。企业职工在资本-社会结构中处于极为弱势的一方，其合法权利无法得到有效保障。这就需要国家介入，以及社会力量的培养和成长，以此改变社会原子化的个体对抗资本力量的局面。建立一个流动开放、公民权利得到基本保障的生存环境，调节理顺社会各阶层间的利益和机会分配，是保证改革开放持续发展的社会基础。

在安全生产治理上，国家除了提升其监管职责，还应从更长远的视角、更普遍的关怀出发，强化其提供公共服务的职能，以此提升整个社会的知识、文化、道德水平，提升劳动者、社会组织及公职人员的履责能力。从中国各类生产安全事故案例来看，因劳动者教育水平低所导致的事故俯拾即是。农民工构成事故伤亡群体的主体。从矿工、建筑工人，到车间操作员、货车司机等，无不受到教育水平低所带来的伤害。教育作为一种公共物品，需要强化国家在其

---

① 《习近平谈治国理政》（第4卷），外文出版社2022年版，第505页。
② 武晓娟：《尘肺病：预防比治理更重要》，《中国能源报》2018年12月24日。

供给中的作用，尤其是对于欠发达国家和地区。正如诺斯指出的，历史上大部分时期，鼓励对生产性知识进行投资的制度激励大多是缺乏的。在第三世界中，当私人的回报率太低以至私人投资不再值得尝试时，对初等教育的投资应该通过公共投资来完成。① 因此，国家加强对教育等公共服务的投入，是实现安全发展的基础性工作。目前来看，这项工作亟待提升。与发达国家相比，中国人均受教育年限仍有较大提升空间。教育作为公共服务的一个体现，是中国政府公共服务水平的一个缩影。围绕安全生产，可以发现医疗保障、工伤保险、养老、公共文化等公共服务领域，国家职能都有待提升，尤其是作为预防事故灾难的工伤保险制度在农民工群体中的履行情况亟待提高。21世纪中国现代国家转型依然面临着重塑国家与人民关系的要求。从建国时代和国家工业化时期以集中化的权力结构为手段、以民族主权和国家安全为最高目标，过渡到以人民的基本权利和福祉为立法和决策的优先考量。②

## 第四节 后发国家"走出事故"的经验参考

2023年2月，习近平总书记在学习贯彻党的二十大精神研讨班开班式上发表重要讲话强调，一个国家走向现代化，既要遵循现代化一般规律，更要符合本国实际，具有本国特色。中国式现代化既有各国现代化的共同特征，更有基于自己国情的鲜明特色。这一重要论述为理解现代化对后发国家的借鉴价值提供了本体论、认识论和方法论上的指导。

从本体论上看，马克思主义理论是中国共产党始终坚持的指导思想，指明了物质对意识的决定性作用，生产力对生产关系的决定性地位。安全治理议题正是工业化、城市化、全球化快速发展带来的生产力极大释放的产物。生产力发展具有历史阶段性，不能凭空跳过某一个生产阶段。中国式现代化是在追求物质文明极大发展的前提下，追求物质文明和精神文明相协调的现代化。从安全生产治理的历程看，正是在科技水平日益提高、生产能力不断提升的背景

---

① [美]道格拉斯·诺思：《制度、制度变迁与经济绩效》，杭行译，格致出版社2014年版，第94—95页。

② 李怀印：《中国是怎样成为现代国家的？——国家转型的宏观历史解读》，《开放时代》2017年第2期。

下，我们对以人为本、生命至上、安全发展的理念要求日益高涨。因此，对广大发展中国家来说，尤其是生产安全事故仍高发的后发国家，"走出事故"首要前提是以发展为中心，提高贫穷和落后的生产力发展水平，为生产关系调整、发展理念变革提供坚实的物质保证。

从认识论上看，中国式现代化下的安全治理证明了发展中国家以较短周期"走出事故"是可行的，不是"望梅止渴"，更不是"海市蜃楼"。习近平总书记在学习贯彻党的二十大精神研讨班开班式上指出，中国式现代化打破了"现代化＝西方化"的迷思，展现了现代化的另一幅图景，拓展了发展中国家走向现代化的路径选择，为人类对更好社会制度的探索提供了中国方案。中国式现代化为广大发展中国家独立自主迈向现代化树立了典范，为其提供了全新选择。中国"走出事故"的经验历程表明，安全生产治理体制没有万能模板，是国家在克服自身资源不足，发挥自身体制优势的背景下理性选择的结果。

从方法论上看，中国式现代化下的安全治理为广大发展中国家"走出事故"提供了一些方法遵循。从中国经验看，发展理念是影响安全生产治理形势的首要因素，各国应结合包括产业结构、生产阶段在内的经济基础，确立与之适应的发展理念。同时，安全生产治理体制是深刻影响经济基础的上层建筑，安全生产治理不仅是经济现代化的问题，同样也离不开民主化、法治化等政治现代化范畴。各国推进安全治理要以推进国家治理能力现代化和国家治理体系现代化为根本遵循，全方位提升国家治理水平。

# 后　记

作为一名科研工作者，公开发表论文、出版著作是工作中重要的一环，既是对前期阅读、调研、写作等工作的总结，也是新的写作工程的良好开端。学术界有句广泛流传的话——不发表，就出局。这句话既有杀伤力，也有鼓动性，尤其对于青年科研人员来说，鼓动性更强。本书是本人出版的第一部专著，是对过去几年围绕安全生产监管这一主题所作研究的一个阶段性成果，也是关于这一研究的自我反思。几年的科研工作经历，完全谈不上经验，更像是初入职场摸索，时常因为一些"奇思妙想"而兴奋不已，更多时候是因为长期"思想停滞"而陷入苦闷。有限的研究经验告诉自己，好的研究层次取决于三个重要方面：一是对理论谱系的认识高度，为理论对话、理论创新奠定了基础；二是对研究对象的认识深度，为真伪鉴别、针砭时弊提供了保证；三是对研究方法的掌握程度，为科学分析、聚焦重点指明了方向。尽管认识到这些道理，但成长非一日之功，自觉在这三个方面还存在诸多不足，也是本书遗憾所在。

勤学如春起之苗，不见其增，日有所长。对科研工作者来说，对这话更深有体会。尽管本书存在这样或那样的遗憾、不足，学习之路仍需"走小步、不停步"，以时间换空间，换得更广阔的理论视野和学术想象力。也正是带着对昨天不足的反思，珍惜今天的时光，奔向更有方向、更有抓手的明天。

在本书的成书过程中，受到我的博士生导师武汉大学唐皇凤教授的关心和指导。唐皇凤导师待人真诚宽厚，对待学术认真执着。在导师的指导下，我度过了轻松、愉快又充实的博士生涯。导师常说，"学术是天下公器，要抱着一颗开放的心"，这让我对自己笔下的文字充满了敬畏，不糊弄别人，也不糊弄自己。导师的鼓励和鞭策一直推动着我全身心地投入学术研究中。博士毕业后，导师对我的事业和生活也十分关心，对此我常常感动不已。学术只是导师教给我的一个方面,更重要的是导师教会我为人要豁达、待人要友善、做人要真实,这些是我一生的宝贵财富。和导师谈过的话、和导师做过的事既是美好的回忆,也是指引我为师为学的指南。

我在武汉大学公共管理博士后流动站工作时,我的合作导师倪星教授给予我很多的支持、指导和关心。尤其是我个人研究方向转到官员问责研究,更是受到倪星教授的影响,也发表了系列相关论文,提升了自己的研究品位和学术积累。武汉大学政治与公共管理学院是我待了近6年的地方,即使今天离得很远,也常常十分怀念那里的事,十分感恩那里的人。

博士后出站后来到中共中央党校(国家行政学院)工作,应急管理培训中心的各位领导、老师给予我很多的关心和支持,让我身在陌生的北京城,却能感受到熟悉的家庭温暖。有很多需要感谢的人,在此不一一具名,更多化为感恩之心,做好掌中事,走好人生路。

说到家庭温暖,我要感谢我的父母,一直以来他们都是我坚强的后盾,不论我走到哪里,不论我选择做什么,都能得到他们无穷无尽的支持和毫不保留的关爱。我的父亲是一位极其本分老实的农村人,半生操劳于工地、农田之上,教会我与人为善,珍惜生命赋予的意义。我在写作本书的时候,有时会想,我的父亲是幸运的,在生产事故迎来"世纪转折"之后进入建筑行业工作,尽管这个阶段建筑业也一直是事故频发的危险行业。用本书的标题来说,我的父亲也顺利地走出了"事故",祝愿父亲一生平安。我的母亲是一位心思细腻、十分风趣的农村人,即使常常面临生活的考验,也始终保持着热爱生活、积极向上的人生态度。母亲豁达的人生态度和敏锐的情感捕获教会了我很多生活哲理,也深刻影响着我的所思所行。我是幸运的,虽生长于物质缺乏的农村家庭,但也养成了吃苦耐劳、乐观向上的生活态度,从父母身上学到了受用终生的生活智慧。

感谢我的爱人姚靖。从武汉大学30平方米的博士后公寓,到中央党校40平方米的青年公寓,姚老师一路相随,一心支持。在这片陌生的天空下,在这个狭窄的公寓里,我们互相扶持,留下我们鼓励、打气、成长的身影。我虽常以"室雅何须大,花香不在多"的口号自我解嘲,但深知我是何其有幸,在这个一无是处的年纪,有她一心一意的支持。姚老师性格直率,颇有侠骨风情,在我得意时对我常有"敲打"。我的学术发表可以说是我们合力的结果。我在动笔写作之前,常常是有了思路先跟她"提纲挈领"宣讲一番,她也深知我更多是把她当成一个单向宣讲的对象，但依然十分配合，安静地听。当我"表演"完了，她才跟我一板一眼地分析我的思维漏洞，当然也常常收获她的"商业吹捧"。如果一段时间我没有思想火花汇报，她也会不露声色地说道："梁老师你很久没有兴奋地宣讲论文了。"我知道这又是在对我进行学术"敲打"了。

作者于大有庄<br>2023 年 6 月 30 日